What's Your Type of Career?
Find Your Perfect Career by Using Your Personality Type

MBTI
你的職業性格是什麼？

發現自己的優勢，規劃最適生涯

Donna Dunning

唐娜・鄧寧———著　王瑤、邢之浩———譯

目 錄

Chapter 4

探索型：創新與主動　75
——性格類型：ENFP和ENTP

Chapter 5

果斷型：直接與決斷　117
——性格類型：ESTJ和ENTJ

Chapter 9

分析型：審視與評估　

——性格類型：ISTP和INTP

Chapter 10

關顧型：關心與連結　

——性格類型：ISFP和INFP

致謝

特別感謝保羅・唐寧花了無數時間和我一起為職種做研究、架構與歸類。他所做的能幫助人們把職業訊息與自己的職涯規劃更容易地整合起來。在出版前的所有階段中，他的縝密編潤對這本書有極大貢獻。

我還要感謝 Nicholas Brealey 出版社的艾瑞卡・海爾曼和珍妮佛・歐森。他們積極、專業且優秀。

對於曾經閱讀過這本書初版的人們，感謝你們正向的回饋，讓我知道這本書如何幫助了你並豐富你的職涯。歡迎你們與我繼續保持聯繫。

Chapter

1

緒論

一切從你開始

　　無論你現在是剛剛起步，還是想要維持自己現有的工作，或是尋求改變、探討商業理念，或考慮退休安排，本書都會指引你找到一份既有意義同時又讓人受益匪淺的職業。它還會幫助你了解自己在一生中應該如何成長、如何發展。這些知識會幫助你管理自己的過渡期，豐富目前的職業選擇，幫助你把握最契合自己獨特才能的機會。最終，你將會獲得令你滿意的職業。

　　我們每個人都花費大量時間和精力在工作上，所以確保所選擇的工作是自己滿意的十分重要。究竟什麼工作才是自己滿意的呢？如果一份工作能令你產生濃厚興趣，能做自己喜歡的事情，那麼這份工作毫無疑問是令你滿意的。然而，一份對你而言有趣而享受的工作，對另一個人來說，也許完全是另外一回事，就像肯特和琳達。

　　肯特說：「我覺得處理細節問題很難，因為要花費大量的時間和精力，我會因此抽不開身去做自己感興趣的事，所以我覺得很枯燥。我喜歡探索新的概念，然後做一些以前從沒有做過的事，我喜歡不斷地改變。」

　　琳達說：「我不喜歡變化，我做事有很高的標準，喜歡第一次就把事情做好。我希望我的工作有明確的定位，我能夠全程跟進，並專注於所有的細節。也許有些人會覺得被我逼得透不過氣來，但是我就是喜歡事先做好計畫，認真仔細地做每件事。」

　　肯特和琳達對待工作的方法截然不同，喜歡的工作類型也完全不同。例如，琳達對專案管理的工作非常感興趣，因為她可以組織和處理各種細節。相較之下，同樣是專案管理的工作，肯特可能覺得乏味繁瑣，無從下手，因為關注細節對他而言實在是困難或不開心的事，所以很有可能會延遲完成工作，或工作績效較差。對於肯特來說，設計師、需要創造或宣傳新思維等工作也許比較能讓他感到滿意。

　　同樣地，各位也有讓自己覺得自然或舒服的工作方式。如果抽出時間清楚地評估自己的工作偏好，就可以確定哪些類型的工作會讓自己滿意。透過不斷深化自我了解，就能夠選擇一個職涯方向，在尋找滿意工作的過程具備更強的掌控

力。各位想想自己一生將花費多少小時與多少年的時間工作，就會明白投入時間和精力找尋對自己來說最自然的工作型態，是一件多麼重要的事。

享受對自己來說最自然的工作方式

我們生活在這個世界上，每個人都有讓自己覺得最舒服和自然的方式，即使在嗷嗷待哺的嬰兒階段，我們就已經會透露一些與眾不同的喜好和方式。例如，在家庭聚會時，經常會有某些小孩興致勃勃地在所有親戚面前表演，某些孩子則喜歡安靜地坐在角落看表演。專家學者對這種個性差異的分析研究已有六十多年的歷史，性格類型領域也進行了上千次的研究，性格類型影響職業選擇以及工作方式的偏好，因此有了大量的參考訊息。隨著研究人員對個體差異進行鑽研與分析，他們清楚地發現，能以某種可靠的方式按照人們的性格類型進行分類。以此為基礎，我們可以劃分和描述不同的工作方式，也就是人們會以何種自然且舒服的方式工作。這種「了解性格類型」是一個有效的工具，能幫助人們選擇自己滿意的工作和工作環境。

本書將介紹8種差異鮮明的工作方式，每種工作方式之下，人們工作的方法也會不同。本書會對這種經過了嚴密研究和證實的過程進行詳細描述。據研究指出，每個人都會在8種方式中挑選一種，進行溝通、組織與處理工作、解決問題、做出決定、領導或被領導。了解這些工作方式能幫助每個人明確認知：哪些工作類型和內容可以同時滿意並激勵自己。當然，任何一本書都不可能為你找出一種完全適合自己的理想工作，但是，找出自己會使用8種工作方式的哪一種，將會是一個起點，幫助各位找到一份適合且滿意的工作。

如何找到完美的職業路徑

想要找到適合自己的職業路徑，需要對自我的了解、對工作可選方案的了解，以及對職業變化和發展的規劃，本書將帶領你一步一步找到性格偏好與自然地工作之間的關係。找尋自己有潛力發展的領域，探索你的個性組合，完成自己

的職業規劃，進而實現職涯的成功。

▶▶ 性格偏好和自然工作之間的關係

在工作過程中，我們不難發現某些人會對自己的工作表露出明顯的快樂和滿足。例如，某些餐廳的服務人員總是態度友善又充滿熱情地為顧客提供服務。砌磚工人因為砌出結實且平整的壁爐而感到自豪。這便是運用了讓自己自然的工作方式，也許在他們心裡還有其他心願和目標，但不可否認地，他們都十分享受自己的工作，並樂在其中。

另外，我們會遇到並目前工作不適合自己的人，例如脾氣暴躁的公務員、老師、水電工人或心浮氣躁的銷售經理，那可能會是他們度過最糟糕的一天……。如果這位脾氣暴躁的水電工人從事電腦程式設計，也許會開心許多，而最適合那位老師的工作也許是處理數據，而不是應對學生。認識什麼對自己是最自然的工作方式，可以幫助你找到工作和個人滿足感之間的微妙關係。

我們都知道不同的工作和活動會為不同的人帶來動力，並帶來不同程度的滿足感。弄清自然的工作方式將幫助你選擇合適的工作。各位可以多加留意求職過程與正在進行的工作，以確保所選的工作能反映你的個人處事方式和獨特的工作經歷與狀況。只有你自己才能決定，自己到底是願意沉浸在玫瑰的芬芳當中、設計不同類型的玫瑰、親手種植玫瑰，還是經常畫玫瑰花。

在自己喜歡的環境中工作，從事能讓自己自然發揮的行業，會讓人充滿動力，幹勁十足。雖然性格偏好與技能或能力並沒有直接關係，但了解自己的個人偏好可以幫助你分辨並發展自己的技能，而這些技能往往會與你偏好的工作方法相契合。在第2章，各位會開始了解並定義自己的自然工作方式。一旦確定了自己的自然工作方式，就可以閱讀對應自己情況的章節，那是特別針對你的章節，幫助你評估自己理想的工作應該是什麼樣子？究竟是喜歡領導別人還是被人領導？身為團隊成員想要做出什麼貢獻？以及個人喜歡的學習方式為何？

承認自己具有獨特的工作方式，同時明確了解相關優勢，將會對各位有所幫助。其實，我們常常會發現自己的工作可能更適合父母、老闆或其他人。但是我們通常還是埋頭繼續做下去，而不是停下來真正體認屬於自己的工作方式。各位

與生俱來的長處，其實很有可能和自己的家庭成員、同事或朋友所具備的長處截然不同。

了解並認可屬於自己的工作方式和偏好，相當於朝著自我接受邁出了大有進展的一步。這個過程的額外好處，就是一旦認可了別人的工作方式，將會更能接受他人，且對他人產生更多包容。各位可能發覺自己與同事之間的一切工作衝突，只不過是大家的方式不同而已。了解並表達這些差異，正是改善自己工作關係的第一步。

▸ 找出實現成長與發展的領域

8種工作方式的優勢，都有相對應較不擅長的事情。例如，富想像力的人想要管理詳細預算，往往會覺得力不從心、承擔巨大壓力或心裡總是不痛快；而值得信賴、做事有條不紊且善盡職責的人，可能就不喜歡須要高度靈活的工作。即使一個人最終能夠找到心滿意足的工作方式，在喜歡的工作方式之外，也一定會遇到挑戰與不喜歡的工作項目。

在辨別並採用自然的工作方式之外，一般來說，自己原本不喜歡的也須多加學習與鍛鍊。明確了解自己哪些方面必須成長，可以幫助自己專注某些技能與策略，如果想讓自己更有效率地從事所有任務和職責，便須學習這些技能與策略。在介紹性格類型的章節中，各位將能了解那些與自己偏好相同的人們往往會面臨什麼樣的挑戰，同時，這些章節也提供了一些建議與策略，指引讀者在面對與自己性格相牴觸的事情時，可以採取更好的方式學習，實現發展。

人在一生當中都會以自然的方式成長與改變。在工作剛起步時，會開始認識自己的偏好，並以此基礎善用自己的偏好。但是隨著時間的流逝，你可能選擇以循序漸進或大刀闊斧的方式實現自我發展，迎接之前沒有面對過的新挑戰，願意接受自己原本避之不及的活動或角色。

這種自我成長、自我發展的趨向，也是自然工作方式的一部分。介紹性格類型的章節會描述與主要性格相似的第二性格偏好組合。第二性格類型能反映與你有相同性格偏好的族群，其典型個人發展路徑為何。為了進一步定義與細化各位的個人偏好如何影響職業發展，你可以對這些說明進行比較，進一步評估自己的

成長與發展階段。

▶▶ 發掘自己獨特的個人特徵組合

性格偏好是決定工作成功的重要因素。但是，性格偏好只不過是整體問題的一部分，每個人都有各自的經歷、技能、興趣與價值，這些要素構成一個獨特的組合。透過評估這些特徵，有助於豐富對自我的了解，同時定義出更好的理想職業路徑。另外，還有特定的局限或生活風格偏好。在決定職業的過程中，這些都是應該加以考慮的重要因素。在第 11 章，我們會探討這些主題，完成自我評估練習，從而進一步改善理想的職業路徑。

▶▶ 逐步規劃自己的職涯

唯有借助職業滿意度來尋求合適的工作時，定義職業滿意度才有意義。一旦發現自己需要哪些條件，才能在工作中幹勁十足且保持高度滿足感，並開始規劃自己的職涯，使其滿足自己的需求最大化。第 12 章以循序漸進方式，引導讀者系統性地改變選擇職業的方向。這一章為各位準備了一些策略和建議，據此制訂工作可選方案、完成調查研究、做出職業決策，將職涯朝著為自己帶來滿足感的方向前進。

第 12 章還包括了一些策略，幫助你透過規劃預測未來且專注於終身學習的方式，實現持續發展職涯，進一步應對改變。改變能促使我們不斷地適應。幾乎每個人都曾在工作中受過改變的影響。也許是企業重組時某些職位因此消失，某些職位又因此誕生；技術變革也不斷地改變我們的工作方式。現今，我們生活於一個資訊社會，這個社會越來越要求工作者必須終其一生孜孜不倦地學習。對於任何一份工作來說，思考、學習與變革管理技能的應用都已經成為成功職涯中不可或缺的一部分。

有時，保持不變意味著停滯不前。我們身邊正發生著日新月異的變化，如果我們對於這些變化不聞不問，只是一味埋頭苦幹，就表示我們正不斷地喪失職涯領域。因此，定期對周圍不斷變化的形勢、自己可選的方案，甚至是自身狀態進行評估，並以此不時地調整自己的職業方向，如此一來，就可以採取適宜的行

動，讓自己不論朝向什麼目的地，都可以不再繞遠路。

　　個人看重的東西、狀態和堅持的生活風格，也都會隨時間發生變化。例如，人際關係、扮演的角色、身體強度和心智水準、健康狀況及所在地點發生變化，都意味著必須重新評估自己的目標和重點。了解自己的自然工作方式，以及學會規劃自己的職業，能幫助你做出正確決策，不僅可以調整職業與生活，還能將個人在生活與職場的滿足感最大化。

如何閱讀本書

　　下一章會讓各位對性格類型有所了解。性格類型是8種工作方式的理論基礎。一旦知道自己的性格偏好，就能以本書的清單幫助自己確定8種工作方式的哪種適合自己。本書提供一些簡單的練習與清單，可以幫助各位定義具有個人特色的工作方式。

　　一旦找到自己的工作方式，就可以直接翻到具體描述個人特色工作方式的那一章節。各位將在那一章確定自己的偏好，並且更深入地了解什麼因素會讓自己在工作中有滿足感、而什麼不會。該章為各位量身訂製的資訊，都是根據數十年來性格與工作偏好的相關研究調查編寫而成。不僅交代了到底哪種具體的工作方式會讓你受益匪淺，同時也會解釋具有個人特色的工作偏好又是如何。另外，還會著重指出哪些方面需要繼續成長與發展，同時提供建議與策略，幫助你提升自己的適應能力。

　　在「你的」章節中，還會看到上千名從事上百種職業的職場人士之整體評估。各位可以看到那些和你有著相同工作方式的人，是如何實現職業滿足感，以及受益匪淺且意義非凡的職業清單。本書針對每種職業羅列了幾個面向的資訊，包括該職業是否具備光明的前景？從事該職業是否必須先達到一定的教育程度？該職業的工作環境是否其樂融融？同時也提供典型工作環境的利益準則。這種職場資訊與美國勞工部職涯資訊系統（Occupational Information Network，O*NET。編注：此網站是全球知名的職業資訊網站，擁有詳細與大量的產業分析相關數據，許多官方研究和企業都會採用該網站的理論模型做參考）的龐大資料庫連

結，每種職業選擇都能在資料庫找到更多相關訊息。

在閱讀「你的」章節時，請務必銘記你是與眾不同的個體，你本人的需要、技能、興趣及局限都會進一步定義你的個人選擇。有效的練習、檢查清單及總結表格，可以讓你在探討過程中所得到的效用最大化。因為每種性格類型的說明都是該類型個體的典型特徵，所以不僅須完成練習，同時也須根據自己的實際情況進行調整，從而反映出自己與其他工作方式相同的人不僅擁有共同點，也有不同之處。如此便能確保自己找到屬於個人的自然工作方式。

一旦將放大鏡朝向自己，了解屬於自己的工作方式，就能夠據此進一步做出合理的職業選擇。我們從始至終面臨的挑戰，就是確認自己是否選擇了一條正確的道路，並沿著這條路前進，到達自己的目的地。我們往往不會設想自己到底想去什麼地方，到達目的地之外的地方時，才會大吃一驚，如夢初醒。

第11與12章的職業規劃過程，可以幫助各位將自己的自然工作方式實際應用在當前情況。在第11章，各位將評估自己的技能、興趣、價值及工作需求與偏好，從而實現工作時的滿足感。在第12章，你會學到如何選擇恰當的工作，完成職業研究，在深思熟慮之後做出職業方向的選擇。如此一來，就能有效管理自己的職業進程，採取「確保自己能找到天職」的行動。

編注：本書中提到的網站皆為英文網站。

性格類型簡介

性格的差異與生俱來，正好形成了區分各種人的重要特徵。例如，我們會覺得某些人天生比較容易相處，有些人天生小心謹慎、井井有條，還有一些人則善於變通。許許多多關於性格的分析模型或工具都據此開發出來，協助我們了解和分辨人的不同性格類型。本書使用的性格分析理論以著名心理學家榮格（Carl Jung）的理論為起點，榮格的理論是研究人們在搜集訊息及決策時的不同傾向，同時也展露出人們適應周遭環境時的不同反應。

在榮格的性格類型理論問世之後，美國著名的母女心理學家，凱瑟琳‧庫克‧布里格斯（Katharine Cook Briggs）與她的女兒伊莎貝爾‧布里格斯‧邁爾斯（Isabel Briggs Myers），對榮格的理論基礎進行改良，經過六十多年的研究和發展，完成了今天的「麥布二氏心理類型量表」（Myers-Briggs Type Indicator，MBTI）性格分析工具。

本書就是採取MBTI分析工具，對性格類型偏好進行了評估與綜述，同時介紹一種對性格類型偏好進行自我評估的非正式方式。但是，你的自我評估可能受到很多情境與個人可變因素的影響，唯有把這些可變因素一併列入考慮，才能準確地判斷自己的偏好，如此才是充分使用MBTI工具的最佳方式。國際心理類型協會（APTi）能為各位推薦所在地區有哪些經驗豐富的專家，這些專家可以進行MBTI性格評估，並進一步解析評估結果。APTi的網址：「www.aptinternational.org」。各位也可以在「www.mbticomplete.com」網站進行正式的MBTI性格評估。此網站同時會引導你對結果進行解釋，證實性格偏好結果的準確度。

性格類型是一種沒有任何偏見的工具，評估的對象是個體的優勢與天分。相較於其他眾多性格評估工具，此方式本身就是全新的突破，因為其他工具大多是對於所謂的「正常人」與「不正常人」做比較。了解自己的性格類型，就能以積極的方式善加利用自己的個人偏好。

按照性格類型理論，我們在面對周圍世界時，如何選擇方向及如何應對，主要可以劃分為4組經典的對應方式。各位在每組當中勢必會傾向於兩者之一。在每組傾向中，我們天生更偏好其中某一種傾向。從每組對應傾向中，選出最符合自己性格的一個，並得出一組由4個英文字母表示的性格傾向組合，即16種性格類型之一。仔細閱讀4種對應的偏好組合，接著判斷哪個矩陣對自己是最適用的。

外向型與內向型

外向與內向組合描述了人與外界的不同互動方式。外向型的人通常比較關注外界，以行動為導向，而內向型的人則性格內斂，喜歡思考。

外向型（E，Extraversion）	內向型（I，Introversion）
「我們討論一下吧。」	「讓我想想。」
外向型的人通常傾向於：	內向型的人通常傾向於：
• 注意力集中於外在環境，透過與外界的互動，包括交流及行動，從中得到並處理訊息。	• 沉浸於自我內心世界，透過思考、自省來吸收和消化外在訊息。
• 不喜歡複雜的程序，難以長時間專注於一件事情，尤其在需要獨立完成的時候。	• 喜歡安靜的工作環境，長時間專注於一項工作，不喜歡受到干擾。
• 與他人合作分享、討論、共同處理訊息時的學習和工作效率最佳。	• 當擁有充足時間自行了解和處理相關訊息時，學習和工作效率最佳。
• 處理事情時，喜歡提出問題引發討論；喜歡不假思索地回答別人的問題。	• 三思而行，因此會在被要求即時回應或立即行動時感覺彆扭。
• 樂於分享並與他人互動；善於表達自己，通常會讓對方覺得很容易了解。	• 會謹慎選擇分享或互動對象；為人安靜，通常注重隱私，有些保守。

在日常生活中，每個人都會用到兩種傾向，但只會比較偏愛讓自己感到自然且感覺舒暢的一種。你本身更傾向：

□　外向型（E）　　　　　　　□　內向型（I）

實感型與直覺型

實感與直覺組合界定的是取得訊息的不同方式，實感型的人通常重視事實和細節，而直覺型的人對於抽象或具多種可能性的事物興趣濃厚。

實感型（S，Sensing）	直覺型（N，Intuition）
「請告訴我具體事實。」	「我要了解全局。」
在取得訊息的過程中，實感型的人通常傾向於：	在取得訊息的過程中，直覺型的人通常傾向於：
• 講求實際，實事求是；重視訊息的相關事實與有趣的細節，然後才開始研究背後的模式或整體概念。	• 熱衷於了解事實背後的含義，以及局部事實如何組合形成整體；相較於事實與數據本身，注意力較集中在事實背後的隱喻、可能性及其中的關聯。
• 非常有興趣按照自己目前的理解來應用事實。	• 更熱衷於思考未來，了解「全局」。
• 按照平穩的速度做好手邊的工作；通常都是按部就班。	• 喜歡在不同的想法和工作之間來回切換；他們可能迸發出驚人的衝勁，但是缺乏耐力。
• 面對需要長時間達成的抽象想法，或對未來的事會感到不耐煩或垂頭喪氣。	• 喜歡構思新想法；面對細節會覺得力不從心或興致全無。
• 喜歡在工作過程摻雜情感因素；喜歡以講求事實與井井有條的方式展示訊息。	• 喜歡構思想法或新理念，喜歡對訊息有整體概念性的了解，而不是專注事實。

在日常生活中，每個人都會用到兩種傾向，但只會比較偏愛讓自己感到自然且感覺舒暢的一種。你本身更傾向：

　　□　實感型（S）　　　　　　□　直覺型（N）

理性型與感性型

　　理性與感性組合反映了處理訊息及決策的不同方式。一般而言，理性型的人透過邏輯分析得出合理的結果和決定，而感性型的人則更考慮個人價值觀，以及決定對他人的影響。

理性型（T，Thinking）	感性型（F，Feeling）
「這合乎邏輯嗎？」	「會有人因此受到傷害嗎？」
在制訂決策和處理訊息的過程中，理性型的人通常傾向於：	在制訂決策和處理訊息的過程中，感性型的人通常傾向於：
• 強調對訊息進行邏輯分析。	• 重視事情對人的影響。
• 客觀地考慮訊息；評估會對因果關係造成的影響及產生的結果。	• 會以主觀的方式考慮訊息；評估對牽扯的人產生何種影響或造成何種結果。
• 將工作與私人關係分開來看；通常不會在工作中討論個人問題，也不會發展親密的私人關係。	• 喜歡與同事結交朋友，樂於培養私人關係；通常熱衷於以私下接觸的方式了解同事。
• 希望自己和他人都能勝任工作；會發現漏洞，並給出具有建設性的回饋。	• 希望他人可以支持自己、鼓勵自己，同時也會支持與鼓勵他人；能夠發現別人的長處，樂於給予積極正面的回饋。
• 專注於具體的工作，講求效率；希望以更高效的方式工作。	• 以人為本，願意合作，喜歡在和諧的氛圍中工作。

　　在日常生活中，每個人都會用到兩種傾向，但只會比較偏愛讓自己感到自然且感覺舒暢的一種。你本身更傾向：

□　理性型（T）　　　　　　　□　感性型（F）

系統型與彈性型

系統與彈性組合描述了安排時間和生活的不同方式。一般而言，系統型的人決斷，喜歡掌控，井然有序，而彈性型的人則隨時抱有開放的態度，個性靈活，喜歡即興。

系統型（J，Judging）	彈性型（P，Perceiving）
「動手去做。」	「讓我們靜觀其變。」
系統型的人通常傾向於：	彈性型的人通常傾向於：
• 盡可能快地做出決定以求了結一件事情。	• 推遲決定，以便收集更多訊息。
• 富有計畫性，有條理；熱衷於制訂計畫，安排自己的時間表。	• 靈活應變，隨機而變，在沒有固定時間表的時候覺得最自在。
• 喜歡設想預期結果，喜歡明確所有的角色和期望；對於條條框框和例行公事具有高度的忍耐性。	• 處事靈活，適應能力強，熱衷於變換角色；通常會因為條條框框和例行公事感到沮喪。
• 喜歡跟進並完成具體的工作與項目。	• 喜歡開始新項目，從事新工作，而不是自始至終地完成。
• 喜歡事情按照計畫有條不紊地進行，通常情況下遭遇意料之外的變化會覺得不安。	• 喜歡變化，在不知道前面的道路、有不確定或意料之外的變動發生時感到最開心。

在日常生活中，每個人都會用到這兩種傾向，但只會比較偏愛讓自己感到自然且感覺舒暢的一種。但我本身更傾向於：

☐ 系統型（J）　　　　　　　☐ 彈性型（P）

閱讀前面表格中的說明文字，便可以填上自己的答案，評估出自己自然的性格類型。請各位注意，本書的說明都是概括性，所以並不是所有敘述都會適用於你或任何其他人，這一點非常重要。各位形成了什麼樣的偏好，表現出什麼樣的偏好，很大程度受到你目前的狀況和過去經歷所影響。

還有很多個人因素可能會影響你如何看待自己。你可能忽略了自己原本的個性特徵，為了成功而學習與原本偏好相對立的技能和特徵。也許在人生中的某個階段，你會因為需要或選擇，表現出自己之前不曾使用過的偏好。其他人可能鼓勵你，甚至逼迫你做出與自己自然處事方式相去甚遠的行為。在這個人生時期，可能對某種壓力做出反應，正是因為這些壓力，我們才會難以準確地判斷自己原本偏好什麼。因此，僅僅是一份簡單的檢查清單不一定會提供足夠的訊息，光是憑藉這份清單，其實無法清楚自己的自然偏好會產生什麼影響。

為了進一步探討自己的偏好，本章的下一部分便是研究性格類型偏好之間如何相互作用，在此基礎建立對性格偏好的基本理解。在這個階段，也許可以嘗試選擇一種性格代號，這是一個由4個字母組合的代號，4個字母分別代表你在每組對應的性格偏好中更傾向哪一個。現在，了解自己的偏好之後，就可以得出一個性格類型。

我的4種性格偏好是：_____、_____、_____、_____。

其中的每個字母都代表一種不同的性格類型，所以一共有16種的可能組合方式，對應著16種不同的性格類型。然而，你的4個字母性格類型，不僅僅是4種偏好的加總。16種字母組合中的每一種都代表了一個看待世界的獨特方式。因此，具有「ISTP」和「ISTJ」性格類型的人，雖然組合中有3個字母一樣，但是兩人彼此之間差別很大。為了讓事情變得簡單一點，我們可以將16種性格類型劃分成8個組合。

之所以按照這樣的方式將某兩種性格類型劃分在同一組，是因為兩者之間存在著重要的共同特點：兩者都以相同的基本方式看待這個世界，其偏好的工作方式也是一樣。我們會在後續章節依序對8種方式進行詳細分析，屆時便能發現分在一組的兩種性格類型具有相同點，同時也有差異之處。這8種方式強調了性格中最明確、最自在，也最成熟的部分。了解了自己的自然工作方式，就能選出最讓自己獲得滿足感的工作。

閱讀8種工作方式的過程中，可以抓住機會進一步評估自己的自然偏好，看看自己選出的4種工作方式，能否準確地描述出你自然的工作偏好。如果對於自己的某一種偏好有些懷疑，可以將兩種對應的工作方式進行比較，判斷其中哪一

種描述更為準確。例如，若是不確定自己到底是S型還是N型，但是卻非常肯定自己符合E、F、P型，就可以比較一下「ESFP」（反應型）與「ENFP」（探索型）的描述，看看到底哪種更符合你自己的工作方式。

8種工作方式

本部分介紹性格類型偏好是如何互相影響。使用這些描述和檢查清單來發掘自己偏好的工作方式，進而確定4個字母性格類型判斷是正確的。在閱讀描述的過程中，將重點放在自己更傾向於做什麼，而不是生活經歷中學到的應該要做什麼，或者別人希望你做些什麼。另外，由於這8種工作方式在性格偏好方向有些共同點，所以各位可能會發現自己的偏好似乎不止符合其中一種工作方式。但是，大多數人都會覺得8種方式中的某一種非常契合自己的工作偏好。

▶ 反應型：行動與適應（Responders:Act and Adapt）
──性格類型：「ESFP」和「ESTP」

反應型的人會透過行動對周圍環境迅速做出反應。他們具有極佳的觀察能力，能夠很快發現問題或機遇。他們具有很強的自發性，喜歡對當下發生的事情立即做出反應，表現出無須深思熟慮的實際行動。

通常，反應型的人享受即興、變化及靈活調配帶來的滿足感。他們具備當下立即解決問題或完成事情的能力，尤其樂意處理所謂的緊急事件或解決實際問題。

當然，我們在觀察和回應周圍環境時，也都會使用這種方式。例如，釘釘子的時候，我們通常會注意釘子是不是彎了，從而調整下一錘的方向和力道。在某種程度上，每個人都會進行觀察並採取相應行動，不過反應型的人更加偏愛這種方式，也更擅長直接觀察和行動。他們對周遭的行動和反應會持續保持注意，並積極調整自己的行為。以下是一名反應型的人描述他所喜歡的工作方式：「我只想做些事情並從中找到樂趣。比起其他事情，我更喜歡變化和行動。我為今天而活。如果不享受當下，那麼，生命的意義是什麼呢？我只希望每天都過得心滿意足。」

在工作中的表現

☐ 我總是在四處走動，尋找行動機會，伺機而動。
☐ 我喜歡解決問題，喜歡即興而為，將注意力放在確實可行的解決方案上。
☐ 我喜歡觀察，喜歡發揮自己的感官。
☐ 我通常看重當下的此時此刻。
☐ 我傾向於對目前最有趣的事情做出回應，而不是跟進枯燥的工作。
☐ 例行公事、可以預見的事，還有理論性的東西，通常會讓我覺得索然無味。
☐ 我喜歡身體力行、親自動手工作。
☐ 我相信自己看到、聽到、聞到及碰觸到的，也能理解透過感官獲得的訊息。
☐ 我喜歡具體的挑戰，喜歡當下做出互動或即刻帶入情感。
☐ 出現危機或緊急狀況時，我會在短時間內做出反應。

▶ 探索型：創新與主動（Explorers:Innovate and Initiate）
——性格類型：「ENFP」和「ENTP」

探索型的人像偵探一樣對周圍環境保持關注，希望能夠找到無相關事物之間的連結。他們會自然地把各種想法串聯在一起，試圖尋找其中的連結。他們更喜歡關注可能發生的事情，而不是已經發生的事情。他們總是能夠從感受、經歷和想像中看見各種事情的種種可能性。探索型的人充滿激情，關注將來，因此喜歡著手改變現在。對他們而言，每個環境都是嘗試不同事物的機會。他們通常會被「需要預測將來及需要創意」的工作吸引。

我們在需要構思完成事情的新方法時，通常也會使用這種方式。在一定程度上，每個人都會看到事情的各種可能性，而探索型的人則更喜歡抓住機會尋找並使用某種模式來創造新的可能性。以下是一名探索型的人描述他喜歡的工作方式：「當我進行一件從來沒有人做過的事情時，興致最高。我喜歡走在前端，在許多事情上，我都能第一個提出想法。我常會有新的創意。」

在工作中的表現

☐ 我喜歡構思新想法，嘗試新想法。

☐ 我不喜歡將大部分注意力放在細節和事實上。

☐ 我善於建立不同事物和想法之間的連結。

☐ 我著眼於將來，以可能性為導向。

☐ 我期盼、尋找，甚至創造變化，也喜歡協助別人產生變化。

☐ 我喜歡在同一時間參與很多凝聚創造力的事。

☐ 我需要不斷變換工作任務或多樣化的工作內容，維持對工作的興趣。

☐ 我通常在期限的最後一刻，才會突然迸發出創造能量。

☐ 我更喜歡發起某個專案或構思新專案的整體框架，而不是完成它。

☐ 比起做決定，我更喜歡探索和尋找新想法。

⤷ 果斷型：直接與決斷（Expeditors:Direct and Decide） ——性格類型：「ESTJ」和「ENTJ」

　　果斷型的人對邏輯分析情有獨鍾。他們具有獨特的情境判斷力和發現問題的能力。他們具有很強的組織能力和很高的工作效率，對於自己能花最少時間完成最多工作的能力，頗感自豪。果斷型的人熱衷於解決複雜的問題，注重工作效率和有序管理。他們具有迅速分析形勢的能力，進而控制局面，並動員他人一起完成工作。

　　在列舉優缺點或組織工作時，我們都會使用邏輯分析方法。某種程度而言，其實幾乎人人都會使用，從而對事情做出判斷，但果斷型的人更偏好也更擅長需進行分析和有效組織人力物力才能完成的工作。以下是一名果斷型的人描述他所喜歡的工作方式：「我喜歡不斷前進和完成工作。把工作完成，並看見自己取得的成果是我努力工作的動力。我喜歡管理和監督人們工作。工作時最困擾我的事情是計畫不周和欠缺效率。」

在工作中的表現

☐ 我會努力制訂清晰的規章和守則，並認真遵守。

☐ 我認為對與錯有清晰和明顯的分界。

☐ 面對工作的各種狀況，我的原則是以解決問題和完成任務為重。

☐ 我能很快地釐清形勢，並指派他人採取行動。

☐ 我經常努力工作。

☐ 我喜歡有效率和合理有序的工作環境，如果少了這個環境，我會努力營造。

☐ 我能夠有策略地組織和領導他人。

☐ 我認為能力、清晰的頭腦和具備邏輯分析力都非常重要。

☐ 我經常以工作為重，而不是以人為本。

☐ 我喜歡能提升邏輯能力的事物，例如學習某項技能或做某些練習。

▶▶ 貢獻型：溝通與合作（Contributors : Communicate and Cooperate）──性格類型：「ESFJ」和「ENFJ」

貢獻型的人關注人際關係的互動，以及他人的價值觀和觀點。他們會熱心主動與他人連結，並營造和諧合作的氛圍，確保每個人都能愉快地參與其中。對於他們而言，以組織和協調事件、過程與活動來表達自己關切他人的需求，是他們特別感興趣的工作。他們天生就具有欣賞別人的能力，因此也希望自己的獨特性和努力能獲得他人讚賞。

我們在用心記住別人的生日、慶祝某件事情或某人的成功、參加社交和家庭傳統活動、與他人分享得失時，都會表現出貢獻型的一面。在某種程度上，每個人都懂得如何建立連結和關心他人，不過貢獻型的人更喜歡且擅長須主動與他人溝通合作。以下是一名貢獻型的人描述他所喜歡的工作方式：「工作中，我總是努力啟發同事強烈的團隊意識。對我而言，理解每個人的需要，並營造能讓他們發揮所長的工作環境很重要。這種團隊意識有助於讓我們與顧客建立穩固關係，而我們的工作就是響應和滿足顧客的需求。」

在工作中的表現

□ 我喜歡幫助別人出謀劃策，教導他們如何採取行動。
□ 我總是熱心，喜歡照顧別人，熱衷於了解別人的觀點。
□ 我喜歡組織、協調並規劃他人會喜歡的活動。
□ 我會採取行動，讓彼此之間產生信任感與合作精神。
□ 我會努力在團隊中建立其樂融融的氛圍，讓大家達成共識。
□ 我希望累積經驗，以便更深入了解他人的價值觀、想法和反應。
□ 我喜歡參與一些獎勵與支持他人的社交與傳統活動。
□ 我通常具有社會責任感，傾向於擔任社會角色。
□ 有時我會忽略自己的需要，因為我總是馬不停蹄地幫助別人滿足他們的需求。
□ 我熱衷於組建團隊，並推動團隊進步，在團隊中扮演引導者的角色。

▶▶ 縝密型：專注與穩定（Assimilators:Specialize and Stabilize）
──性格類型：「ISFJ」和「ISTJ」

縝密型的人喜歡收集並辨識訊息，接著以自身經驗與知識整合並理解消化這些訊息。縝密型的人決策和行動的依據，通常是他們過往累積的事實和經驗。當有問題需要解決時，往往會花大量時間從以往的經驗尋找答案。他們擅長記取和沿用曾經有效的策略。

我們每個人在喚起以往記憶時，都會使用這種方式。例如，當你被要求列出喜歡的汽車、音樂或假期活動等細節時，往往都會採取這樣的方式。這代表每個人在一定程度上都具有保存和歸納自己經歷的能力，而對於縝密型的人來說，當他們在理解和處理周遭事物時，最主要的處理方式就是關注、收集、組織和存儲過往事實和經驗。以下是一名縝密型的人在思考創作一本歷史小說時喜歡的工作方式：「在開始寫作前，我會回顧我和他人的過往經歷，盡可能找到最多資料。我喜歡在正式動筆前完成所有研究工作。盡可能徹底了解更多與創作內容有關的歷史事實。然後，我會在動筆之前坐下來對要寫的東西進行整體思考，我會三思而後行，深思熟慮後才開始動手。」

在工作中的表現

□ 我喜歡收集很多有用的相關事實。
□ 其他人總會覺得，只要是我喜歡的領域，我就會成為這方面的專家。
□ 面對工作，我喜歡訂定詳細的方案。
□ 我覺得有趣而複雜的事情，可能會占去我所有的時間與注意力。
□ 面對眼前的局面，我會在有意識的情況下，忠實地運用個人原則或價值觀。
□ 在開始執行某些規則和標準之前，首先要了解與認同它們。
□ 在制訂決策的過程中，須考慮自己知道的每項相關事實。
□ 我給別人的印象是鉅細靡遺又小心翼翼，面對細節一絲不苟。
□ 對於必須遵循流程來完成的事情與例行公事，我會很有耐心。
□ 我喜歡在心無旁騖的情況下，長時間專心致志於一件事情。

▶ 願景型：解釋與執行（Visionaries:Interpret and Implement） —— 性格類型：「INFJ」和「INTJ」

願景型的人看重未來，喜歡花時間深入思考、總結和歸納不同的數據、想法或經驗，探索其中蘊藏的含義。他們會透過創造及不斷調整有意義的思維框架，來協助自己反思和解釋以往的經歷。他們熱衷於探究事情未來發展的可能性，因此經常為了改變現有的系統和程序，制訂複雜的計畫。

在學習和比較某項理論架構，或試著解釋數據或概念時，我們通常都會使用這種方法。也就是每個人在一定程度上都會總結和歸納自身經驗，並將經驗、理論與思考方式連結起來，而這種方式是願景型的人認知世界的首選。以下是一個願景型的人描述他所喜歡的工作方式：「我喜歡依照自己的想法工作。我會竭盡全力構思新想法。對我而言，為想法到執行的各個細節訂定一個完整的計畫非常重要。我的優勢是我的想像力和總覽全局的能力。」

在工作中的表現

☐ 我喜歡接觸並嘗試理解抽象的概念和符號。

☐ 我總是能夠創造出新的理念和可行願景。

☐ 我喜歡對現有的知識、真理和推斷提出質疑，並進行分析。

☐ 我發現處理語言的精確度和含義的多重性頗具挑戰。

☐ 我會分析和質疑社會的基本認知和概念。

☐ 我是一個決斷而足智多謀的領導，以及解決問題的高手。

☐ 我喜歡複雜和具難度的挑戰。

☐ 我覺得理論和概念比具體事實更有趣。

☐ 我喜歡在行動前，觀察並了解全局。

☐ 我處理事情果斷。

▸▸ 分析型：審視與評估（Analyzers:Examine and Evaluate）
──性格類型：「ISTP」和「INTP」

分析型的人喜歡把時間花在分析訊息，以獲得符合邏輯的決定。面對問題和任務時，他們的第一反應往往是透過收集到的訊息進行邏輯思考，不斷提出疑問以找出最佳行動方案。他們熱衷於在解決問題時運用科學原理、科技或其他領域的專業知識。他們喜歡嘗試並驗證自己的想法，測試得出的結論。他們喜歡從不同的角度嘗試，然後觀察將要發生的事。

每個人在思考問題或試圖做出符合邏輯的決定時，通常都會使用這種方式，也就是每個人某種程度上，都會利用邏輯釐清思緒，而這是分析型的人認知世界的首要方式。以下是一名分析型的人描述他所喜歡的工作方式：「身為負責救護車的緊急醫療救護員，我很享受我的職業。每一通電話都代表一個新的情況正在發生，此時最需要的就是馬上進行分析，為病人做適當的安排。然而，工作一段時間後，我發現如此是不夠的。我希望找到阻止緊急情況發生的機制，而不是單純應對緊急情況。」

在工作中的表現

☐ 我喜歡把握即興的機會與獨立工作。
☐ 我通常專注於事實背後的邏輯原理，而不是事實本身。
☐ 我會將事實和邏輯的可能性串聯在一起。
☐ 我喜歡審視並反思各種狀況，從而釐清事情發生的原因。
☐ 我想了解自己的行動如何改變現狀。
☐ 邏輯和客觀是我判斷不同情況的首選原則。
☐ 我信服理性思維和分析。
☐ 很多人會覺得我是一個安靜、離群和不近人情的人。
☐ 我喜歡搞清楚事情發生的原因，而不是按部就班地執行解決方案。
☐ 我的適應力通常很強，但是我強烈反對不合邏輯、不合理的變化。

▶▶ 關顧型：關心與連結（Enhancers:Care and Connect）
──性格類型：「ISFP」和「INFP」

關顧型的人在任何狀況下都扮演著人際關係潤滑劑。他們熱心為他人著想、關注他人的感受，以及不同環境和場景對個人產生的影響。他們通常會小心謹慎地迎合他人，總是先考慮他人的需要，然後才考慮自己。在評估和分析某些狀況時，他們會花費很多時間考量自己和他人的價值觀。

送給朋友的相簿裡究竟該放什麼照片，或該料理什麼菜色能兼顧一群人的口味，他們都會這樣依照情境來想事情。每個人在某種程度都會試著理解他人，並將個人經歷與價值觀連結，而這是關顧型的人認知世界的主要方式。以下是一名關顧型的人描述他在團隊中所喜歡的工作方式：「我經常會指出他人的優勢，幫助他們意識到他們的專長如何讓整個團隊受益。我甘居幕後，以確保工作進展順利。隊員們得到所需的支持和鼓勵，從而發揮最佳工作效率，這一點無疑非常重要。」

在工作中的表現

☐ 我喜歡參加某人覺得有意義的活動。
☐ 我在生活中會努力維持外在和內在的和諧。
☐ 我想在工作中傳達我的價值觀和個人理想。
☐ 我尋求生命更高的目的和意義。
☐ 除非個人價值觀受到挑戰，否則我是易於接受新事物、靈活及容易遷就他人的人。
☐ 當我的價值觀受到挑戰時，我會變得頑固而堅持。
☐ 我有很強的人道主義精神及強烈的情感信仰。
☐ 我很少表達自己重視的價值觀，因此一般人很難真正了解我。
☐ 我很忠誠，甘願為有價值的目標、人群和理想奉獻。
☐ 我很容易被苛刻或挑剔的評價傷害，但我不會輕易表現出來。

你的工作方式是什麼？

　　希望透過閱讀本章和自我評估後，各位已經選出自己的4種性格類型，並以此基礎確定了自己偏好的工作方式。如果現在對於性格偏好和工作方式的選擇仍有些猶豫不決，那麼，閱讀後面章節中8種工作方式的詳細描述會有所幫助；或者也可以從與他人的互動中尋找蛛絲馬跡，看看自己選擇的偏好是否準確。同樣地，也可以向身邊的人詢問意見。

　　回顧本章前面對於性格類型的描述。仔細審視自己選擇的4個字母，看看這樣的選擇是否符合自己的真實情況。另外，也可以尋找專業人士幫助，在完成性格分析之後，請他們對結果進行分析與解讀，如此能有效幫助你判斷自己的性格類型和自然工作方式。

　　切記，我們都有能力完成五花八門的工作任務，我們也知道自己真實情況的描述不會只有一種。但是，研究結果顯示，每個人的工作方式總是以8種方式的其中一種擔任核心，也是自己最偏好的。這個核心偏好代表自己慣常的工作方式，其他方式可能支援或附屬於此核心方式。隨著不斷培養能力、累積經驗，你將學會利用所有方式幫助自己邁向成功。透過了解自己最信任的方式，你會發現，其他的方法都是這一方式的發展和延伸。

　　本書描述的8種工作方式，關注的並非各位能做什麼，或不能做什麼。切勿利用性格類型劃分人群，為人貼上標籤或加以限制，無論對自己或他人，都切勿如此。相反地，我們應該利用這些工作方式的差異，來了解會自然而然發生的事。這點至關重要。性格類型能給予你的僅僅是一個起點或基礎，其他所有方面的偏好，其實都是從性格類型發展延伸而來。

　　本書接下來的8個章節內容，將深入介紹這些工作方式。各位可能會發現，最有效的方式就是直接閱讀描述自己工作方式的章節。一旦讀完該章之後，可以跳到本書最後兩章，看看如何利用此內容幫助自己找到適合的職業發展路徑。

反應型：行動與適應

——性格類型：ESFP 和 ESTP

「我以建造小木屋為生。這份工作需要大量體力，但我本身就喜歡積極向上、認真工作的生活方式。沒有兩間房子是一模一樣的，我需要根據場地設計房子，然後開始建造。每當看到房子初具雛形，我就覺得非常滿足。每個工程都會有問題待解決，對我而言，找到解決問題的辦法繼而完成工作，就是很大的樂趣。我可不認為我會喜歡整天坐在桌子前翻看報紙的日子。就是這份需要體力勞動的工作，驅動我的人生不斷前行。」

——一名反應型的人

最新研究顯示，美國成年人中，反應型的比例為12.8%。對反應型的人來說，追求實際、積極主動，並且不斷地適應自己所處環境是天賦本能。憑藉敏銳的觀察力和迅速反應能力，他們能夠有效解決突發狀況、洞察他人或發明新產品。反應型的人具有敏銳判斷所處環境及周圍所發生事情的能力。他們保持開放的態度，並不急於對周遭的事情下定論，而是先以敏銳的觀察精準地了解發生的一切，然後短時間內投入其中，迅速採取行動。他們會快速評估環境並調整自己的行為，對自己接收到的感官訊息直接做出反應，這是他們與生俱來的特徵。反應型的人追求即時和具體的經歷，因為這是他們眼中可靠的知識來源，使他們在未來環境能以講求實效的方式借鑑運用。反應型的人擅長利用各種資源尋求問題的解決方案，是勇於活在當下的人。

反應型的工作方式

▸▸ 反應型做什麼最自然

迅速行動

因為反應型的人傾向對周遭事件迅速做出反應，積極而實際，所以「需要立即作出反應」的情況會讓他們產生興趣。面對和處理突發問題，或者不斷變化的狀況，是他們所擅長的事情。他們享受解決問題和處理危機帶來的成就感，喜歡

刺激、快節奏的工作。

對於反應型的人來說，嚴謹的結構、周密詳盡的計畫和明確的責任是一種束縛。他們討厭因為工作而放慢自己原有的節奏，面對例行公事、需要嚴格遵循程序的事情及日常瑣事表現煩躁。只要有機會，他們就會逃避「常規但正確」的處事方式，以保持自己快速反應的敏銳度。他們會不斷強調踰越規矩做事的優點，尤其是在緊急情況下。一名反應型的人開玩笑地描述道：「請求原諒比請求批准要簡單得多，我非常同意此想法。在工作中，請求批准會產生各式各樣的障礙，拖慢我行動的速度。我的經驗是勇往直前，率先行動，然後再解決因此產生的後果。」

無可避免地，有些人把反應型的「擅自行動」解讀為不負責任和難以捉摸。他們要求自主和我行我素的行為，常被視為對權威的挑戰。不過，即使反應型的人希望可以在某種程度上掌控自己的行動，他們依舊喜歡與他人互動的過程。當有人悶悶不樂的時候，他們通常可以敏銳捕捉到對方的情緒，還會發揮自己的幽默感讓可能發生的衝突和分歧化為無形。

反應型的人通常是高效的問題解決能手，他們總會以充滿創造力的方式發揮自己的實幹精神，圓滿地完成任務。每當有問題或危機須解決時，他們通常會沉浸其中，充滿活力。他們醉心於必須處理的緊急狀態，如消防員、警察、應急應變人員或救生員。身為反應型的人，你會不斷尋找各種方法，從而保證自己在工作中可以保持積極向上的精神和快速反應的狀態。

積極主動

反應型的人不喜歡整天乾坐著的工作，能讓他們到處走動、實際動手的工作才是他們所需。一名反應型的成人教育老師描述她在工作時必須常離開辦公桌，起身四處走動：「我覺得老是坐著改考卷很是乏味。每次面對許多考卷時，我經常會須要停下休息，並在辦公室內四處走動，我的同事因此嘲笑我老是在辦公室踱步。但要挺過工作這段時間，不時的歇息、活動活動筋骨實在太有必要了。我上課時，也經常辦一些實地考察的活動，或是安排動手操作的實驗。」

急中生智的機會總是讓反應型的人興致盎然，他們也喜歡迅速地加入任務，

短時間之內採取行動。很少會看到他們站在一旁袖手旁觀，或站在背後無所事事。他們會竭盡所能地採取一切行動，調動各種資源來完成工作。

追求實際的解決方法

反應型的人面對自己的工作總是懷著現實感，他們以追求事實的心態高度關注周圍世界和相關細節，並迅速接受事實，以求掌握真相。

對反應型的人而言，用理論、抽象或比喻的方式闡釋這個世界的運轉過於間接和複雜。對他們來說，如果理論可以直接應用，也許還有一定的價值，但重點是先關注具體事實。他們只信任可以直接體驗和感受的東西。

反應型的人注重看得見、摸得著的事物或成果。在工作中，他們會透過不同的方式表達這種特質，例如插花、布置辦公室、銷售產品、攝影或種植植物等。對他們來說，這些過程充滿樂趣，可以讓他們保持興奮的心態。不斷改變環境對他們來說最為理想，因為如此便有機會接觸到不同工作。

一名反應型的木工如此描述他對這種方式的偏好：「我覺得在一間店不斷重複製作一模一樣的櫃子很無聊。我更喜歡多樣化和有趣的工作，像是以顧客具體的要求進行設計，更改櫃子原本的設計使其適應廚房不規則的空間，或發掘一些櫃子的特殊功能。」

觀察與適應

反應型的人大都喜歡在快速變化的環境或形勢中工作。他們具有很強的適應力和高度的靈活性，熱衷於主動發現改變，並做出積極的應對。正因為如此，他們通常很難說出自己最喜歡的工作類型，因為喜歡的工作形形色色，他們在意的不是具體的工作內容，而是在工作中不斷應對變化。反應型的人總是可以不費吹灰之力地在很短時間內，進入某種形勢或參與某項工作。

如果他們的工作環境不夠激動人心，反應型的人很快就會變得興致全無。若你是反應型的人，你會發現自己面對可預見的工作反應強烈，每天都循規蹈矩的工作環境會讓你索然無味，尤其是面對重複性的工作更是會讓自己完全提不起精神。在這些情況下，工作無法抓住你的注意力，可能須要找尋其他能讓自己全神

貫注的方法。為了做到心無旁鶩，須擴展自己的職責範圍，或自己設計某一個有趣的挑戰，讓自己在工作中維持積極且興致盎然的狀態。

反應型的人以直接的方式從經驗中學習成長。他們經常重新界定事情的處理方式，積極嘗試新鮮事物或方法，喜歡即興創作或修改既有的事物。以手邊現有材料創造全新解決方案，在這類技巧方面他們無疑堪稱專家。在例行工作之外，他們也許會隨興之至地擺弄一些額外事項，為自己的日常生活增加一些趣味。這樣的做法可以幫助他們在必須面對可預見的過程中，對付頭痛不已的枯燥感。

反應型的人通常對世界的觀察敏銳而精準。如果你就是反應型的人，會有強烈的審美意識和敏銳的感知能力。各位可以嘗試以不同方式來實際運用自己的敏銳感覺，或許可以從事戶外或操作工具性質的工作。想一想，是否可以做一些感性且又有意義的事，或在工作當中，是否有機會讓自己以各種感官與感覺來體驗周遭世界。給自己的工作環境增添些許審美的亮色，也許是一碗五顏六色的糖果、動人心弦的音樂、意味深長的照片或美麗的燭光。

如果你是反應型的人，時時找尋機會，確保自己可以在迅速變化的環境工作。啟動新的專案或參與形形色色的活動，而不是專注在循規蹈矩且一成不變的任務當中。要求細心觀察且迅速適應的工作會讓你興致勃勃，同時也會有不錯的收穫。你或許考慮創建公司，完全掌控自己的行動。但是，切記，你的經營必須讓自己的注意力放在業務規劃與架構方面，這是成功的前提。

活在當下

反應型的人具有敏銳的觀察力、迅速的反應，以及注重實際的處理能力，三者的結合使他們成為不折不扣的享樂者。因為享受當下的心境，所以特別重視工作的空間並深受影響。對他們來說，同時兼顧舒適度和吸引力的工作環境非常重要。

比起其他類型，反應型的人更懂得如何享受當下。如果他們不喜歡某些東西，會積極努力地改變它，而不是消極等待，對於未來可能獲得改善虛無縹緲的遠景產生期望，他們的人生滿足感源自周遭環境，一名反應型的人如此描述他對當下的重視：「每當有人邀請我去咖啡廳時，我總是欣然赴約。沒有任何重要的

工作或任何迫在眉睫的最後期限可以阻止我抽出幾分鐘應邀前往，享受今天。」

在其他類型的人看來，這種行為幾乎是「不負責任」的代名詞，反應型的人「抓住今天」的天性是其他類型的人難以理解和仿效的。在反應型的人看來，每天都是機遇，他們要把握這樣的機遇來完成一些妙趣橫生或意義深遠的事。千萬不要認為他們工作懈怠不努力，因為一旦被激發出工作能量，他們能高效迅速完成大量工作，無懼沉重的工作壓力。然而，當停下來休息時，他們可以立刻完全脫離工作狀態，盡情玩樂，一如工作時一樣全心投入。

娛樂他人，與人交流

反應型的人與生俱來就對人有興趣，這賦予他們迅速、主動了解他人與社交的能力。他們慣於仔細觀察他人，並泰然接受他人的一切。他們思想開明，寬以待人。生活中，他們富有娛樂精神，總是給別人帶來很多樂趣，能夠很輕易融入任何社交圈，可以稱得上是「社交明星」。不論在何種場合，他們都能很快地運用自然天性和他人建立友善關係，並創造愉快的氛圍。他們熱愛能夠為別人提供服務的職業，滿足於很快看到行動產生的影響。

如果你是反應型的人，可以發揮與人為善的性格特徵，透過觀察別人並與對方建立互動關係。應用自己積極主動且樂觀向上的處事方法，幫助團體進行協商，達成妥協，通力合作。利用自己的人際關係網幫助自己找尋工作機會。認真觀察他人，看看自己是否喜歡他們的工作方式。積極提問，在可能的情況下詢問對方是否能給自己機會嘗試新的工作或學習新的技能。

學習和累積實際經驗

注重不斷累積經驗並從經驗中學習，是反應型的人普遍具有的現象。他們總是希望用務實的方法學習實際的東西，正如一名反應型的人所說：「我從沒有做過一份我不喜歡或無法從中學到知識的工作。小時候，我送過報紙，也在零售店打過工，學到了基本的工作技巧。後來我學到的許多事物都源於這些經驗。」

很多反應型的人認為，所謂正規教育太過抽象和富於理論性，所以特別枯燥乏味。學習若非學以致用，那麼過程就該充滿樂趣，如此才能讓他們安心認真對

待。當然，這不代表他們不能或拒絕完成高等教育，相反地，許多反應型的人選擇極富挑戰的職業，如醫師或科技產業。換句話說，對於反應型的人來說，學校教育的模式不是他們覺得最舒服的學習方法，他們需要的是關注和培養學習的方法或技巧，尤其是當他們必須處理很多抽象零亂的訊息或數據時。他們很難在抽離日常生活的事物中發現實際價值，因為他們總認為鑽研課本和按時上課是枯燥乏味的。

　　因此，為了應對學校教育，反應型的人大多採用死記硬背的方式，因為他們記憶細節的能力通常很強，但是在面對高度複雜和抽象的課程時，這種策略很容易使他們產生挫敗感。一名反應型的人描述她的大學生涯：「我不喜歡大學生活。一位教授曾指出，我不可能通過這門複雜課程的考試，因為我總是嘗試強記所有細節，而不是以整體概念掌握。如今回想起來，我覺得教授說得很對，我個人最佳的學習方式是記憶和觀察。我會動用所有感官來記取一些細節。然而，在大學裡要記的東西實在太多了，我根本難以應付。我不斷告訴自己，熬到畢業後就能自由選擇我可以勝任的工作，才終於挺過大學。」

　　反應型的人通常喜歡在可以看到實際應用的過程中學習，如學徒或在職培訓。他們大多不喜歡閱讀使用說明書之類的東西。他們在不斷嘗試和犯錯中學習。每件事總會先試著做一下，然後看看到底會有什麼結果發生。這種有趣的體驗式學習使他們樂在其中，並很容易記住在此過程學習到的知識。因此他們屬於不怕犯錯的人，而且善於從錯誤中學習和成長。他們喜歡培養或提升既有的技能，通常在某個特定的領域表現突出。很多反應型的人都有自己的獨門絕技，也就是他非常擅長的技術領域。身為反應型的人，當你在判斷職涯軌跡的下一個目的地時，可以思考現在你對什麼技能和活動最有興趣。

反應型的自然工作方式特點

反應型的人在運用自然工作方式時能有最好的表現。了解你的不同偏好，就可以更準確評估什麼工作方式才會讓自己獲得滿足感。以下歸納和總結了反應型的人的性格特點和工作偏好，各位可以看看哪些描述更適合自己。身為反應型的人，我在下列方面表現最好：

☐ 凡事採取主動

☐ 工作職責多元且富變化

☐ 凡事親力親為

☐ 逃避嚴密程序、例行公事和重複性的工作

☐ 表現具有實用性的創作力或藝術感

☐ 結識不同類型的人並與之互動

☐ 迅速反應

☐ 解決身邊發生的問題

☐ 在充滿變化和活力的環境工作

☐ 享受樂趣

☐ 運用自己的感覺觀察

☐ 即興發揮

☐ 強調事實和細節

☐ 與他人積極互動

☐ 具有獨立行動的空間和自由

☐ 置手頭工作於不顧而只是為了享受當前

☐ 喜歡像是談判、洽談合作、協調妥協、遊說等需要與人建立和諧關係的工作

☐ 在工作中運用以實際為出發點的方法

☐ 解決棘手問題，自我調適

☐ 個人會直接參與其中，積極行事

我的關鍵

回頭看看反應型自然工作方式的特點清單，以你勾選出的特點，在下方空白處填上你的個人工作方式摘要。如此有助於明確了解自己想要在工作中從事什麼具體活動，以及什麼樣的工作環境最能與你契合。當然，也可以添加清單中未提及的特點。

我最重要的工作偏好是：

反應型如何減輕工作壓力

透過本章前面的內容，已經確定了自己的性格類型如何與偏好的工作活動及工作風格連結起來。考慮一下什麼工作內容和環境會讓反應型的人感到壓力重重或覺得不適合，這點相當必要。每個人都會在某段時間內從事自己並不喜歡的工作，但如果長時間從事自己沒有興趣的工作，就可能造成工作壓力或不滿情緒。

這裡會著重指出反應型的人可能出現哪些工作壓力。在閱讀的過程中，可以想想自己目前的工作是否包含了書中所描述的狀況。如果是，就須要思考一下，該以哪些方式改變某些工作內容，或採取一些盡可能緩解壓力的辦法。了解工作讓自己產生壓力的要素，可以幫助你明確了解哪些工作不適合自己，然後避開這些工作。

對於反應型的人來說，如果某項工作需花費許多時間，或規矩不勝枚舉，尤其是在最後期限的制訂比較嚴格，就會對他們造成壓力。如果反應型的人需要按照既定的方式完成某項任務，或共事過程須依照別人的指令，就會覺得壓力十足。此時，反應型的人會喪失獨立安排工作與調節適應的機會，這兩方面對於他們能否在工作獲得滿足感至關重要。如果你的工作須循規蹈矩，受到各式規範束

縛，便須找尋其他完成任務的方式，或至少要讓自己能時不時以其他強調靈活性的工作來做調節。

雖然反應型的人享受與人們互動的過程，但他們並不喜歡長時間坐著討論某個問題。他們通常並不想深入分析雙方的關係和兩者的衝突原因。「ESFP」類型的人通常不喜歡空氣中浮動著不融洽的氣氛，而「ESTP」類型的人可能覺得，這種類型的討論與手頭的工作毫無關聯。如果出現這樣的情況，各位可能須要保持自己的耐心。身為反應型的人，你可能不由自主地想要借助幽默感來化解這樣的氛圍，但請注意，其他人可能希望更嚴肅地對待這樣的狀況。

雖然反應型的人對於循規蹈矩和可預見性深惡痛絕，但面對強行加諸的變化，或必須承擔新工作職責時，當這類的改變與職責是他們從未在日常體驗接觸過的，他們也會因此感到不舒服。如果這種轉變的消息又是來得含混不清或閃爍其詞，他們會覺得更不安。身為反應型的人，當他人逼迫你接受某種改變時，可以先考慮是否以某些實用的方法安然接納。也許可要求對方提供更具體的訊息，並開始將現有狀態與此改變連結。有時，以創新的方式完成某些任務，正是發揮你即興交流專長的機會，同時以平靜的心態接受工作環境的改變。

反應型的職業和人生發展策略

接下來我們將介紹反應型的人生，能如何從職涯獲得最大收穫，除了包括改善職涯規劃的兩個方向，同時也提供了一些實際的建議，幫助讀者更有效地規劃職業發展路徑。另外，也有較為個人客製化的方面。從以上內容與待發展的部分綜合出發，討論能將現有職場表現推向更上一層樓的方式，以及如何實現個人生活的改善，並達到充分的滿足感。

▶▶ 設想未來

雖然可以利用培養實踐能力或把握機遇，嘗試新的體驗來實現職業發展，但為自己的未來構想願景，也會讓你受益匪淺。許多反應型的人根本不會主動設想未來三至五年後什麼對自己最重要。各位可能會認為，事情本來就是瞬息萬變，

沒有人能預見將來會發生什麼事。既然如此，為什麼要設想未來？但是，如果我們設定了一個長期願景，就能藉此想像出許多實際經驗遠遠無法企及的可能性，而這就是構築夢想的起點。由願景出發，可以專注探討各種方式與可能性，將種種訊息串連整合，如此一來便能在決策和行動的過程中，更著眼於長久的收益，在廣闊的願景中能助你一臂之力，使職涯能更成功。

身為反應型的人，你可能已經非常擅長跳出固有的思維方式，找出解決實際問題的方法。你可以學著利用這種出色的適應能力，為自己未來的職業發展找到最好的方向。這種統觀全局的能力能幫助你在工作中，找出哪些是最重要的因素，並據此創造願景。不論各位目前正處於職涯發展的什麼階段或什麼樣的情勢，都會發現抽出時間對自己的經驗仔細沉澱與思考，並且在過程中尋求職涯的主題與方向，都將獲得啟發與感悟。例如一名反應型的人在接受本書採訪後說：「我之前都沒有意識到，工作的獨立性是多麼重要的事！」

在停下腳步仔細反思自己曾做過的各種工作，並想清楚自己為何如此喜歡這些工作之前，他一直都沒有意識到這一點，這樣的領悟也成為他如何選擇下一步的重要關鍵。

設想未來的建議

- 抽點時間回顧並反思自己的經歷。問自己一些問題，例如我為什麼喜歡這份工作？我喜歡此工作的哪個方面？我是否想要了解更多？我能想像自己未來更深入發展此領域嗎？
- 透過審視自己的經驗與想法，尋求對自己最重要的主要事物。從你感興趣的活動或喜歡的工作類型中，能否歸結出什麼規律？如果你是職場新鮮人，可以思考一下自己就讀的學科或其他個人經歷，其中什麼樣的經歷讓你覺得最有趣？為什麼？什麼話題能激發你的興趣？看看能否從自己的興趣和好惡中發掘出規律和主題。
- 抽出幾分鐘，思考一下自己想做的事。利用自己對細節出色的關注力，想像自己從事某職業或某個類型工作的畫面，越具體越好。如果需要一些職業類別供參考，可以看看你個人職業性格會感興趣的工作清單，從中找出

對自己有吸引力的工作。

● 想想你希望未來人們會因為什麼而記住你？你想要做出什麼貢獻？然後再評估自己每天做出了哪些努力，讓自己更加接近這個目標。此方法可以用在個人人生與長期職業目標規劃。

▶ 制訂職業與人生規劃

也許各位會想跳過此部分，想要將目光放在如何改善眼下的生活，而非計畫人生。一般而言，反應型的人會覺得規劃，尤其是長期規劃，不如活在當下有意思。周圍的世界對於你們來說有一種強烈的吸引力，所以你們喜歡制訂一些馬上就可以想像或實現的目標。這一點可以成為你的優勢，但也可能變得只能對目前局面做出反應，而對長遠機遇與成長全無準備。

面對瞬息萬變的世界，你善於適應當下實在是難能可貴，但是很多職涯與情勢，須隔一段時間才會給予滿足感，你須要放眼未來。對於正在養家和承擔財務責任，且個人職責越來越重的反應型的人來說，這是非常重要的一課。你可能發現，關注更多不同的可能性、設定目標並尋找不同的方式實現自己的目標，比僅僅專注於眼前的事收穫更大。

對一位反應型的人而言，早期的工作方向有時反映的是一連串直接降臨的機遇，而不是朝著某個目標有條不紊的努力。學會分清先後順序，按部就班地執行長期計畫可能讓反應型的人受益匪淺。一名反應型的人如此描述自己的規劃方式：「我是反應型的人。我可能會在報紙上看到一個工作機會，然後馬上應徵。或者在機會降臨的時候，隨即抓住。但是，自己尋找機會，對我來說是一件很困難的事情。有時，我覺得反應型的方式可能阻止我做出一些能長期受益的改變。」

對於反應型的人來說，制訂長期目標並恰當管理時間與工作，不太可能會是激動人心的事，也不是會自然而然選擇的事。但是，大多數的反應型之人會有心培養自己這方面的能力，幫助自己規劃未來。如果你是反應型的人，可以考慮一下靈活的目標或嘗試性的計畫。計畫培養某種技能、學習某樣東西，或在「未來能給予自己更多自由」的領域累積經驗。此過程也可以是充滿趣味和活力的，不

必一定要拘泥於制訂整體計畫、階段性計畫及具體時間表等等傳統流程。制訂長期目標，然後朝著這個目標努力，更好地掌控自己的人生。計畫可以積極靈活，但一定要制訂。每步不要太大，但一定要朝前走。

制訂職業與人生規劃的建議

- 職業規劃一定要循序漸進，自己對哪方面感興趣，就要有針對性地培養這方面的技能，累積這方面的經驗。
- 制訂目標時須注重靈活性和自由度，否則你將發現這些目標會束縛手腳。持續尋找學習新技能的實際方法。
- 確立哪些學習和職業發展活動是充滿活力且實際有效，將重點放在這些活動。除了坐在傳統教室學習之外，是否能以其他更強調經驗的方法實現目標？如果實現目標須具備正式學習過程，可以找尋一些實習課程或在職培訓。如果沒有替代方案，可以結合理論與實踐，思考自己是否可以完成實踐性項目，而不是強調理論的項目。
- 將更多的注意力放在跟進工作方面。你可能比較喜歡即時應對狀況，而非未雨綢繆；或者，你可能同時開始好幾項計畫，但在很短的時間內就會興致全無。將自己的目標拆分成容易管理的一個個部分，每完成一個部分就獎勵一下自己。

▸ 相信「無法眼見為憑」的事

對於反應型的人來說，最大的進步是超越經驗世界，去認知與信任看不到、聽不到或碰觸不到的事物。如果反應型的人在確立重點時缺乏見地，就會感到自己的生活快要失衡，總是會從一件事跳到另一件事上，沒有任何目的，也沒有任何願景。這種橫衝直撞很可能會影響職涯與個人發展。

許多反應型的中年人會有意識地關注其他詮釋世界的方式，甚至會欣賞這種新方式。他們找重點的方法很直接，也很講求實際，人到中年時就會開始看重想法的研習與解讀，他們會學著享受獨處的時間，會留出時間關心自己，解讀自己的經歷。對於預感、念頭甚至夢境，他們不僅照單全收，且將其與真實生活連結

的傾向也越來越強烈。他們能放慢腳步，對自己周圍世界的解讀豐富且具有反思精神。

這樣的個人成長通常沒有具體的時間表或完成期限。有的人會發現隨著時間不斷成長是與生俱來的興趣；有些人則覺得自己應該專心於評估自己不喜歡的方式，並在這些方面有所提升。不論處於什麼發展階段或情境，反應型的人都會覺得，抽出一些時間獨處，跳出自己感官體驗的束縛進行連結與推斷，審視自己的經歷，是一件讓人頗為受益之事。

相信「無法眼見為憑」的事之建議

- 寫日記與冥想等練習，能幫助反應型的人學會反思。反觀自己的內心世界，以沉澱自己的經歷。
- 對於反應型的人來說，富有創造精神的休閒活動，不僅能讓他們感到滿足，同時也能讓他們從更為活躍和實際的工作中解脫。
- 關注夢境並記錄下來，可以從中提煉出和物理世界間接關聯的趣味和靈感。
- 研究有趣的理論和信仰，同樣可以帶給反應型的人火花，讓他們超脫可以觀察到的東西，進入想法與理念的世界。
- 了解彼此衝突的視角與假設，能幫助反應型理解各種非事實的觀點。

我的關鍵

> 對你而言，設想自己的未來、制訂職業規劃，以及相信無法眼見為憑的事，是否具有挑戰？如果是，那麼此處的哪個策略有所幫助並值得一試？
>
> _____
>
> _____

反應型的職業平衡

反應型的人會因周遭環境而獲得動力，並立即採取實際行動。這種生活方式令他們充滿興奮並不斷受到激勵。但如果對當下的局勢做出反應是唯一的方式，這對於他們的發展卻無疑是極大限制。對於反應型的人來說，他們可以透過減緩行動的節奏、搜集更多訊息和數據、更全面地進行決策等方式，平衡迅速反應的能力。這種決策方式會幫助他們專注於自己的觀察與行動，建立一種目的性與方向感。

反應型的人會採用兩種方式評估訊息：以價值觀為基礎的方式和邏輯思考方式。在性格類型理論中，這兩種方式分別為感性（F）和理性（T）。每個人在評估訊息和進行決策時，偶爾會綜合使用兩種方式，但一定會傾向於其中的某一種方式。說到這裡，你可能想回到本書第2章找出哪一種是自己更得心應手的方式。

從字面意義而言，感性和理性擁有很多含義，與訊息評估及決策方式不盡相關，所以為了避免不必要的誤解，本書將決策方式偏向感性的反應型，稱為感性反應型（ESFP）；而把以決策方式偏向理性的反應型，稱為邏輯反應型（ESTP）。

感性反應型的人通常在評估訊息或數據時，會先以自己或他人的價值觀作為參考，以真實狀況的決策和所牽扯的個體需求作為考量。但隨著時間的流逝（常常是在生命的後半段），他們亦將學習如何使用邏輯分析的方法看待人和事。他們會用漸趨客觀的方式評價自己的選擇和行為，也更注重觀察和分析自我行為所產生的邏輯結果。

相反地，邏輯反應型的人自然而然地就會使用邏輯分析的方法評估訊息與制訂決策。在成長的過程中，他們亦將學習如何根據個人價值觀及狀況評估訊息和決策。隨著時間的流逝，他們會在決策時學到漸漸傾向將重點放在情況與牽扯的人。當他們學習使用更加人性化的方式體察周圍的世界時，建立人際關係和了解他人，就不再是簡單的溝通與妥協了。

兩種反應型的人都會在現實世界框架規則之外，做出選擇。一般而言，他

們會在內心中使用這兩種決策方式，在一步步的行動之間進行反思與決斷。一生中，反應型的人會不斷培養對感覺和邏輯的應用，並不斷使用兩種方式決定行動。這種自然而然的成長，會讓反應型的人隨著時間漸漸擁有更靈活的決策制訂。

　　本章以下的內容將分為兩部分。第一部分為「ESFP」類型的人量身訂製，第二部分則針對「ESTP」類型的人。各位可能會發現，先閱讀對自己來說最自然的平衡方式很有幫助。之後，可以再閱讀另一種平衡方式，如此一來，便能知道隨著自己不斷成長和成熟，未來有什麼等著自己。如果你已進入中年，你可能對兩部分都有興趣，因為在人生的這個階段，你可能已經擁有足夠的動力培養自己並不偏好的決策方式。

如何尋找平衡？

□ 我更像「ESFP」	□ 我更像「ESTP」
我是感性反應型的人。首先我會以基於價值的決策模式來平衡行動至上的風格。當我日趨成熟，我會學習在做決定時更關注邏輯分析以進一步平衡。	我是邏輯反應型的人。首先我會以基於邏輯分析的決策模式來平衡行動至上的風格。當我日趨成熟，我會學習在做決定時更關注他人和自己的感受及價值觀以進一步平衡。

感性反應型（ESFP）的工作方式

「包在我身上！」

　　最新研究顯示，在美國成年人中有8.5%屬於感性反應型（ESFP）。他們會以個人價值的內在關注來平衡即時行動的風格。兩者的結合，讓他們意識到他人的即時需求，從而形成一種詼諧而體貼的個性。他們運用敏銳的觀察力和自己在這一方面的濃厚興趣建立與他人的和諧關係，並以此幫助、娛樂與安慰他人，或以其他方式與他人互動。他們在必須即時反應的突發情況時，仍然會花時間考慮

和選擇什麼是最重要的，並給予這些考慮和選擇足夠的重視。

他們喜歡建立私人感情，不斷尋找幫助他人的機會。由於感性反應型的決策基於人的價值觀，以平衡他們自身的實感特性，所以他們最初表現的反應型工作方式，與邏輯反應型的人有很大不同。然而，邏輯反應型的人在步入中年後，亦會發現這種以價值為基礎的決策方式，正是他們成長的方向。

▶▶ 感性反應型做什麼最自然

幫助他人

感性反應型對人充滿強烈的興趣。由於具有很強的觀察能力，並且能夠體察他人的細微感受，所以他們極為擅長發掘他人的情感線索。他們在幫助他人方面會發揮自己的創新精神，不會局限於任何制度和程序，總是不斷以各種方式收集資料和滿足他人的需要。感性反應型的人喜歡在最少監督和指導的情況下工作，因為規矩和程序會大大限制他們即興發揮和解決問題的能力。但他們喜歡與他人共事，是願意合作和充滿生氣的團隊成員。

如同所有反應型的人，感性反應型的人喜歡體力活動，被能為他人提供實際服務的職業所吸引。這個類型的職業包含很多種，涉及的範圍也比較廣泛，例如社會工作者與髮型師等。他們能深入體會他人的疾苦，在危機時刻，他們願意花費很長時間努力工作，希望可以讓相關人士的情況好轉。這些能幫助他人的工作，可以讓他們發揮其社交技巧、基於價值的決策方式和對細節的關注。

感性反應型的人尤其喜歡幫助他人解決實際問題。在團隊中，他們是不折不扣的社交明星，享受認識他人的樂趣，並與他人建立和諧關係，因此對服務和保健類的工作具有強烈的興趣。在這些崗位上，他們討人喜歡的個性令他人感覺尤其愉快。同時他們也非常喜歡教育和輔導工作，經常選擇幫助孩子和有特殊需求或困難的人們。

與他人連結

感性反應型的人喜歡溝通，從不吝嗇給予他人正面反饋和表揚。他們個性大

方可愛，很容易就與他人建立和諧的關係並給予鼓勵。以下是一名感性反應型的人描述這方面技巧的發展過程：「我工作的地方有一個義工支援小組，我是其中一員。我可以參加免費溝通與支援的技巧培訓。我的名字會列入一份名單，當有人遇到困難需要協助時，可以隨時打電話給我。我享受成為提供幫助的團隊之一分子。」

感性反應型的人喜歡與他人分享經歷和經驗。這些共同的經驗是他們保持及維持和他人連結的紐帶，因此他們非常重視這些經歷。他們喜歡一切社交聯誼的活動，表現遊刃有餘。他們擁有與他人建立和諧關係的本能，加上敏銳的觀察力，使他們在銷售和娛樂工作領域別具天賦。然而，對於部分感性反應型的人來說，花費太多時間交際無疑是一個問題。

感性反應型的人喜歡以行動表達自己，用務實和親自參與的方式義無反顧地幫助他人。同樣地，他們也喜歡他人透過物質表達對自己的感謝，如禮物與擁抱等等，或在他們需要幫助時盡可能提供幫助。

有時，感性反應型的人對於不能直接以行動解決的衝突或狀況，會有處理的困難，因此他們常常會迴避這些狀況，或者視而不見。他們可能缺乏處理複雜而持續的人際關係衝突的技巧，或許根本沒有耐心和興趣培養這種技能。

盡情表達自我

感性反應型的人具有藝術家氣質，喜歡透過創造富有美感的事物表達自己。他們表達創意的方式豐富多樣，如烘焙食品、運動，或為學生設計一堂有趣的課程等，尤其是對創造獨特的東西具有濃厚興趣。因此，千萬不要指望他們會用相同的方式做同樣的事情，或從事追求細節、程序嚴謹，並需要不斷跟進維護的工作。

在生活中，感性反應型的人喜歡享樂。他們抱有積極的心態、平常心和樂觀態度，以經歷和盡情享受每時每刻。對他們來說，工作首先必須充滿笑聲和樂趣。

這種貪玩的個性使他們對娛樂和行銷工作頗感興趣。另外，他們的務實和創造天性，使他們對具有美感的產品和服務具有一定的興趣，如插花與攝影等。

對感性反應型的人來說，價值觀是決策的重要因素，因此他們在職業規劃時會充分考慮家庭需要。例如，一名喜歡進行野外考察的感性反應型生物學家如此說道：「我真的很喜歡生物學的野外活動。調查水鳥數量、追蹤哺乳動物、攀上岩壁了解獵鷹等，都是我覺得非常有趣和有價值的活動。現在我結了婚，並有了孩子，已經很少從事實地考察工作，因為這會令我和家人長時間分離。尋找既刺激又時間固定的工作，對我來說是一大難題。」

感性反應型的理想工作環境特點

關注你的個人偏好，便可以更準確地找到感到滿足的工作類型。以下歸納和總結了感性反應型的理想工作環境，各位可以看看哪些描述更適合你。身為感性反應型的人，我偏愛下列工作環境：

☐ 動感和互動
☐ 與我的個人價值一致
☐ 讓我有機會可以自我表達
☐ 提供即時幫助他人的機會
☐ 與他人合作
☐ 強調實際具體的結果和產品
☐ 靈活自由
☐ 有趣好玩
☐ 具備進行社交的機會

▶▶ 感性反應型有興趣的工作

以下是感性反應型的人可能感興趣的工作。這份清單是參照數據進行歸納，數據顯示，感性反應型的人從事下述這些行業的機率高於其他行業。這份職業清單依照美國勞工部職涯資訊系統O*NET提供的訊息，歸結成五大類，這些類型的工作對感性反應型的人來說充滿了吸引力。O*NET是一個龐大的互動性資料庫，專門提供職業相關訊息，用於探討與研究職業選擇。該系統對工作類型進行

了劃分，不僅依據工作本身內容，還包含完成該項工作所需的技能，以及需要接受的教育或培訓。各位可以到該網站瀏覽各式羅列的職業或工作類型。該網站也有關於職業的豐富資訊。最後，我們設立了第六類「其他」，涵蓋了該職涯系統劃分的其他工作類型，這些工作同樣可以吸引感性反應型的人。

解讀職業訊息的關鍵

每種職業的編號都包含了一些訊息，幫助各位更容易評估這份職業是否適合自己。

🚲＝綠色經濟職業：與降低化石燃料的使用、減輕汙染、提高能源效率及提升再生能源使用等，與保育自然資源的經濟行為領域息息相關。

✿＝有前景、快速成長的職業：經濟層面十分重要的行業，這些行業可能實現經濟長期增長，或因為技術與創新而出現劇烈的變化。

工作能域＝數字編碼（1～5），總結了想要進入此行業須進行的準備（如教育、培訓或經驗傳授）。數字1～5代表所需要的準備由少到多。

職業趣味性＝字母編碼（R、I、A、S、E、C，即：實際、調查、藝術、社會、創業和傳統），代表職業興趣。此部分與美國心理學教授、知名職業指導專家約翰·霍蘭德（John Holland）的職業興趣類型及工作環境（將在第11章仔細描述）一致。

藝術、設計、娛樂、體育與媒體

演員 2AE

教練與星探 5SRE

時裝設計師 3AER

插花藝術家 2AER

音樂家與歌手 3AE

製片 4EA

布景與展覽設計師 4AR

攝影、電視、影片與電影 3RA

商業與工業設計師 🚲✿4AER

藝術家，包括畫家、雕刻家與插畫師 3AR

音樂家與演奏藝術家 3AE

攝影師 3AR

廣播與電視播音員 3AES

醫療保健與技術

心血管儀器設備操作員 ✿3RIS

重症護理 ✿3SIR

急救醫療技術人員與醫療人員
　　✿3SIR

低視力治療師與定向行動訓練師
　　✿5ISR

職業物理治療師 ✿5SI

外科醫師助理 ✿5SIR

語音語言病理學家 ✿5SIA

脊椎按摩師 ✿5SIR

牙科清潔師 ✿3SRC

執業實習及執業護理師 ✿3SR

驗光配鏡師 5ISR

眼科醫師與驗光師 ✿3ECR

放射科技師 ✿3RCS

娛樂治療師 4SA

醫療支援

牙科醫師助理 ✿3CRS

藥劑助理 ✿3SCR

獸醫助理與實驗室動物看護員
　　✿2RSI

按摩物理治療師 ✿3SR

生活護理人員與服務人員 ✿2SRC

個人護理與服務

休閒娛樂服務員 ✿1ECR

兒童看護員 ✿2SA

健身教練與有氧運動教練 ✿3SRE

個人與居家照護助理 ✿2SRC

旅遊安排與指導 3EC

馴獸師 2R

服裝師 2CR

空服員 ✿2ESC

導遊與解說員 ✿3SE

保護服務

懲教人員與獄警 3REC

火災調查員 3IRC

救生員、滑雪救護隊與其他娛樂場
　　所保護人員 ✿1RS

消防員 ✿2RC

森林消防員 ✿2RS

市政消防員 ✿3RSE

巡警 ✿3REC

其他

下面的清單涵蓋了可能吸引感性反應型的其他工作類型。

適應性體能教育專家4SRI

救護車駕駛員與隨車人員（急救設
　備操作技師除外）🌸2RS

藝術、戲劇與音樂教師，高等教育
　者5SA

施工木匠 🚲🌸2RCI

教育、培訓與圖書館工作人員4SC

緊急情況處理專家 🌸4SE

護林員4RIE

建築商助理1RC

保險銷售經紀人 🌸4ECS

市場研究分析員 🌸4IEC

護理指導者與教師及高等教育5SI

警察、消防員與救護車調度員
　🌸2CRE

櫃檯與詢問服務人員 🌸2CES

客服人員2CES

電話銷售員2EC

服務生 🌸1SEC

藝術家、演藝人員與運動員經紀人
　或業務經理4ES

仲裁、調停與調解人員 🚲4SE

環保科學家4IR

施工人員 🚲🌸1RC

電工 🚲🌸3RIC

農民與農場主人 🚲3REC

木匠助手 🚲🌸2RC

餐廳、酒店與咖啡館服務人員
　🌸1ES

景觀工作者 🌸1RC

多功能機器設備調試員、操作員與
　維護人員（包括金屬與塑料設備）
　🌸2R

公園自然學家4SRA

貴金屬業工作人員3RA

宗教人員3SEC

助理教師 🌸3SC

交通運輸人員2R

感性反應型的技能強項和重要的特點

　　關注個人偏好，便可以更準確地找到讓你感到滿足的工作類型。下方歸納和總結了感性反應型的人的技能強項和重要的能力，各位可以看看哪些描述更適合你。身為感性反應型的人，我具有以下技能強項與重要能力：

□ 適應能力
□ 親和力
□ 重視細節
□ 幫助他人
□ 與人合作
□ 善於閱人
□ 善於觀察
□ 善於溝通
□ 解決實際問題
□ 創造

▸▸ 感性反應型的領導者

感性反應型的人在擔任領導者時，會有著獨特的優勢。他們擁有自然獨特的領導方式。

不拘小節

感性反應型的人是親切而隨意的領導者。他們具有很強的人際關係處理能力，能確保所有團隊成員共同努力實現目標。他們不會表現專制，也不喜歡在專制的領導下工作，正如一名反應型的人所說：「我喜歡平等地工作，不領導誰，也不被誰領導。我喜歡與別人合力完成工作。」

感性反應型的人具有的敏銳觀察力、以及對他人的需求和狀況的關注，使他們能很快地了解別人的情緒。他們一般會接受對方的本色，尊重對方的付出與投入。他們懼怕衝突，如果必須制訂或遵從的決定會引起他人不滿，他們就會覺得不知如何是好。感性反應型的人工作節奏很快，喜歡有應對各種變化的機會。但是，雖然他們普遍偏向照顧他人的需要，但有時會一心投入某個情境，或過於雷厲風行，完全忽略了尋求他人幫助或認真聆聽他人的意見。

直接行動

感性反應型的人會將目光放在眼前，而不是放眼長遠的任務或需求。他們會利用現有資源，竭盡所能滿足眼前的需求。感性反應型的人喜歡處理即時危機而非參與長遠規劃。他們會覺得，領導工作中所涉及的長期策略規劃和自身自然的工作方式格格不入。如果要求他們採取更為講求邏輯、有條不紊、具有策略眼光的工作方法，他們會覺得自己無法勝任。

由於感性反應型的人具有敏銳的觀察能力和融入周圍環境的適應力，因此他們往往比別人更早發現周圍環境的問題。這種快速評估能力無疑能大大提升他們找到即時解決方法的能力。因為善於變通，同時又是不折不扣的行動主義者，感性反應型的人絕對不會刻意裝出小心翼翼遵從規則的模樣，他們本來就不是不敢越雷池一步的人。他們會不斷變換工作方式，以避開複雜的組織和架構，有時甚至故意逃避或對規則視而不見，一心一意地想要完成工作。當某個項目或工作的即時需求得到處理之後，他們往往會對整個項目或工作撒手不管。對於感性反應型的人來說，組織與跟進維護能力都是他們需要改善和學習的地方。

感性反應型領導者的特點

關注個人偏好，便可以更準確地找到讓你感到滿足的工作類型。下方歸納和總結了感性反應型偏愛的領導風格，各位可以看看哪些描述更適合你。身為感性反應型的領導者，我喜歡：

☐ 快速反應

☐ 處理危機

☐ 迴避長期策略規劃的工作

☐ 迅速發現問題

☐ 表現親切，與他人相處融洽

☐ 工作節奏快

☐ 迅速看清形勢，讀懂人們的情緒

☐ 為人隨和，平易近人

☐ 直接行動

□為達到目標而努力，完成任何需要達成的事
□變換工作方式以逃避繁文縟節

▸▸ 感性反應型的團隊成員

感性反應型的人擅長找出不同人之間的共同利益，從而鼓勵團隊成員一起努力工作。在團隊中，他們往往態度積極、精力充沛。他們會坦然接受人與人之間的差異，採取相互包容的態度，接受和尊重團隊成員的多元。作為團隊的一分子，他們通常為團隊增添不少樂趣。

在團隊中，感性反應型的人往往具有親和力。他們喜歡與人合作，並努力促成團隊成員的緊密連結與通力合作。但正因如此，他們也許會迴避或忽略團隊衝突，甚至不惜隱藏問題以保持團隊的和諧氣氛。他們不想深究複雜的人際關係，反之對處理眼前的事情更有興趣，因此在處理抱怨或投訴時，他們明顯缺乏耐性。以下是一名感性反應型的心聲：「有時，我真的只想說『不要爭吵了，儘管動手做吧』。人們總是花很多時間在討論上，我真的難以忍受這種狀況。」

雖然這種方法短期來看具有一定的效果，但長遠而言，只會導致對所有議題的迴避。更為複雜的是，感性反應型的人有時會情緒化地面對批評。這種迴避和對待批評的態度，會對長遠的人際關係形成巨大壓力。對於感性反應型的人來說，花一點時間，客觀地找出問題的原委，並積極嘗試解決一些更複雜的問題，應該是他們學習和成長的方向。

感性反應型團隊成員的特點

關注個人偏好，便可以更準確地找到讓你感到滿足的工作類型。下方歸納和總結了感性反應型偏愛的團隊工作方式，各位可以看看哪些描述更適合你。身為感性反應型的團隊成員，我偏愛：
□找出團隊成員的共同利益
□讓工作氛圍輕鬆有趣和歡樂

□激勵團隊成員共同努力工作
□具有個人魅力與親和力
□態度積極，精力充沛
□尋求團隊成員之間的通力合作
□坦然接受人與人之間的差異，尊重團隊成員的多元
□努力促成團隊成員的緊密連結與通力合作

▶▶ 感性反應型的學習風格

感性反應型的人追求實際感受和現實世界的學習體驗。課堂和理論之類的內容讓他們感到枯燥，尤其當講授內容不能實際應用時。唯一令他們能忍受的可能，就是其所學具有工作實用性，即使學習本身似乎並沒有任何實用價值。他們熱衷於在學習過程處理和解決實際的問題，因此他們會盡可能尋求機會參與模擬操作、實地體驗和應用性研究項目等具有實踐性質的學習活動。

感性反應型尤其喜歡「能將學習和自身的特別需要或經驗做連結」的個性化活動。他們與提供支持和幫助的導師能保持良好關係。對於他們來說，學習最重要的是生動有趣，能夠提供與人或事物互動的機會。他們喜歡嘗試新事物，無懼犯錯。他們並不介意在工作或學習之餘盡情享樂，因此如果他們未能在學習中全情投入，很容易就會分心。那些井井有條或循規蹈矩的學習活動讓他們的興趣煙消雲散。在學習過程中，他們會堅持不懈地追逐選擇性、靈活性和多樣性。

感性反應型的學習風格特點

關注個人偏好，便可以更準確地找到讓你感到滿足的工作類型。下方歸納和總結了感性反應型所偏愛的學習方式，各位可以看看哪些描述更適合你。身為感性反應型的人，我偏愛：
□積極互動
□包含個性化的活動，這些活動與個人價值緊密相連
□有機會嘗試新事物和容許犯錯

□有機會親自動手嘗試
□提供支持和鼓勵
□有趣刺激
□務實、具體而不僅是抽象理論
□提供選擇性、靈活性與多樣性

　　性格偏好跟天生傾向可以作為自我評估的出發點。這一部分的內容，也許某些陳述你可能認可，某些則可能不認同。這樣的反應很常見，因為每個人表達自己性格特徵的方式都不同。閱讀整體概要的訊息也可以成為職涯發展方向的出發點。現在，你需要進一步自我評估，具體方法就是將這些概要陳述和個人生活結合起來。下方的問題可以幫助你將此部分的內容和自己的具體情況連結。在回顧本章內容的過程中不要忘了在腦中想起這些問題：

- 這種性格的所有特徵是否符合我的真實情況？哪些部分符合？哪些部分不符合？
- 是否有哪個部分的描述對我來說尤為重要或關鍵？
- 我可以將哪些訊息具體實踐，從而決定自己的職涯發展方向嗎？
- 我該如何調整自己的職涯發展方向？哪些方面應該強化？又有哪些方面應該弱化？
- 在未來工作中，我想將重心放在哪個方面？

　　各位可能會在此過程中，想用各種方式標注或強調某些部分，也許是想在書頁的空白部分寫些筆記，或製作一系列索引卡，又或在筆記本認真寫下一些筆記。不論採取什麼方式，問題的關鍵在於這些紀錄必須是能夠真實描述你的目前情況。設想自己的理想工作該是如何，有哪些具體的工作內容？有什麼樣的工作環境？工作中會應用到哪些技能？你期盼以什麼方式領導他人或被他人領導？你希望為團隊做出什麼樣的貢獻？你想要以什麼樣的方式不斷學習與成長。

　　同時也思考一下自己目前的發展階段。你現在利用哪些方法平衡自己的自然工作方式？你是否正在進入新平衡方式的過渡期？切記，每個人的情況都是獨一無二的。以果斷型和分析型的人為例，這兩種類型的人在溝通時喜歡就事論事。

但是，他們還是會或多或少地透過移情作用和他人建立連結。這兩種人如果願意花費時間和精力，透過學習且最終從事人事服務工作，他們的做事方式就有可能與在技術領域獨立工作的同種類型人截然不同。

我的關鍵

現在，各位已經做好準備，將自己的自然偏好和具體情況結合起來了。

> 描述你最想從工作得到什麼。不要單純羅列一系列工作，將重點放在說明自己的個人偏好。
>
> _____
>
> _____

了解自己的工作偏好之後，可以直接閱讀「ESTP」性格類型的介紹。如果各位有興趣培養基於邏輯的決策方式，更應如此。如果你已經準備好透過評估自己的價值觀、生活方式和局限，繼續完成職業規劃，可以直接跳到第11章。

邏輯反應型（ESTP）的工作方式

「請求原諒比獲得允許更簡單。」

最新研究顯示，在美國成年人約有4.3%屬於邏輯反應型（ESTP）。他們會以重視邏輯推理的方式，平衡他們注重觀察和即時行動的風格。因此，他們在務實的同時，也表現出對於邏輯分析的關注。邏輯反應型的人享受投身於解決問題的成就感，因此尤其熱衷於危機重重的高風險環境工作。

邏輯反應型的人每每以工作為重，在溝通和解決問題時直截了當。他們勇於冒險，喜歡競爭，樂於承擔風險。由於決策時會運用邏輯分析方法，同時平衡他們的實際特徵，所以他們最初表達出來的工作方式，與感性反應型有很大的不同。然而，感性反應型的人在步入中年後，也許會發現這種以邏輯為基礎的決策

方式正是他們成長與發展的方向。

▶▶ 邏輯反應型做什麼最自然

找出事情的因果關係

邏輯反應型的人糅合邏輯思考和迅速行動的特質，觀察周圍情況並做出反應。他們具有快速找出邏輯因果關係和判斷行動結果的能力。邏輯思考使他們能夠掌握不同狀況背後的因果原則，並有助於平衡他們對於即時行動的強烈關注。

通常，邏輯反應型的人運用邏輯思考做出艱難的決定並採取相應行動，尤其是在解決和處理實際問題時，他們總是能做出適當有效的決定。他們善於把不同的問題和情境當作遊戲解決。他們喜歡挑戰，具有競爭慾望，願意冒險尋找成功捷徑，善於把握晉升、談判和銷售等一切可能的機會。此外，他們亦喜歡需要相當技巧的手工藝或技術型工作，因為這些工作使他們有機會運用敏銳的分析能力，並且強調親力親為和對細節的重視。

談判和行動

邏輯反應型的人擁有個人魅力，可以輕易讓他人敞開心房。他們善於觀察，更善於閱人。他們會經常培養並運用自己的溝通能力，無論是遊說、談判或勸服他人，都能做到得心應手。他們能靈活周旋於權力和組織架構之間，對這方面不僅有意識，也有興趣。他們擅長靈活應對一切局面，甚至把不利局面扭轉為有利局面。他們對於人與人之間的互動，抱著競爭的態度，重視輸贏，而不是關係的建立。他們從邏輯視角的對與錯看待問題，這種內部模式和一般人不同。

比起只是高談闊論，邏輯反應型的人更喜歡行動。他們討厭長時間坐而言，卻什麼都不做。他們甚至不想放慢行動的速度解釋行動的原因，以及如何解決問題，他們寧願將時間花在處理其他問題或狀況上。如果長時間沒有行動，他們也許會覺得很不安心。一名邏輯反應型的人如此解釋為何他們必須不停行動：「當我在天然氣電廠和造紙廠擔任工程師時，我經常到工人和操作員的工作區幫助他們。雖然這並不是我的工作，但我喜歡解決操作上的問題，使一切正常運轉。」

叛逆和踰矩

邏輯反應型糅合了凡事親力親為的務實作風及直接客觀的溝通風格。以傳統女性行為學的角度來看，這種方式並不容易被人接受。對於邏輯反應型的女性，她們要努力在自然偏好和社會期望之間保持一定的平衡。但是，男性或女性的邏輯反應型者，在組織嚴密和條例嚴謹的工作環境中都會覺得格格不入，因此他們可能強烈反對以傳統的例行公事達成工作目標。

邏輯反應型在從事急速變化和職責多樣化的工作時，能獲得最大的職業滿足感。他們需要可以靈活處理問題的空間，並且有即興發揮和即興解決問題的自由。獨立自主是大多數邏輯反應型的人的主要特點。如果失去自主行動的自由，他們的沮喪感可想而知。

喜歡冒險

邏輯反應型是天生的冒險者，因此他們會選擇投身消防、警察及緊急應變等具有風險的工作，甚至對於財產、人身風險等無法精確預估風險的工作亦頗感興趣，如創業或土地開發。

這種主動冒險的態度令他們的職業規劃和工作方式與眾不同。一名邏輯反應型的人曾描述了她的職業生涯很少會花時間在事先計畫：「我所有的工作機會都是不期而遇。如果我不喜歡某份工作，我便會馬上辭職，並立即尋找下一份工作。我可能會週五辭職，然後下週一開始新的工作。我從未停下來分析為什麼我不喜歡第一份工作，以及為什麼選擇第二份工作。我身體力行地從一個機會跳到另一個機會，每份工作我都努力學習。我無法想像為求安穩而長期從事某份工作。對於我來說，如果對一份工作失去興趣，就是離開的時候到了。有時公司會為了節省成本，提出特別方案鼓勵員工離職，而我則會是第一個離開的人。」

邏輯反應型的理想工作環境特點

　　關注個人偏好，便可以更準確地找到讓你感到滿足的工作類型。下方歸納和總結了邏輯反應型的人的理想工作環境，各位可以看看哪些描述更適合你。身為邏輯反應型的人，我偏愛下列工作環境：

☐ 喜歡變化與多樣性
☐ 工作職責多樣而富於變化
☐ 有足夠的自由獨立行事
☐ 熱衷於風險、挑戰與競爭
☐ 有能力做出決定，並實際履行
☐ 有機會迅速做出邏輯性評估
☐ 自由挑戰規則
☐ 有機會親力親為，並且關注細節
☐ 有實際問題待解決

▶▶ 邏輯反應型有興趣的工作

　　以下是邏輯反應型的人可能感興趣的工作。這份清單是參照數據進行歸納，數據顯示，邏輯反應型的人從事下述這些行業的機率高於其他行業。這份職業清單依照美國勞工部職涯資訊系統O*NET提供的訊息，歸結出五大類，這些類型的工作對邏輯反應型的人來說充滿了吸引力。O*NET是一個龐大的互動性資料庫，專門提供職業相關訊息，用於探討與研究職業選擇。該系統對工作類型進行了劃分，不僅依據工作本身內容，還包含完成該項工作所需的技能，以及需要接受的教育或培訓。各位可以到該網站瀏覽各式羅列的職業或工作類型。該網站也有關於職業的豐富資訊。最後，我們設立了第六類「其他」，涵蓋了該職涯系統劃分的其他工作類型，這些工作同樣可以吸引邏輯反應型的人。

解讀職業訊息的關鍵

每種職業的編號都包含了一些訊息，幫助各位更容易評估這份職業是否適合自己。

🌿＝綠色經濟職業：與降低化石燃料的使用、減輕汙染、提高能源效率及提升再生能源使用等領域息息相關。

✿＝有前景、快速成長的職業：經濟層面十分重要的行業，這些行業可能實現經濟長期增長，或因為技術與創新而出現劇烈的變化。

工作能域＝數字編碼（1～5），總結了想要進入此行業須進行的準備（如教育、培訓或經驗傳授）。數字1～5代表所需要的準備由少到多。

職業趣味性＝字母編碼（R、I、A、S、E、C，即：實際、調查、藝術、社會、創業和傳統），代表職業興趣。此部分與美國心理學教授、知名職業指導專家約翰．霍蘭德（John Holland）的職業興趣類型及工作環境（將在第11章仔細描述）一致。

商業與金融操作

會計師 ✿4CE

審計師 ✿4CEI

薪酬、福利與工作分析師 ✿4CE

金融分析師 🌿✿4CIE

信貸主管 ✿3CES

保險精算師、審查員與調查員
　　✿3CE

物流師 ✿4EC

個人財務顧問 🌿✿4ECS

批發與零售採購人員 🌿✿3EC

藝術家、演藝人員與運動員的經紀
　　人和經理 4ES

預算分析師 ✿4CEI

法令遵循 ✿4CIR

成本預算師 ✿4CE

管理分析師 ✿4IEC

獵人頭 ✿4ECS

報稅人員 3CE

採購人員 ✿3CE

安裝、養護與維修

汽車技師 🌼3RI

公車與卡車技師和柴油引擎專家 🌼3RC

電腦、自動提款機與辦公設備維修人員 🌼3RIC

電器與電子設備維修人員 🍃🌼3RIC

電線安裝與維修人員 🍃🌼3RIC

一般維修工作者 🍃🌼3RIC

農場設備技師3RIC

汽船技師3RIC

移動重工設備技師 🌼3RC

戶外電力設備與其他小型引擎技師 2RC

機車技師3R

通訊設備安裝與維修人員3RIC

通訊纜線安裝與維修人員 🌼2RE

管理

下方清單包含能吸引邏輯反應型的人的管理工作。各位會發現很多管理職位都對他們有吸引力。邏輯反應型的人會熱衷於眾多工作類型的一線監督或管理的工作。你可能對某個領域的監督與管理職位感興趣。首先可以找出自己感興趣的工作類型，然後在O*NET的「一線監督與管理人員」尋找具體的職業。

行政服務管理人員 🌼3EC

電腦與資訊系統管理人員 🌼4ECI

施工管理人員 🍃🌼4ERC

農民與農場主人 🍃🌼3REC

金融管理人員 🌼4CE

餐飲服務管理人員 🌼3ECR

一般與營運經理 🍃🌼3ECS

人力資源經理4ESC

工業生產經理 🍃3EC

住宿管理人員 🌼3ECS

市場行銷經理 🍃🌼4EC

物業、房地產與社區協會管理人員 🌼3EC

採購經理 🌼4EC

銷售經理 🌼4EC

交通運輸、倉儲與分銷經理 🌼4EC

保護服務

懲教人員與獄警3REC

犯罪調查人員與特務 🌼4EI

消防員 🌼2RS

火災調查員3IRC

森林消防人員 🌼2RS

賭場監管與調查人員 2RCE

救生員、滑雪救護隊及其他娛樂場
服務人員 🌼1RS

市政消防員 🌼3RSE

警探 🌼3EI

巡警 🌼3REC

正副警長 🌼3ERS

保全 🌼2RCE

私家偵探與調查人員 🌼3EC

銷售及相關工作

廣告銷售仲介 3ECA

展示與產品推銷人員 🌼2ECR

保險銷售經紀 🌼4ECS

房地產經紀人 🌼3EC

房地產銷售代理 🌼3EC

零售銷售人員 🌼2EC

證券與大宗商品銷售代理 🌼4EC

銷售專家 🌼4ERI

批發與製造業銷售代表 🌼3CE

科技產品銷售代表 🌱🌼4EC

證券、大宗商品與金融服務銷售代
表 🌼4EC

電話行銷人員 2EC

其他

邏輯反應型的人也會對建築和工程設計類的工作感興趣。如果各位對這方面感興趣，可以考慮並研究一下，下列這些是對邏輯反應型的人有吸引力的工作類型：化工、電腦硬體、電子產品、環境、工業、工業安全與健康、材料、技術與產品安全。

部分建築相關職業也可以看到邏輯反應型工作者的身影，包括砌磚、砌石、木匠、水泥、混凝土澆築、施工與建設調查員、施工人員、電工、水管工、管道施工、蒸汽管道等。

如果各位有創意天分，可能想嘗試以下吸引邏輯反應型的藝術工作，包括演員、電視節目／影片／電影拍攝人員、音樂家、攝影師、廣播與電視播音員。如果喜歡娛樂或接待工作，或許可以考慮以下工作，包括娛樂場所接待人員、健身教練、健美教練、導遊，或旅館與渡假中心的服務人員。

下面的清單包括了可能吸引邏輯反應型的其他工作類型。

空中交通指揮員 3EC

救護車駕駛員與隨車人員 🌻2RS

航空檢查員 🌻3RCI

酒吧吧檯 🌻2ECR

脊椎按摩師 🌻5SIR

電腦支援服務專家 🌻3RIC

急救醫療技術人員與醫療人員 🌻3SIR

護林員 4RIE

律師 🌻5EI

醫療與臨床實驗室技師 🌻3RIC

空軍指揮與控制中心軍官 2CR

公園自然學家 4SRA

助理藥劑師 🌻3CR

緩刑犯監督官與矯正治療專家 4SEC

船長 🌻3ER

服務生 🌻1SEC

飛機駕駛、副駕駛和飛機技師 🌻4RCI

仲裁、調停與調解人員 🍃4SE

帳單、款項匯集人員 🌻2CE

商業飛行員 🌻3RIE

重症監護護理師 🌻3SIR

檔案管理員 3CRE

門房與清潔工 🌻1RC

市場研究分析人員 🌻4IEC

空軍空服員 2CR

驗光師 5ISR

藥劑師 🌻5ICS

警察、消防與救護車調度人員 🌻2CRE

放射科技師 🌻3RCS

土壤與水利保護工作者 🍃4IRE

邏輯反應型的技能強項和重要的特點

　　關注個人偏好，便可以更準確地找到讓你感到滿足的工作類型。下方歸納和總結了邏輯反應型的人的技能強項和重要的能力，各位可以看看哪些描述更適合你。身為邏輯反應型的人，我具有以下技能強項與重要的能力：

□ 適應能力

□ 解決實際問題能力

□ 競爭能力

□ 分析能力

□ 推銷

□ 對細節的關注度

□ 銷售

□ 談判能力
□ 排除故障能力
□ 即興演講能力

▸▸ 邏輯反應型的領導者

邏輯反應型的人在擔任領導者時會擁有獨特的優勢。他們有著自然獨特的領導方式。

危機處理

在緊急情況下，邏輯反應型的人喜歡擔任領導者。在為解決問題尋求即時且合乎邏輯的方案時，他們往往有出色表現。他們具備這種能力：聚精會神地關注某個問題，並迅速提出有效的解決方案。他們只是強調實際問題的解決，而甚少將焦點放在解決方案對他人的影響。同樣地，他們只關注短期結果而不是長遠影響。具有不同工作方式的人，也許會覺得難以說服邏輯反應型領導者在行動計畫中顧及長遠或個人需求。一名邏輯反應型的領導者如此認為：「策略性計畫是我最大的挑戰，過去我總是在工作中儘量避免它。我對計畫的制訂過程沒有耐性，處理身邊的需要和問題及日常活動對我來說更簡單有趣。如果可以選擇的話，我才不管將來會怎樣呢。」

靈活機動

當團隊遇到障礙，影響任務的進度時，邏輯反應型的人往往會成為非常有效的領導者。他們似乎天生就擅長清除障礙，解決工作中的瓶頸，使專案得以繼續進行。這些領導者總是能在短時間內對問題或情況進行邏輯分析，觀察相關事實依據，往往能夠因此而大放光芒。他們通常會依靠自己的即興能力和足智多謀，立即處理某個問題或狀況，絕不拖泥帶水。

邏輯反應型的領導者常常會忽略或迴避嚴謹的組織結構和程序，其領導方式

屬於非傳統。他們對例行公事、嚴謹架構和一成不變的事情往往缺乏必要的耐心，因此他們喜歡在不同職位工作，而不是長時間局限於某項工作或體制內。同時他們也不喜歡處理理論層面、事關長期發展及界限模糊的事情。

　　作為領導者，邏輯反應型的人通常表現出發號施令式的領導行為和態度。他們不會畏懼上級或對上級唯命是從。必要時，他們會主動採取行動，承擔領導者的角色。他們不願意就解決問題或處理事情制訂詳細的步驟和程序，因為在他們看來，這些步驟和程序會分散對當下問題的注意力，而且不適用於其他情境。他們是行動直接又具有獨立精神的領導者。一名邏輯反應型的人這樣說：「給我一些方向就可以了，請不要干擾我的做事方法。」

邏輯反應型領導者的特點

　　關注個人偏好，便可以更準確地找到讓你感到滿足的工作類型。下方歸納和總結了邏輯反應型偏愛的領導風格，各位可以看看哪些描述更適合你。身為邏輯反應型的領導者，我喜歡：

☐ 處理危機
☐ 挑戰循規蹈矩與一成不變的界限
☐ 集中關注某項問題
☐ 迅速找出即時解決方案
☐ 迅速分析某一狀況
☐ 迴避策略性長期計畫
☐ 直接而實際
☐ 忽略或逃避嚴謹的組織結構和程序
☐ 關注相關事實依據
☐ 具有獨立精神
☐ 直截了當採取行動

▶ 邏輯反應型的團隊成員

　　邏輯反應型的人大多具有親和力，與他人相處融洽。他們對處理和解決身邊

的衝突具有強烈的興趣，是天生的談判和遊說專家。然而，如果與別人的意見相左，他們會正視這些差異，並毫不避諱地對他人提出批評。正是因為這樣，他們往往會對個性溫和的人帶來一些負面的影響。

邏輯反應型的人缺乏必要的耐心深究問題的起因和根源，並經常忽略或迴避這方面的問題。與其他邏輯型的人一樣，他們更重視行動及行動的結果，而非問題涉及的「人事」因素。他們並沒有意識到其行動或許會讓別人感到不安，或給他人帶來不便。與其他人不同，他們不會總是想要確定他人是否受到影響。他們有自己一套評估標準，不在乎外界如何看待。一名邏輯反應型的人如此解釋：「我並不需要別人對我所做的事情給予誇獎和獎勵，我自己就可以看到成果。別人的意見並不比我自己的看法重要。」

邏輯反應型團隊成員的特點

關注個人偏好，便可以更準確地找到讓你感到滿足的工作類型。下方歸納和總結了邏輯反應型偏愛的團隊工作方式，各位可以看看哪些描述更適合你。身為邏輯反應型的團隊成員，我偏愛：

☐ 精力充沛，講求實際
☐ 具有親和力，與他人相處融洽
☐ 擅長消除工作障礙使工作得以繼續進行
☐ 如不同意別人的意見，會毫不猶豫地直接提出
☐ 對分析問題的起因和根源之類的事情缺乏耐心
☐ 處理和解決身邊的衝突
☐ 更關注迅速行動而不是人
☐ 擅長談判和遊說

▸▸ 邏輯反應型的學習風格

邏輯反應型的人喜歡透過行動和親身實踐學習。他們喜歡參加競賽之類的活動，因為這些活動富挑戰性和冒險性。他們的學習目的很現實，那就是直接得到

與某個感興趣的主題相關的事實或訊息。在學習抽象理論時，他們會變得厭倦，甚至無法投入，除非理論和實行有邏輯層面的必然關係。他們學習的興趣在於如何發現問題，然後做出合乎邏輯的決策，並解決問題，因此尤其希望理論模型以邏輯實用的方式呈現。他們總是渴望有機會立刻應用學到的知識。

邏輯反應型的學習風格特點

關注個人偏好，便可以更準確地找到讓你感到滿足的工作類型。下方歸納和總結了邏輯反應型偏愛的學習方式，各位可以看看哪些描述更適合你。身為邏輯反應型的人，我偏愛：

☐ 親身體驗活動
☐ 想直接得到與某主題相關的事實
☐ 享受競爭、挑戰和承擔風險
☐ 學習並實際排除障礙、做出決策和解決問題
☐ 對實際應用和問題解決更感興趣
☐ 厭倦抽象理論，難以投入
☐ 對條理清晰並有邏輯的訊息感興趣
☐ 希望得到立刻應用所學知識的機會

性格偏好跟天生傾向可以作為自我評估的出發點。這一部分的內容，也許某些陳述你可能認可，某些則可能不認同。這樣的反應很常見，因為每個人表達自己性格特徵的方式都不同。閱讀整體概要訊息也可以是成為職涯發展方向的出發點。現在，你需要進一步自我評估，具體方法就是將這些概要陳述和個人生活結合起來。下方的問題可以幫助你將此部分的內容，和自己的具體情況連結。在回顧本章內容的過程中不要忘了在腦中想起這些問題：

- 這種性格的所有特徵是否符合我的真實情況？哪些部分符合？哪些部分不符合？
- 是否有哪個部分的描述對我來說尤為重要或關鍵？
- 我可以將哪些訊息具體實踐，從而決定自己的職涯發展方向嗎？

- 我該如何調整自己的職涯發展方向？哪些方面應該強化？又有哪些方面應該弱化？
- 在未來工作中，我想將重心放在哪個方面？

各位可能會在此過程中，想用各種方式標注或強調某些部分，也許是想在書頁的空白部分寫些筆記，或製作一系列索引卡，又或在筆記本認真寫下一些筆記。不論採取什麼方式，問題的關鍵在於這些紀錄必須是能夠真實描述你的目前情況。設想自己的理想工作該是如何，有哪些具體的工作內容？有什麼樣的工作環境？工作中會應用到哪些技能？你期盼以什麼方式領導他人或被他人領導？你希望為團隊做出什麼樣的貢獻？你想要以什麼樣的方式不斷學習與成長。

同時也思考一下自己目前的發展階段。你現在利用哪些方法平衡自己的自然工作方式？你是否正在進入新平衡方式的過渡期？切記，每個人的情況都是獨一無二的。以果斷型和分析型的人為例，這兩種類型的人在溝通時喜歡就事論事。但是，他們還是會或多或少地透過移情作用和他人建立連結。這兩種人如果願意花費時間和精力，透過學習且最終從事人事服務工作，他們的做事方式就有可能與在技術領域獨立工作的同種類型人截然不同。

我的關鍵

現在，各位已經做好準備，將自己的自然偏好和具體情況結合起來了。

> 描述你最想從工作得到什麼。不要單純羅列一系列工作，將重點放在說明自己的個人偏好。

了解自己的工作偏好後，可以直接閱讀「ESFP」性格類型介紹。如果有興趣培養基於價值觀的決策方式，更應如此。如果你已經準備好透過評估自己的價值觀、生活方式和局限，繼續完成職業規劃，可以直接跳到第11章。

探索型：創新與主動

——性格類型：ENFP 和 ENTP

「作為成人教育的老師，我覺得看到同學們重新回到學校學習，並逐步走向成功是工作最好的回報。我很享受學生在課堂上分享各種角度且鼓舞人心的豐富觀點。」

——一名探索型的人

最新研究顯示，美國成年人的探索型約占11.3%。他們認為這座世界與其中的人充滿各種可能性和潛能。他們喜歡探訪其他人尚未踏足的地方，熱衷於尋找全新而獨特的方式與他人合作。他們非常關注可能即將發生的事，能夠很快察覺不同情境之間的關聯及模式。面對不同的情境，他們習慣先快速檢視吸收相關訊息並進行整合，從而形成自己的想法。靈感和洞察力自始至終導引著他們的生活和工作，這是探索型工作方式最鮮明的特點。

探索型的工作方式

▸▸ 探索型做什麼最自然

創新並尋求連結

不論選擇什麼工作，對探索型的人來說，重要的是能有機會運用自然方式創造新理念或新的工作方式。他們喜歡抽象的概念，熱衷於富有抽象和象徵性的工作，而非具體的行動。相比具體的事實和細節，探索型的人喜歡可以發揮想像力的工作。面對任何狀況，他們都可以想到不計其數的備案與可能性。

這種工作方式應用於產品設計、教學、系統開發或問題解決時，會發揮很大作用。例如，一名探索型廣告從業人員可能熱衷於，在產品與行銷理念之間構建連結；探索型教育工作者在教授相同主題時，會為不同學生群體發想各式教學方式。探索型的人喜歡團隊一起絞盡腦汁，尋求解決問題的方案，他們尤其擅長將此過程所提出的想法、觀點和相關訊息等進行整合，從而找到解決問題及利用機遇的新方法。

　　探索型的人熱衷於不斷調整、即興發揮和運用創新思維。靈感對他們來說是第一順位，他們擅長快速反應，往往在一瞬間迸發出新的想法。探索型的人還喜歡將想法淬鍊成概念，喜歡使用象徵與譬喻手法，喜歡創意和表達相關的工作，如藝術與表演等相關工作。吸引探索型的人的工作通常還包括市場行銷，因為這類工作需要新鮮的理念、獨樹一幟的方法和別出心裁的宣傳口號。探索型的人會利用創意改善流程或解決問題。

　　探索型的人一般具有十分廣泛的興趣，並善於將感興趣的不同領域連結起來。他們通常是具有多種才能的全能者，因為他們具有整體性的視角，而不是單一視角，所以他們在任何工作職位都會受到熱烈歡迎。不論是理念創新或整合不同理念的過程，探索型的人均能發揮十分重要的作用。

　　探索型的人總是將眼界放在未來，他們的腳步總會超越自己的時代。許多人都有與生俱來的天賦，善於預測趨勢，預見新發展。這些立足未來的想法在旁人看來毫無價值或一無是處，所以探索型的人會發現，自己總是竭盡所能地推銷自己的想法。當旁人沒有看到發展機遇，或沒有馬上抓住這些機遇，他們常會覺得焦躁不安或心灰意冷。

溝通和激勵

　　探索型的人擅長溝通交流，擁有這方面天賦的他們，認為分享自己的思想是十分重要的事。他們注重自我表達，在溝透過程中充滿自信和友善，表達流暢，尤其善於運用口頭表達技巧參與團隊合作或率領團隊，同時擅長一對一的交流。

　　鼓勵分享和自我表達的工作，能讓探索型的人獲得很大的職業滿足感。他們能在不同的工作中，如教育、諮商、銷售、輔導、談判與仲裁等工作，都能充分運用其溝通技巧。不論選擇什麼溝通方式，他們都熱衷於協助他人發掘不同狀況的可能性，以及往後可能發展的方向。他們天生便樂於提出或與人交流自己的觀點和發現，並創造和分享自己美好的願景，從而鼓勵他人從不同的視角看待周圍事物。也正因如此，他們往往扮演催化劑的角色，鼓勵他人採用新的方式行動、自我變革或自我提升。

　　探索型的人總是迫不及待地想和別人分享自己的想法。這種優點有時會使得

傾聽他人觀點與向別人學習方面受到影響。一名探索型的老師曾發現，他最大的收穫就是學會在課堂留出時間讓大家安靜思考。

「我剛開始當老師的時候，通常會在提問後才過了幾秒，就會馬上告訴大家答案或提出另一個問題。我不能忍受自己的課堂出現沉默。在了解自己的性格傾向之後，我意識到自己從未想過要為思考問題留出時間。現在，我在提問之後，會耐心等待大家思考答案。後來我發現，只要多等幾秒，學生們就能想到答案了。而現在因為和學生的互動更積極，課堂也變得豐富充實多了。」

一心求變

對探索型的人來說，改變和靈活通常是工作的重要主題。他們最初的職業選擇常常是短期或多元。他們會嘗試許多類型的工作，找尋將自己的想法付諸實踐的新方法。另外，他們還會尋求不同的機會積極主動地實行創新想法。一名探索型的人說：「我無法想像從事單調枯燥的工作。我有很多想法，有些人可能要活過三、四次才能有我那麼多想法。對我而言，最艱鉅的職業挑戰是選擇在什麼地方使用我的時間和精力。」

探索型的人能敏銳察覺事物的變化和改進事物的方式，並因此經常表現出活躍、精力充沛的一面，隨時都會成為改革發起者。他們具有很強的靈活性和適應能力，積極主動地應對改革或引發改革，希望自己能夠站在未來革命的前緣。他們喜歡能發揮創新理念的工作，在富有靈活和鼓勵自由創新的工作環境表現尤為突出。當別人都過於專注程序和日常工作時，探索型的人可能對這些方面頗為困擾。相較於條理分明而略顯拘謹的工作環境，他們更喜歡不拘一格、自由自在的工作環境。一名探索型的人說：「照本宣科卻缺乏互動的管理董事會讓我深惡痛絕。我覺得坐在那裡很難全神貫注。」

在探索型的人眼中，規則就是阻礙創意過程的干擾因素，他們很快就會對循規蹈矩和規矩產生厭倦。他們不喜歡因為任何原因放慢自己的節奏，如果他們所

在的單位充斥著繁文縟節或既定程序，他們的積極很快就會一掃而空。探索型的人絕對不是墨守成規，面對規則與傳統，他們或以智取勝，或繞道而行，或也許乾脆視而不見。一名探索型的人講述了自己身為團隊成員在解決問題的過程感到心灰意冷：「我希望以創新的方式處理每個問題，但我發現周圍都是循規蹈矩的人，他們讓我無處施展。我抓住一切機會想鼓勵大家在思考問題時能另闢蹊徑，但很多時候，我所在的單位總是因為綁手綁腳的線性思考而裹足不前。」

身為探索型的人，你需要培養耐性，耐心地等待其他人對你別出心裁的想法產生興趣。一名探索型的人講述了自己是如何利用「群聚效應」這觀念找到舒適感：「我知道，如果某個觀點得到多人支持，此觀點就有可能實施。幾年前，只要我發現幾乎需要一年的時間才能推行某個想法，我就會心灰意冷。但現在，我將自己的創意能量投入在花費長時間積攢支持自己的力量上，從而讓大家逐漸接受我的想法。我現在學會了謹慎定位自己的想法，以我所在的群體可以接受的速度工作。」

身為探索型的人，如果改變和多元化對你來說是重要的職業命題，那麼你可以將自己的重點放在沿著一條廣闊的職業軌道昂首向前，而不是目光短淺地局限在具體的工作選擇。想法和可能性總會讓你興致勃勃，你可以借助這一點連結不同的嘗試方向。當你能夠審視不同的工作和任務如何相互關聯並重合時，就可以做出最好的職業分析。如果將目光放在可以觸類旁通的技能與興趣，就可以發現更大的可能性。

為了滿足自己創新的慾望，探索型的人可能自立門戶，或者在追求變化的機構工作。探索型的人可能會被創業機會吸引，腦海通常會浮現出源源不絕的商業機會。同時，他們的人際關係網絡也常常是四通八達。探索型的人如果找到了動力，就會表現得熱情洋溢，總會興致勃勃地想要把自己推銷給別人。很多探索型的人都有自己的生意，或從事聯絡、諮詢工作，透過這種方式將自己接觸到規矩與政治的可能性降到最低甚至是零，正是這樣的理由才讓他們對更正式的工作關係敬而遠之。但是，作為創業者，探索型的人可能面臨一項挑戰，就是如何在追求創意與靈活性的同時，創造一個可行的框架，並能處理細節問題。

變化中求發展

探索型的人喜歡工作內容多元，長時間做同一件事情會讓他們覺得興致全無或懶散。他們尤為喜歡同時參與多個項目，如此就能對工作始終保持高昂的興趣。如果他們所在的環境對創新缺乏應有的重視，他們常會垂頭喪氣。探索型的職業生涯通常由許多不同的項目或領域的工作組成。一名探索型的人如此描述他在工作不斷追求自我學習和發展的過程：「我想將自己喜歡的東西融合在一起，然後創造令人興奮的新挑戰。」

對探索型的人來說，自然的工作方式應隨著自己的熱情和精力。當兩樣東西不期而遇時，他們就可以全力以赴地投入工作了。他們似乎總是被靈感牽著走，不喜歡亦步亦趨或四平八穩的工作節奏。每天都要按照固定的時間表工作，會讓他們覺得束縛。他們寧願一頭鑽進某個項目，實在撐不下去時再停下來喘口氣，完全不想理會時間安排。當他們的精力開始走下坡路時，就迫不及待地想要轉換工作內容。比起其他類型的人，探索型的人似乎更能在苦熬且須不斷變換工作內容的環境中出類拔萃。

探索型的人對理論和概念具有濃厚的興趣，雖然他們對完成所謂正式學歷教育表現得並不是很熱情。對探索型的人來說，按部就班的學習歷程過於冗長乏味，也過於循規蹈矩，無法滿足他們的學習需要。探索型的人喜歡從經驗中學習，直接面對目前的專業水準無法應付的新挑戰，他們會毫無畏懼地迎難而上。他們秉持著「即時學習」的理念，樂觀地相信自己在完成工作的過程中，就會了解所需要的訊息，培養自己所需要的技能。

探索型的人通常是全面能手，而不是專家。他們擅長整合不同來源的訊息。在工作中學習是他們的專長，因此他們的實際工作能力往往超出文憑。當然，如果升遷需要正式的專業證書，可能會是他們的障礙之一。因此，許多探索型的人選擇工作後繼續回到學校學習，通常也只是為了一紙證書，因為他們常常都能掌握知識。作為探索型的人，如果你沒有正式的教育經歷或證書證明自己的能力，那麼，借助一系列的參考來留意自己前進的軌跡，並培養自己的能力可能是相當關鍵。發掘具有創意的方式向人們證明自己做得到。

很多探索型的人都喜歡閱讀和討論學習，對接觸和吸取新理念充滿熱情，由衷喜愛能夠提供研究空間和自我提升的工作。但也正是這種對拓展專業領域和專業技能孜孜以求的特徵，使他們的職業生涯往往充滿曲折。

在反思職業軌跡時，一位探索型的人說她經常每三年就換一次工作，她認為自己在職業規劃方面相當高瞻遠矚：「我似乎能夠預感什麼時候我應該做什麼。每當回首我的職業生涯時，我發現自己始終為迎接變革做了大量積極的準備，但真正的機遇往往是不期而遇的，而我無須花費任何力氣，我的職業生涯就自行往前推進了。」

雖然並不是所有探索型的人都會自然而然地步入理想的職業軌道，但他們確實熱衷於放眼未來，預想自己需要做些什麼。因此，他們的職業發展似乎永遠都是水到渠成。如果你屬於探索型的人，可以找一些書籍、數據或其他自我評估工具，以深入了解自己。相較於短時間完成的研究調查或指令型工具，能提供整體指導方針、訊息整合與理論詮釋的職業規劃更有用處。發掘能讓你以新想法進行討論與嘗試的人或事。

為了滿足個人發展與追求多變的需求，你可以尋找各種改變職位與職責的方式，其實公司的工作環境也可以解決這個問題，例如你可以嘗試跨部門調動。如果獨自創業，此事就更容易實現了。工作選擇應該能為你提供自我發展的機會，如果能夠在多方實現全面發展就更理想了。探索型的人的職業軌跡可能集聚了形形色色的項目與職責，這一點在現實生活中屢見不鮮。你可以尋求機遇，在自己所處的環境中改變、學習、發展。

在選擇職業方式時，應該考慮對你來說什麼因素能激勵你在工作中奮發地全力以赴。一個人可能選擇一份與自己的個性特徵並不契合的工作，但最終卻發現這份工作讓自己實現了高度的滿足感與成就感。例如，誰想得到探索型的人會喜歡當會計？因為會計須面對海量的事實與細節。一名對工作非常滿意的探索型會計解釋了自己為什麼如此熱愛這份工作：「對我來說，匯入數據和計算非常枯燥，好像也沒什麼意義。但我改變了我的工作模式，為客戶提供了一些訂製化的業務，像是提供諮詢服務幫助他們（通常是夫妻）制訂私人理財計畫，協助他們把自己的生活方式、價值觀及私人理財計畫融合在一起。最終，我發現我的工作

同樣需要創新和靈活性。我真的非常喜歡告訴別人如何管理自己的資產，從而使資產發揮最大的潛力。」

探索型的自然工作方式特點

探索型的人在運用自然工作方式時有最佳表現。了解你的不同偏好，就可以更準確地評估什麼工作方式才會讓自己獲得滿足感。下方歸納和總結了探索型的性格特點和偏好，各位可以看看哪些描述更適合你。身為探索型的人，我在以下方面表現最好：

☐ 建立人與創意之間的連結
☐ 工作處於時代前緣的新理念
☐ 用創新方式解決問題
☐ 參與內容多元的活動和工作
☐ 扮演催化劑的角色，促進和鼓勵他人採取行動
☐ 運用靈感驅動工作
☐ 靈感來臨時具有高效率
☐ 保持與他人的密切連結，但同時保持行動的獨立性
☐ 在不必要的嚴密程序下，尋找自己的自由度
☐ 機智地避免或忽略規則、結構及傳統
☐ 改善流程
☐ 關注未來
☐ 在開放及鼓勵探索的工作環境中，與他人一起工作
☐ 有很強的靈活性和適應能力
☐ 創造變革
☐ 對不同狀況構思不同的選擇和可能性
☐ 推廣與傳遞自己的願景
☐ 在沒有過多規則和限制的情況下保持高效快速的行動力
☐ 構思新想法與新機遇，並將其付諸實踐
☐ 啟動新項目

我的關鍵

　　回頭看看探索型自然工作方式的特點清單，以你勾選出的特點，在下方空白處填上你的個人工作方式摘要。如此有助於明確了解自己想要在工作中從事什麼具體活動，以及什麼樣的工作環境最能與你契合。當然，也可以添加清單中未提及的特點。

我最重要的工作偏好是：

_____

_____

探索型如何減輕工作壓力

　　透過本章前面的內容，已經確定了自己的性格類型如何與偏好的工作活動及工作風格連結起來。考慮一下什麼工作內容和環境會讓探索型的人感到壓力重重或覺得不適合，這點相當必要。每個人都會在某段時間內從事自己並不喜歡的工作，但如果長時間從事自己沒有興趣的工作，就可能造成工作壓力或不滿情緒。

　　這裡會著重指出探索型的人可能出現哪些工作壓力。在閱讀的過程中，可以想想自己目前的工作是否包含了書中所描述的特質。如果是，就須要思考一下，該以哪些方式改變某些工作內容，或採取一些盡可能緩解壓力的辦法。了解工作讓自己產生壓力的要素，可以幫助你明確了解哪些工作選擇不適合自己，然後避開這些工作。

　　對探索型的人來說，最讓他們引以為傲的是創意理念與創意方法。如果所處的工作環境不重視創新，就會感受到壓力。他們不喜歡有嚴密的規則、制度與結構化的工作環境，另外，流程、官僚主義及沒有實際價值的繁文縟節，都會讓他們有挫敗感。對探索型的人來說，這樣的環境無法給予他們所需的創新和靈活發揮的機會。如果你必須在充滿規範的環境工作，將一定的靈活性融入日常工作中

會讓你受益。面對例行工作或結構化的進度表，可以盡最大的努力繞道而行，或試著讓接觸的機會降至最少。

探索型的人向各種選擇敞開懷抱，探討各種可能性。如果要求他們在看重落實決策的環境工作，會讓他們覺得太壓抑。當然，雖然探索型的人也可以按照要求跟進某項任務，但是對他們來說，制訂決策並落實決策遠沒有思考可行的方案能讓他們興致勃勃。在完成專案的過程中，鉅細靡遺的規劃、排序與組織工作，通常會讓他們避之唯恐不及。如果你屬於探索型的人，請將持續進行與維護任務的工作交給他人，而不是勉強自己獨立完成。如果不可能交付他人，可能須考慮分割自己的時間，在依照要求跟進任務執行的同時，還可以嘗試新的可選方案，如此便能有效降低工作壓力。你必須接受一個事實，即是自己確實更喜歡將任務留到最後一分鐘，所以由於這種工作偏好，一定要在任務即將結束的階段，留出額外的時間，包容自己這種工作方式。另外，在允許的情況下就盡情地玩樂，在必須的時刻，努力工作。

探索型的人通常會尋求改變、推進改變，所以他們喜歡能即興發揮且迅速適應的工作。如果他們覺得某項改變可以精簡、改善流程，就會全力支持。但是，如果某種改變會製造更多的障礙、須規劃更多制度等等，他們就會極力反對。面對改變，探索型的人討厭有人對自己發號施令，他們更喜歡以自由的方式與積極的態度，推動變革或參與改變。身為探索型的人，如果你已經預見某個改變將至，就可以盡可能參與規劃過程。如果其他人想將改變強加於你，你可以在變化中尋找機會，找出適應這種改變的辦法，讓自己也可以於其中如魚得水。

探索型的職業和人生發展策略

接下來我們將介紹探索型的人生，能如何從職涯獲得最大收穫，除了包括改善職涯規劃的兩個方向，同時也提供了一些實際的建議，幫助讀者更有效地規劃職業發展路徑。另外，也有較為個人客製化的方面。從以上內容與待發展的方面綜合出發，找出可將現有職場表現推向更上一層樓的方式，以及如何實現個人生活的改善，並達到充分的滿足感。

▶ 聚焦願景

　　探索型的人通常會被新專案吸引，可以輕鬆地預見未來的成果。但他們有可能承擔比自身能應付的更多工作，因而陷入麻煩。從較廣的角度而言，探索型的人對事實認識不足、對細節不夠關注的做法，會讓他們過度低估專案所需的時間與資源，或錯失了重要資訊，導致須重新確立專案重點與重新規劃。在投身某項任務之前，抽出時間規劃細節問題，有助於探索型的人全面認識面前的工作範圍有多大，從而確保他們能實現工作與職涯目標。

　　探索型的人如果不明確定義自己的職業願景，會削弱成功的機會。如果探索型的人在分享想法之前沒有仔細評估，或在向他人提出請求時腦中的要求不明確，都會導致他人駁回探索型人的想法或願景。對方會錯誤解讀探索型過於寬泛的願景、不清晰的表述和快速產生的想法，認為都是不成熟、未加工的想法。同樣地，因為探索型的人喜歡將自己反對的觀點或各種假設，掛在嘴邊加以諷刺，他們留給別人的印象可能是飄忽不定或難以預測。如果你想要利用自己的人際關係網絡推進職涯發展，須對外呈現深思熟慮的事實、觀點與可選方案。這並不意味著應該將自己的夢想或遠見拋棄，只是須以一種更明確的方式將自己想要與他人分享或向他人呈現的東西表達出來，對方才能提供幫助。

　　如果探索型的人沒有任何細節支撐自己的建議與觀點，他們向別人推銷自己觀點時，就會發現自己失去信任。如果對方更傾向其他的工作方法，就可能認為探索型的人的觀點缺乏必要的可操作性。他們與生俱來的樂觀個性，也會為他人留下負面印象。一名探索型的人如此描述自己的個人發展：「在說出自己的觀點時，我原來特別喜歡即興發揮。但是，現在我已經學會了做好準備工作，事先做好研究與調查。開會時，我會帶上數據和細節訊息，以支持自己的觀點。」

聚焦願景的建議

- 透過日記等方式記錄自己的想法和感覺，能幫助各位回顧並改善自己的想法或目標。
- 你可能想以探討與開放的方式討論自己的目標與夢想。討論對象可以是認

同你方式的朋友，而不是員工或客戶。

- 傾聽他人的想法，注意學習別人身上的亮點。他們可能提供相關的事實與細節，這些訊息可能是你之前根本沒有想過。提出的問題，重點一定要放在想要實現的某個具體目標，以及須採取什麼實際的步驟。

- 在對某個職業選擇投入時間與精力之前，應該進行深入研究。不要對各種選擇淺嘗輒止，而是深度研究少數可選方案。

- 在向某人呈現觀點之前，應該包含相關的實用訊息及更廣泛的想法與影響。將自己高張的熱情控制在合適的程度，不要讓別人對你的樂觀產生懷疑。

‣ 落實職業規劃

探索型的人一旦開始構建職業願景，就會全身投入，他們的熱情與毫無保留讓人聯想到虔誠的教徒和堅定的倡導者。但令人遺憾的是，這種輕易點燃的熱情，也會輕易地澆滅。探索型的人經常被靈感點燃熱情，然後很快就因為厭倦而興致全無。對於他們來說，設想並開啟一段新的職涯，比堅持完成實現職涯時必須的任務與細節更為有趣。這種缺乏堅持的做法可能導致許多重要任務被原封不動停滯，進而對職業方向與選擇產生負面影響。

思考一下，對你來說，這種無法持之以恆的心態是否就是實現職涯發展與獲得職場成功的障礙。探索型的人常會說自己會避免完成預算，或避免日常流程、文件處理和記錄等工作。一名探索型的創業者說：「處理文件讓我覺得很痛苦。發票、納稅記錄與申報文件等細節性的行政工作，都是我不喜歡的。我知道這些工作很重要，但是面對它們時，我就是提不起精神。只要不要叫我整理這些文件，我願意做任何事情。」

各位可能會要求自己的助理、合夥人或同事擔任組織者的角色，或請他們處理細節。許多探索型的人都已經學會，聘請善於處理細節的人彌補自己的不足，是一種相當重要的解決方法。但是，一般的職業規劃裡通常不會有依靠他人代勞的選項。如果必須親力親為地應對細節，可以不時地歇一歇，或在完成一部分日常或細節工作之後，獎勵自己做一些更自由的工作。另外，也學會在細節工作累

積到沉重不堪之前就開始著手處理，不要再想依靠最後一分鐘突擊完成。為了讓自己能提起勁，埋首處理細節工作時可以不斷回想自己的目標與夢想，將手邊的工作與願景連結起來。

落實職業規劃的建議

- 將自己的職業目標轉化成由細小而實際的步驟與任務構成的職業規劃。制訂一份時間表和檢查清單，接著按部就班地完成所有任務。
- 完成任務所需的時間，請一定要準確估計。可以從估計小項目所需時間著手，然後細心觀察錯過了什麼細節，聚焦於估計與實際耗時之間的差距。然後在下一個項目再度嘗試，透過經驗改善估計的過程。
- 推動職業發展規劃不斷向前。對於其他任務與承諾，可以盡量分配給其他人，同時排出優先順序。但切記，如果曾在無意識之間承諾了某件事，就意味著必須向另外一件事說「不」。
- 制訂一個管理時間或組織資源的系統。傳統的時間管理策略似乎都是感覺型與判斷型的人所編寫，通常對於探索型的人來說靈活度不足且規矩太多。但是，制訂策略時仍須注意融合基本的管理方法，如羅列清單、設定最終時間或建立完成任務自我獎勵等。

▶▶ 了解自己的體能極限

　　探索型的人是充滿活力、放眼未來的改革者。一旦處於靈感源源不斷的狀態，就會完全沉浸當中，對自己身體的需求視而不見，他們意識不到自己需要健康的飲食、需要鍛鍊身體，或僅僅只是停下腳步休息一下。正因如此，他們會發現自己備受健康問題的困擾。在最糟糕的狀況下，他們引以為傲的靈感湧現會帶給他們太多想法，而分散聚焦。探索型的人需要知道自己的大腦和身體都需要休息。

　　如果探索型的人無法讓自己重新充電，他們原本的熱情和幹勁就會消失。即使如此，他們還是停不下腳步，思緒總會不由自主地圍繞著他們的工作。一名探索型的人講述了自己如何在面對這種挑戰時找到解決辦法：「我會洗個蒸氣浴，

放鬆一下。但我每次都會控制不了自己的思緒，思緒總會飄到如何處理某件事情，或未來應該怎麼辦。後來，我發現如果參與表演就能讓我真正將思緒留在此時此刻，因為我必須集中精力演出。」

對於探索型的人來說，學會關注當下的環境是最艱難的一步。他們必須在高張的熱情、身體需求與體能極限之間達到平衡。如果探索型的人不重視這個實際的問題，就會發現自己處於失衡狀態，以不負責任、無組織的方式不停尋找新想法、接觸不同的人、探討不同的可能性。這種無法聚焦的做法往往會成為他們未來職涯發展的隱憂。

許多探索型的人到中年之後，會開始有意識地培養更多焦點，並接受自己的體能條件，讓展望未來成果和回報融合當前實際的焦點。他們將學會享受獨處的時間，空出時間關注自己的需求，或體驗所處的環境。一名探索型的人描述自己如何到了不惑之年才開始關心周圍的現實世界：「我現在會抽出時間畫畫，希望透過這種方式教會自己如何抓住當時當下。在嘗試捕捉某幅畫面時，我不得不放慢腳步，全神貫注地觀察眼前事物。剛開始，我總會表現得缺乏耐心。許多初期的畫作都被我直接丟進了垃圾箱。但是，隨著時間過去，我發現自己好像更能置身其中。現在，我可以創作頗為精確又細緻的畫作了。」

個人發展的推動沒有具體的時間表，也沒有所謂的最終期限。某些人會發現，自己對於隨時間逐漸演化的過程頗有興趣，但有些人會覺得自己必須專心培養原本並不偏好的能力。不論是什麼樣的發展階段，不論面臨的狀況如何，探索型的人都可能發現，抽出時間獨處，關注自己的感官體驗，聚焦自己周圍環境的細節，而不是聯想，是一件發人深省的事。

了解自己體能極限的建議

- 照顧自己的基本需求，包括健康飲食、充足睡眠和定期運動。注意捕捉身體給你的信號，並且做出適當的反應。有時，身體會告訴我們精力就快要耗盡、生病或饑餓。越早意識到自己正在挑戰體能極限，就更可能大幅降低疲憊甚至生病的可能。

- 停下來聞一聞路邊的花香，抽出時間真正地從周圍環境和感官體驗中享受

快樂。

- 寫日記或冥思等活動，能幫助你關注自己的內心世界，幫助你認知工作已經對身體造成了什麼影響。
- 參加創意休閒活動，包括寫作、表演和製作藝術作品等，這些活動都可以讓你從工作抽身，以自己滿意的方式尋求改變（當然，如果這些活動是你原本的工作內容，那就得另當別論）。另外，如果能參與一些直接接觸現實世界的休閒活動，也可以讓你抽離自己的自然工作方式，享受改變。

我的關鍵

對你來説，避免自己的願景缺乏聚焦、落實職業規劃，以及認識自己的體能極限等，是否具有挑戰性？如果是，那麼此處的哪個策略有所幫助並值得一試？

_____

_____

探索型的職業平衡

探索型的人對探索周圍的世界充滿興趣，他們不斷吸收新資訊，積極地探尋可能存在的模式和可能性。這種生活方式非常富有活力，催人奮進，但是也很容易讓人筋疲力盡。尤其是年紀較輕的探索型，通常會被許多可能的職業生涯發展機會所累，在探索自己的職業生涯時會繞上許多遠路，因此可能會非常忌妒專注之人，太多選擇也可能成為他們行動的障礙。

探索型的人必須借助客觀的訊息評估，並以此為基礎的決策能力，平衡自己可以看到許多可能性的能力。

人們通常會採用兩種方式評估訊息：以價值觀為基礎的方式和邏輯思考方

式。在性格類型理論中，這兩種方式分別為感性（F）和理性（T）。每個人在評估訊息和進行決策時，偶爾會綜合使用兩種方式，但一定會傾向於其中的某一種方式。說到這裡，你可能想回到本書第2章找出哪一種是自己更得心應手的方式。

從字面意義而言，感性和理性擁有很多含義，與訊息評估及決策方式不盡相關，所以為了避免不必要的誤解，本書將決策方式偏向感性的探索型，稱為感性探索型（ENFP）；而把以決策方式偏向理性的探索型，稱為邏輯探索型（ENTP）。

感性探索型的人通常在吸收和評估訊息時，會很自然地以自己或他人的價值觀為基礎，他們做出決定的依據是相關人士的狀況與需求。隨著時間的推移（通常在人生的後半段），他們將學會在決策過程融入更多邏輯，以客觀卻具個性的方式評估自己的抉擇與行動，在此過程中，他們會更緊密關注自己的行為依照邏輯推測可能產生的後果。

邏輯探索型的人則會很自然地運用邏輯分析的方法吸收和評估訊息。他們在制訂決策的過程中會採取邏輯分析的方法。但是隨著他們在人生中不斷成長，將學會在決策時更照顧相關人士的狀況與需求。當他們從更人性化的角度看待周遭世界，他們會發現，結交他人並了解對方比談判和讓步更為重要。

這兩種方式都能使探索型的人停下腳步，開始評估自己的想法和理念。一般來說，人們考量和評估自己的抉擇時，是為了使自己保持專注力，並界定自己努力的方向。這種深思之後才進行選擇的方法也常見於探索型的人。在其一生中，探索型的人都會運用和完善這兩種方式，協助自己對不同且繁雜的想法進行選擇。隨著時間的推移，這種自然的發展完善過程使探索型的人在決策時更加靈活和從容。

一名感性探索型的人描述自己如何學習以邏輯分析提升自己的決策品質：「記得我第一次面對商業案時，必須透過邏輯推理過程，了解完成案子所需的必要資源。我花了比別人更長的時間學習如何談判。因為過去的我通常非常看重如何幫助他人，努力保持和諧的人際關係。我通常會先考慮其他人的需要，才考慮自己的。對我來說，學會為了滿足我個人的需要而談判，和以前的我比起來，

是很大的跨越。現在，我已經能夠以邏輯方式說服自己，必須先滿足自己的需求。」

　　這名感性探索型的人意識到了個人需求的重要，並學會了如何使用邏輯分析了解和滿足自己的需要。她的天性是基於個人喜好的主觀決策，但經過自然的發展和完善，她看到了決策過程包含了邏輯分析的必要和重要性。讀完本章後，各位可能會發現，先閱讀對自己來說最自然的平衡方式很有幫助。之後，可以再閱讀另一種平衡方式，如此一來，便能知道隨著自己不斷成長和成熟，未來有什麼等著自己。如果你已進入中年，你可能對兩部分都有興趣，因為在人生的這個階段，你可能已經擁有足夠的動力培養自己並不偏好的決策方式。

如何尋找平衡？

我更像「ENFP」 我是感性探索型。首先我會以基於價值觀的決策來平衡探索型的處事風格。當我日趨成熟，我會學習如何在做決定時，更關注邏輯分析以進一步平衡。	**我更像「ENTP」** 我是邏輯探索型。首先我會以基於邏輯分析的決策來平衡探索型的處事風格。當我日趨成熟時，我會學習在做決定時，如何更關注價值觀和人性考量以進一步平衡。

感性探索型（ENFP）的工作方式

　　「追隨夢想。」

　　最新研究顯示，美國成年人的感性探索型（ENFP）約占8.1%。他們透過對內在價值觀的關注，平衡追求主動創新的特質。藉由對責任和正直的個人追求，他們尋找一切可能的機會幫助他人發掘潛能。當遇到與內心個人基本價值觀不一致、但已是普遍接受的信念和行為時，他們亦無懼挑戰，努力嘗試改變。他們對環境氣氛友善、具幫助他人的機會、有自由表達自我的平臺及發揮創造天性的工作具有濃厚興趣。

感性探索型的個人價值觀決策方式，會平衡依賴直覺的工作方式，所以最初表現出來的探索型工作方式，與邏輯探索型有很大不同。然而，邏輯探索型的人在步入中年後，亦會發現這種以價值觀為基礎的決策方式，映照了提升和成長的方向。

▶▶ 感性探索型做什麼最自然

鼓舞和激勵

為了提升他人的潛力和狀態，感性探索型的人非常熱衷於激勵和勸說他人。此時的他們往往充滿活力，富有激情。在團隊中，他們主張個人的發展與提升，熱心地發起各種活動、流程或計畫，以協助他人學習和成長。他們推崇和鼓勵多元，喜歡和各種不同的人打交道，總是勸導他人運用感染力對待工作或者與人交往。

感性探索型的人非常推崇真誠和開放的心態，十分關注人際關係的建立和培育，頗為注重提升自己在培訓、輔導、談判、推動、協商、招聘與解決爭端等情境下的溝通能力。他們看重關係與成長，熱衷於培養自己在這些方面的技能。

創新地表達自我

許多感性探索型的人擁有創造和自我表達的天賦。對於普遍的人類價值和個體的個性化特質，他們均極為關注。他們對於純粹藝術有極濃厚的興趣，不難在音樂家、作曲家和作家中發現他們的身影。他們同時對美術、戲劇和音樂等領域的教學工作也抱有極大興趣。

看到他人身上的潛能

樂觀是感性探索型的重要特徵之一。他們擅長發掘自己或他人生活和職業生涯的可能方向，孜孜不倦地尋求各種方式幫助他人成長和發展。秉持人是最重要的優先考慮因素，他們慣於透過個人價值觀考量一切，因此他們對於他人的需要、狀況和動機具有非凡的洞察力。

　　他們多數從事與諮商輔導、教育、宗教和藝術相關的工作。一名感性探索型的工作是與十幾歲的孩子打交道，他認為工作的最大收穫是孩子們變得朝氣蓬勃，對未來充滿希望。

營造和諧氣氛和鼓舞士氣

　　感性探索型的人具有親和力，非常友善，十分適合需要與人建立關係的工作。以下是一名感性探索型的人描述他最喜歡的工作：「最令我興奮的是，莫過於與小組中的交流、分享訊息或接觸小組之外的人。我喜歡了解不同的人，並從他們身上學習。」

　　不同於邏輯探索型的黑白分明，感性探索型的眼中凡事都處於中間的灰色地帶。在充斥過多判斷、邏輯分析與批評的環境中，他們往往覺得難以忍受，因為在這種環境也許會感覺被低估，或可能招致他人不留情面的批評。

　　感性探索型的人對工作關係、組織氣氛和員工士氣，具有非常敏銳的感受力，他們渴望和諧與相互支持的工作環境，因此在不被認可、欣賞，或當個人特質與貢獻缺少讚揚的工作環境中，容易感覺鬱悶。在有人指導或提供足夠支持的工作環境中，他們非常有效率。若組織中人際或價值觀的衝突令他們難以忍受，也許會選擇毫不猶豫地離開。以下是一名感性探索型的人描述人際關係對職業生涯產生的影響：「回顧過去，我發現和我一起工作的人甚至比工作本身更重要。我曾經試過繼續留在並不適合的工作職位，只是因為我喜歡共事的人，他們關心和認可我。相反地，若是工作環境非常消極，即使我很喜歡我的工作內容，我想我也一定會選擇辭職。」

感性探索型的理想工作環境特點

　　關注個人偏好，便可以準確地找到讓你感到滿足的工作類型。下方歸納和總結了感性探索型的理想工作環境，各位可以看看哪些描述更適合你。身為感性探索型的人，我偏愛下列工作環境：

☐ 工作得到他人的欣賞

☐ 和諧合作

☐ 重視創新

☐ 具有足夠的靈活性，可以滿足個人需求

☐ 以人為本

☐ 相互支持

☐ 關注如何幫助他人

☐ 同事之間熱情相待，相互理解

☐ 工作有意義，追求更崇高的目標

▶ 感性探索型有興趣的工作

以下是感性探索型的人可能感興趣的工作。這份清單是參照數據進行歸納，數據顯示，感性探索型的人從事下述這些行業的機率高於其他行業。這份職業清單依照美國勞工部職涯資訊系統O*NET提供的訊息，歸結出五大類，這些類型的工作對感性探索型的人來說充滿了吸引力。O*NET是一個龐大的互動性資料庫，專門提供職業相關訊息，用於探討與研究職業選擇。該系統對工作類型進行了劃分，不僅依據工作本身內容，還包含完成該項工作所需的技能，以及需要接受的教育或培訓。各位可以到該網站瀏覽各式羅列的職業或工作類型。該網站也有關於職業的豐富資訊。最後，我們設立了第六類「其他」，涵蓋了該職涯系統劃分的其他工作類型，這些工作同樣可以吸引感性探索型的人。

解讀職業訊息的關鍵

每種職業的編號都包含了一些資訊，幫助各位更容易評估這份職業是否適合自己。

🚲 ＝綠色經濟職業：與降低化石燃料的使用、減輕汙染、提高能源效率及提升再生能源使用等領域息息相關。

　　✿＝有前景、快速成長的職業：經濟層面十分重要的行業，這些行業可能實現經濟長期增長，或因為技術與創新而出現劇烈的變化。

　　工作能域＝數字編碼（1～5），總結了想要進入此行業須進行的準備（如教育、培訓或經驗傳授）。數字1～5代表所需要的準備由少到多。

　　職業趣味性＝字母編碼（R、I、A、S、E、C，即：實際、調查、藝術、社會、創業和傳統），代表職業興趣。此部分與美國心理學教授、知名職業指導專家約翰‧霍蘭德（John Holland）的職業興趣類型及工作環境（將在第11章仔細描述）一致。

藝術、設計、娛樂、體育與媒體

演員 2AE

文案人員 4EA

編輯 4AEC

平面設計師 ✿4ARE

多媒體藝術家與動畫師 ✿4AI

音樂家與歌手 3AE

攝影師 3AR

製作人與導演 4EA

廣播與電視播音員 3AES

場景與展覽設計師 4AR

藝術總監 4AE

導演（舞臺、電影、電視與廣播）
　4EA

美術家 3AR

室內設計師 ✿4AE

音樂作曲家與編曲 3AE

音樂家與演奏家 3AE

製作人 4EA

公關專家 🚲✿4EAS

記者與通訊人員 🚲4AEI

作家 4AI

社區與社會服務

兒童、家庭與學校社會工作者
　🚲✿4SE

宗教活動與教育業主管 4ESC

健康教育工作者 ✿4SE

神職人員 5SEA

顧問 5S

職業教育和學校教育 ✿5S

醫療與公共健康社會工作者 ✿5SI

心理健康與濫用藥物社會工作者
　🌼5SIA

心理健康諮詢師 🌼5SIA

社會與人力服務助理 🌼3CSE

康復諮詢師 🌼4SI

濫用藥物與行為異常諮詢師
　🌼5SAI

教育、培訓與圖書館

成人文學教師與講師 🌼4SAE

初中教師 🌼4SAC

幼兒園教師 🌼4SA

學前班教師 🌼3SA

自我進修教育教師 🌼3SAE

教師助理 🌼3SC

藝術、戲劇與音樂教師 5SA

輔導員 🌼5SIE

高中教師 🌼4SA

國中教師 🌼4SAE

特殊教育教師 🌼4SA

生命、自然與社會科學

人類學者 5IA

諮商心理學家 🌼5SIA

社會科學研究助理 4CI

城市與地區規劃師 🌱🌼5IEA

臨床心理學家 🌼5ISA

學校心理諮商師 🌼5IS

社會學家 5IAS

銷售及相關工作

廣告銷售代理 3ECA

櫃檯與約聘職員 🌼1CE

保險銷售經紀 🌼4ECS

房地產銷售經紀 🌼3EC

電話行銷人員 2EC

收銀員 1CE

展示與產品推廣人員 🌼2ECR

房地產經紀 🌼3EC

零售與製造業銷售代表 🌼3CE

旅行代理 3EC

其他

下方清單為可能吸引感性探索型的人的其他工作類型：

廣告與推廣經理 🌼4EAC

酒吧吧檯 🌼2ECR

木匠 🌼2RCI

脊椎按摩師 🌼5SIR

牙醫助理 🌼3CRS

桌上出版 3AIC

行政秘書與助理 🌼3CE

綠色行銷人員 🍃🌼4EC

健康診斷與治療從業人員 5IS

人力資源助理 🌼3CES

保險索賠專員 2CE

法律秘書 🌼3CE

公寓管理人員 🌼3ECS

會議與活動規劃師 🌼4ECS

獵人頭 🌼4ECS

櫃檯與詢問服務人員 🌼2CES

呼吸治療師 🌼3SIR

培訓與發展經理 4ES

服務生 🌼1SEC

仲裁、調停與調解人員 🍃4SE

帳單、款項收集 🌼2CE

兒童看護 🌼2SA

造型師 2CR

牙科保健員 🌼3SRC

教育行政人員（高中以上）
　　😊5ECS

教育行政人員（學齡前）🌼4SEC

理髮師、髮型師與化妝師 3AES

家庭健康護理 🌼2SR

人力資源、培訓與勞資關係專家
　　4ESC

景觀設計師 🍃4AIR

執業實習與執業護理師 🌼3SR

按摩物理治療師 🌼3SR

職業物理治療師 🌼5SI

公關經理 🌼4EA

住宅顧問 🌼3SEC

發聲治療師 🌼5SIA

培訓與發展專家 🍃🌼4SAC

感性探索型的技能強項和重要的特點

　　關注個人偏好，便可以更準確地找到讓你感到滿足的工作類型。下方歸納和總結了感性探索型的人的技能強項和重要的能力，各位可以看看哪些描述更適合你。身為感性探索型的人，我具有以下技能強項與重要的能力：

□ 適應

□ 激勵和鼓舞他人

□ 溝通
□ 談判
□ 諮詢和輔導
□ 招聘
□ 創新
□ 指導與訓練他人
□ 推動工作進展
□ 培訓

▶▶ 感性探索型的領導者

感性探索型的人在擔任領導者時，會有獨特的優勢。他們擁有自然獨特的領導方式。

授權和輔導

感性探索型的人認為授權是領導者的重要職責之一，因為他們十分注重發掘和培養他人的潛能。他們不喜歡為下屬指出明確的方向，或命令他人執行具體的任務，而是喜歡聽取下屬的想法，或給出粗略的指導性意見。他們認為領導比較像是教練或指導，而不是指揮或控制。同時，他們也認為給予員工自主權是信任員工能力的一種表示。

感性探索型的人非常熱情地提倡和發起各種活動，致力為下屬提供各種不同的可能性，或改善流程以促進下屬的提升與發展。在團隊中，他們對人傾注了更多關注。他們堅信，如果提供合適的機會，每個人都會努力自我成長和發展，充分發揮自己的潛能。而自己所要做的就是積極創造空間鼓舞與激勵員工做出貢獻，為此制訂合理的系統和流程。

個性化的領導方式

感性探索型的人希望自己的領導方式能夠充分尊重和關心不同個性。對他們來說，建立和維持和諧的人際關係是作為領導者極為重要的素質之一。為此，他們努力追求營造一個充滿關懷、熱情、真誠和公正的人際關係氛圍。對他們來說，領導能力是個人能力的展現，承擔著了解、理解和激勵員工的重任，而他們恰恰具有發現、了解和知人善用的天分。他們善於幫助人們找到合適的位置，發揮他們的優勢和特長。

身為領導者，感性探索型的人為此角色傾注了熱情，在獲知員工的經歷與需求後，往往會造成他們迷茫和矛盾心理，從而疏忽了手邊的工作，表現不穩定。因為他們渴望充分了解每個人的工作和狀況，認為這將會有助於了解如何更有效地協助他人。因此，感性探索型的領導者有時會嘗試取悅下屬，獲得下屬的正面評價和鼓勵，並為此深受鼓舞。對於自己取得的進步，他們希望得到別人的反饋與支持。人際衝突會對他們的工作表現產生直接且嚴重的影響，導致工作方式不同的人會覺得他們對下屬過於干涉或過於感性。以下是一名感性探索型的人描述其領導職位遇到的最大挑戰，當他學習如何充分放手讓員工進行自己的工作時：「在我剛成為主管時，總是積極地參與每個人的工作，試著鼓勵他們。我現在明白了，有些員工把我的參與看成是干擾，而不是鼓勵。」

參與和民主

感性探索型的領導方式為民主和參與式，不喜歡結構化和嚴格的制度。他們在決策時希望聽到每個人的看法。他們樂意為下屬提供足夠的訊息或資源，而不是指點方向，希望下屬能根據訊息制訂自己的計畫。在決策中，他們相信直覺和價值觀，而不是事實或邏輯。以下是一名感性探索型的人描述做決定時對直覺的依賴：「我總是努力尋求下屬行為背後的價值觀。任何事情的發生，其背後都有支撐它的價值觀，不是嗎？」

感性探索型領導者的特點

關注個人偏好，便可以更準確地找到讓你感到滿足的工作類型。下方歸納和總結了感性探索型偏好的領導風格，各位可以看看哪些描述更適合你。身為感性探索型的領導者，我喜歡：

☐ 以寬廣與人文導向的願景工作
☐ 熱心的擁護者和發起人
☐ 關注團隊的人文要素
☐ 幫助他人提升和發展潛能
☐ 建立互信、和諧的人際關係
☐ 與員工關係密切，了解、理解和鼓勵大家
☐ 為下屬提供完成工作的粗略指引和必要的訊息
☐ 發掘、了解和利用下屬的長處
☐ 授權和指導
☐ 採取人性化的工作方法
☐ 人人參與，充分民主

▶▶ 感性探索型的團隊成員

感性探索型的人透過從事自己喜歡的工作、發揮創新能力及發起讓他人受益的專案，為團隊增添價值，尤其善於執行各種案子的啟動。他們喜歡團隊的概念，在充分發揮個人優勢和能力以達到團隊目標的環境中，往往有非常突出的表現。他們對於團隊成員之間的互動非常敏感，善於融合團隊成員的想法和意見。在小組中，他們扮演的往往是無私奉獻和支持他人的角色。他們總是試著迎合他人，對團隊成員過於客觀、以工作為出發點的反應表現得很敏感。

感性探索型的人強烈關注團隊成員的多元及個性特徵。他們非常注重每位團隊成員的獨特貢獻，鼓勵發揮自己的優勢並形成合力，往往是小組中承擔最多表揚、鼓勵和激勵他人的人。但是，他們可能過分看重私人層面的互動。以下是一名感性探索型的人描述和團隊成員交流的過程，從最初的同情心氾濫到後來冷靜

體會的過程和經歷：「我學會了如何保持距離，不至於太過投入傾聽和理解他人面臨的問題。過去，每當我聽到別人的痛苦感情經歷時，常常會很難過。現在我學會了如何抽身，盡量變得客觀一些。」

感性探索型團隊成員的特點

　　關注個人偏好，便可以更準確地找到讓你感到滿足的工作類型。下方歸納和總結了感性探索型團隊成員偏好的風格，各位可以看看哪些描述更適合你。身為感性探索型的團隊成員，我偏愛：

☐ 喜歡發起對團隊成員有益的項目或活動
☐ 對來自團隊成員過於客觀、以工作為出發點的反饋會表現得很敏感
☐ 擅長執行各種項目的啟動工作
☐ 關注團隊成員的多元化及個性特徵
☐ 在能夠充分發揮個體優勢的環境中充滿活力
☐ 欣賞、鼓勵和激勵他人
☐ 強調、融合和吸收團隊成員的思想
☐ 對於團隊成員之間的互動非常敏感

▸▸ 感性探索型的學習風格

　　感性探索型的人喜歡在學習中傾注個人情感。他們對能夠激勵個人成長的實用理論或模型具有濃厚興趣。在學習過程中，他們並不喜歡按部就班的教學方式，而是喜歡在個人輔導老師的指導下學習，希望得到別人的支持。他們熱衷於和同學交流或參加小組性質的活動，認為透過這樣的途徑能夠從同學和老師身上學到很多東西。一旦被激發起學習的慾望，他們就會充滿激情，激勵自我投入學習。在學習過程中，他們希望接受老師的個性化積極評價，帶有批評意味的反饋、苛刻的評估或教育方式，往往對他們的學習產生消極影響。在老師對學生的個性給予充分尊重和關心的環境裡，他們通常具有很高的學習效率。他們興趣廣泛，閱讀和知識面也很廣，喜歡把自己學到的知識貫通融合並為他人提供幫助，

或將其拓展運用到其他領域。

感性探索型的學習風格特點

關注個人偏好，便可以更準確地找到讓你感到滿足的工作類型。下方歸納和總結了感性探索型偏愛的學習方式，各位可以看看哪些描述更適合你。

身為感性探索型的人，我偏愛：

☐ 學習新理念，提出新點子

☐ 同時展開多方學習項目或任務

☐ 不喜歡結構化的固定安排

☐ 喜歡小組學習方式

☐ 對批評性反饋敏感

☐ 興趣和閱讀廣泛

☐ 需要來自他人的互動、支持與表揚

☐ 希望有個人指導或教練

性格偏好跟天生傾向可以作為自我評估的出發點。這一部分的內容，也許某些陳述你可能認可，某些則可能不認同。這樣的反應很常見，因為每個人表達自己性格特徵的方式都不同。閱讀整體概要訊息也可以成為職涯發展方向的出發點。現在，你需要進一步自我評估，具體方法就是將這些概要陳述和個人生活結合起來。下方的問題可以幫助你將此部分的內容和自己的具體情況連結。在回顧本章內容的過程中不要忘了在腦中想起這些問題：

- 這種性格的所有特徵是否符合我的真實情況？哪些部分符合？哪些部分不符合？
- 是否有哪個部分的描述對我來說尤為重要或關鍵？
- 我可以將哪些訊息具體實踐，從而決定自己的職涯發展方向嗎？
- 我該如何調整自己的職涯發展方向？哪些方面應該強化？又有哪些方面應該弱化？
- 在未來工作中，我想將重心放在哪個方面？

　　各位可能會在此過程中，想用各種方式標注或強調某些部分，也許是想在書頁的空白部分寫些筆記，或製作一系列索引卡，又或在筆記本認真寫下一些筆記。不論採取什麼方式，問題的關鍵在於這些紀錄必須是能夠真實描述你的目前情況。設想自己的理想工作該是如何，有哪些具體的工作內容？有什麼樣的工作環境？工作中會應用到哪些技能？你期盼以什麼方式領導他人或被他人領導？你希望為團隊做出什麼樣的貢獻？你想要以什麼樣的方式不斷學習與成長。

　　同時也思考一下自己目前的發展階段。你現在利用哪些方法平衡自己的自然工作方式？你是否正在進入新平衡方式的過渡期？切記，每個人的情況都是獨一無二的。以果斷型和分析型的人為例，這兩種類型的人在溝通時喜歡就事論事。但是，他們還是會或多或少地透過移情作用和他人建立連結。這兩種人如果願意花費時間和精力，透過學習且最終從事人事服務工作，他們的做事方式就有可能與在技術領域獨立工作的同種類型人截然不同。

我的關鍵

　　現在，各位已經做好準備，將自己的自然偏好和具體情況結合起來了。

> 　　描述你最想從工作得到什麼。不要單純羅列一系列工作，將重點放在說明自己的個人偏好。
>
> _____
>
> _____

　　了解自己的工作偏好之後，可以直接閱讀「ENTP」性格類型的介紹。如果各位有興趣培養基於邏輯的決策方式，更應如此。如果你已經準備好用評估自己的價值觀、生活方式和局限，繼續完成職業規劃，可以直接跳到第11章。

邏輯探索型（ENTP）的工作方式

「可能性是無盡的。」

最新研究顯示，美國成年人的邏輯探索型（ENTP）約占3.2%。他們透過對邏輯分析的重視，平衡他們追求主動創新的特質，喜歡創造複雜的理論體系，並和模型訊息進行理解與綜合。他們思維模式的內斂性，讓他們對新思維具有很好的適應和吸收能力，並因此創造出豐富的創意，以及不斷構建和調整自己的思維模式。這種思維模式的調整，往往能更進一步提升工作流程運作的效率。由於決策過程運用邏輯分析方法平衡他們的直覺特徵，所以最初表現的探索型工作方式，與感性探索型的人有很大的不同。然而，感性探索型的人在步入中年後，也許會發現這種以邏輯為基礎的決策方式，正是他們所需提升和成長的方向。

▸▸ 邏輯探索型做什麼最自然

處理理論知識和理論模型

邏輯探索型的人透過直覺和邏輯思考，探索不同理論的可能性，從而找到解決問題的方式，在科學、管理、技術和藝術等領域往往表現活躍，因為這些領域的工作能充分發揮創新和豐富的想像力。諸如系統設計、制度完善、流程改進等工作他們尤其有濃厚興趣，因為他們擅長創造既合乎邏輯又高效的系統模型。一名邏輯探索型的人描述對完善組織中雜亂無章的熱愛：「我努力營造井井有條的工作環境，喜歡將每個系統和流程都落實到位，整個團隊因此能有效地工作。」

解決問題

邏輯探索型的人具有出色的問題分析能力，同時亦是出色的問題解決者，尤其是在需要創新解決問題的方法時，他們往往有突出的表現。他們對解決問題和發起改革非常狂熱，因此不難在管理者和領導者的群體中發現他們的身影，他們也常常成為傑出的工程師、電腦系統分析師、諮詢專家、發明家、律師、策略規劃者、開發商、政客或專門解決難題的人。他們無懼接受任何挑戰，涉獵的領域

非常廣泛，包括科學、研究、教育和研究調查等領域。他們亦是新技術的狂熱愛好者，因為該領域日新月異，發展十分迅速。

邏輯探索型的人具有大局視野，渴望超越傳統的部門結構和職業體系實現自己的願景。他們熱衷於建立和推廣新的體系和模型，有時甚至將自己的職業生涯發展作為賭注，追求實現願景。也因為如此，他們往往能成為傑出的領導者和夢想家，領導和實施複雜的專案，雖然這些能力同樣也會帶來挑戰。一名邏輯探索型的人如此描述：「我需要控制計畫範圍和廣度的自由權，因為我總是不可避免地嘗試擴大計畫範圍。反過來說，我遇到的難題就是如何限縮計畫，而非嘗試一次就達到影響所有的事。」

說服他人

邏輯探索型的人喜歡能夠運用自己出色的溝通能力。他們善於遊說和溝通，在投資、公共關係、銷售和市場行銷等領域，往往有傑出的表現。他們看重提倡獨立解決問題的工作環境。邏輯探索型的人熱衷於溝通，同時也會培養說話與辯論的能力。這些技能使他們可以解釋或捍衛自己的願景，使對方相信他們提供的解決方案，其正確性是無庸置疑。一名邏輯探索型的人如此描述他最喜歡的工作方式（他正率領四至八人的小組進行某議題的討論）：「我喜歡就問題展開辯論，大家絞盡腦汁產生解決問題的方案。而我在其中的優勢，就是把小組成員聚在一起進行討論，然後把所有人的觀點綜合起來。」

看重個人獨立性和能力

邏輯探索型的人喜歡與具獨立性且能力出眾的人共事。比起感性探索型，他們更有成為管理者和領導者的潛質。他們善於建立良好的人際關係，性格直率而真實，了解個人價值觀在人際交流的重要性。以下是一名邏輯探索型的人的說法：「我喜歡澄清問題，而不是火上澆油。」

他更接著說自己如何學會傾聽並欣賞別人的觀點，以及如何借助這些訊息完成更好的決策。他們也十分了解個人價值觀及具體分析情況的重要性，並將這些因素融入工作。

　　邏輯探索型的人十分重視競爭、策略、知識與能力，並努力培育自己在這些方面的能力和技巧。他們亦十分注重提升自己及他人的專業技能。他們的成功來自解決問題的能力，所以任何能提升解決問題能力的知識和技巧，都足以吸引他們的興趣。

　　自主權是激勵邏輯探索型的人工作動力的關鍵因素之一。對於被告知應該做什麼及如何做，他們非常反感。他們希望依據組織整體目標進行自我調整，從而為組織的整體績效和發展貢獻自己的力量。

渴求挑戰

　　邏輯探索型的人勇於接受挑戰，喜歡能獎勵積極性高和表現突出員工的工作環境，因為他們喜歡主動尋求挑戰，以經歷全新的體驗。由於喜歡接受挑戰或被挑戰的個性，他們總是被誤認為過於爭強好勝。有時，他們甚至會尋求身體或心理上的冒險，只是為了增加工作的挑戰性，因此他們具有出色的即興能力和靈活性。對邏輯探索型的人來說，冒險是一種拓展認知人類生理和心理極限的方法。

邏輯探索型的理想工作環境特點

　　關注個人偏好，便可以更準確地找到讓你感到滿足的工作類型。下方歸納和總結了邏輯探索型的理想工作環境，各位可以看看哪些描述更適合你。身為邏輯探索型的人，我偏愛下列工作環境：

☐ 抽象且概念化的工作內容

☐ 獎勵能力出眾且獨立性強的員工

☐ 強調解決問題

☐ 發揮和運用策略規劃能力

☐ 冷靜而理智的工作方式

☐ 發揮邏輯思考能力

☐ 富有挑戰性

☐ 能提供勸服他人的機會

☐ 以計畫為中心，具備高度的靈活性

▸▸ 邏輯探索型有興趣的工作

　　以下是邏輯探索型的人可能感興趣的工作。這份清單是參照數據進行歸納，數據顯示，邏輯探索型的人從事下述這些行業的機率高於其他行業。這份職業清單依照美國勞工部職涯資訊系統O*NET提供的訊息，歸結成五大類，這些類型的工作對邏輯探索型的人來說充滿了吸引力。O*NET是一個龐大的互動性資料庫，專門提供職業相關訊息，用於探討與研究職業選擇。該系統對工作類型進行了劃分，不僅依據工作本身內容，還包含完成該項工作所需的技能，以及需要接受的教育或培訓。各位可以到該網站瀏覽各式羅列的職業或工作類型。該網站也有關於職業的豐富資訊。最後，我們設立了第六類「其他」，涵蓋了該職涯系統劃分的其他工作類型，這些工作同樣可以吸引邏輯探索型的人。

解讀職業訊息的關鍵

　　每種職業的編號都包含了一些訊息，幫助各位更容易評估這份職業是否適合自己。

　　🚲＝**綠色經濟職業**：與降低化石燃料的使用、減輕汙染、提高能源效率及提升再生能源使用等領域息息相關。

　　⚙＝**有前景、快速成長的職業**：經濟層面十分重要的行業，這些行業可能實現經濟長期增長，或因為技術與創新而出現劇烈的變化。

　　工作能域＝數字編碼（1～5），總結了想要進入此行業須進行的準備（如教育、培訓或經驗傳授）。數字1～5代表所需要的準備由少到多。

　　職業趣味性＝字母編碼（R、I、A、S、E、C，即：實際、調查、藝術、社會、創業和傳統），代表職業興趣。此部分與美國心理學教授、知名職業指導專家約翰・霍蘭德（John Holland）的職業興趣類型及工作環境（將在第11章仔細描述）一致。

藝術、設計、娛樂、體育與媒體

演員 2AE

導演（舞臺、電影、電視與廣播）4EA

美術家 3AR

室內設計師 🌼4AE

攝影師 3AR

公關專家 🚲🌼4EAS

記者與通訊人員 🍃4AEI

商業與工業設計師 🚲🌼4AER

編輯 4AEC

平面設計師 🌼4ARE

多媒體藝術家與動畫師 🌼4AI

製作人與導演 4EA

廣播與電視播音員 3AES

作家 4AI

商業與金融操作

會計師 🌼4CE

預算分析師 🌼4CEI

成本預算師 🌼4CE

保險精算師、審查員與調查員 🌼3CE

會議與活動規劃師 🌼4ECS

獵人頭 🌼4ECS

培訓與發展專家 🚲🌼4SAC

批發與零售採購人員 🚲🌼3EC

審計師 🌼4CEI

法令遵循 🌼4CIR

金融分析師 🚲🌼4CIE

信貸主管 🌼3CES

物流師 🌼4EC

個人財務顧問 🍃🌼4ECS

報稅人員 3CE

生命、自然與社會科學

生物化學家與生物物理學家 🌼5IAR

化學家 🚲🌼4IRC

經濟學家 5ICE

食品科學家與技術專家 5IRC

工業組織心理學家 5IEA

政治學家 5IAS

社會學家 5IAS

城市與地區規劃師 🚲🌼5IEA

生物學家 5IR

諮商心理學家 🌼5SIA

環境科學家與專家 🍃🌼4IRC

地球科學家 🚲🌼4IR

醫學家 🌼5IRA

社會科學研究助理 4CI

土壤與植物科學家 5IR

管理

下方清單包含能吸引邏輯探索型的人的管理工作。各位會發現很多管理職位都對他們有吸引力。邏輯探索型的人會熱衷於眾多工作類型的一線監督或管理的工作。你可能對某個領域的監督與管理職位感興趣。首先可以找出自己感興趣的工作類型，然後在O*NET的「一線監督與管理人員」尋找具體的職業。

行政服務經理 🌼3EC

執行總監 🌼5EC

電腦與資訊系統管理人員 🌼4ECI

餐飲服務經理 🌼3ECR

人力資源經理 4ESC

投資基金經理 4EC

市場行銷經理 🚲🌼4EC

自然科學管理人員 🍃🌼5EI

公關經理 🌼4EA

採購經理 🌼4EC

社會與社區服務經理 4ES

廣告與推廣經理 🌼4EAC

薪酬與福利經理 🌼4ECS

施工管理人員 🚲🌼4ERC

綠色行銷人員 🚲🌼4EC

工業生產經理 🚲3EC

住宿管理人員 🌼3ECS

醫療與健康管理人員 🌼5ECS

物業、房地產與社區協會管理人員 🌼3EC

銷售經理 🌼4EC

交通運輸、倉儲與分銷經理 🌼4EC

銷售及相關工作

廣告銷售仲介 3ECA

展示與產品促銷人員 🌼2ECR

房地產經紀人 🌼3EC

零售銷售人員 🌼2EC

批發與製造業銷售代表 🌼3CE

證券、大宗商品與金融服務銷售代表 🌼4EC

收銀員 1CE

保險銷售經紀人 🌼4ECS

證券與大宗商品銷售代理 🌼4EC

科技產品銷售代表 🚲🌼4EC

電話行銷人員 2EC

其他

邏輯探索型的人也會被與建築和工程設計相關的工作吸引。如果對這方面感

興趣，可以考慮並研究一下，下列是對邏輯探索型的人有吸引力的工作類型：航空、生物製藥、化學、民事、電腦硬體、電腦軟體、電子設備、電器產品、環境、工業、工業安全與健康、材料、機械與石油。邏輯探索型的人同樣會對工程設計領域的管理角色感興趣。

　　身為邏輯探索型的人，如果你對諮商和教育工作有興趣，你也可能對許多工作種類中幫助他人的職位產生興趣。可能對邏輯探索型的人產生吸引力的協助性工作包括：兒童、家庭與學校的社會工作者；神職人員；宗教與教育活動主管；教育、職業與學校顧問；健康教育者；心理健康諮商師；康復諮商師；社會與人事服務助理；成人文學與療傷教育教師；自我進修教育教師；職業教育教師。邏輯探索型的人也可能對教育行政類工作有興趣。

　　邏輯探索型還可能被醫療保健領域的工作吸引，包括脊椎按摩師、牙醫、家庭醫師或一般醫師、內科醫師、醫療與臨床實驗室技術人員、婦產科醫師、婦科醫師、兒科醫師、藥劑師、精神病醫師、放射科技師、護理師、呼吸治療師、發聲治療師、外科醫師與醫學秘書。

　　以下涵蓋了可能吸引邏輯探索型的其他工作類型：

保險精算師 4CIE

建築師 5AI

廚師 3ERA

建築工人 1RC

偵探與罪證調查人員 3EI

電工 3RIC

酒店、汽車旅館與度假村櫃檯接待
　　人員 2CES

圖書管理員 5CSE

空軍指揮與控制中心軍官 2CR

巡警 3REC

通訊線纜安裝與維修人員 2RE

服務生 1SEC

仲裁、調停與調解人員 4SE

木匠 2RCI

電腦專家 3CI

桌上出版 3AIC

電子設備與電器維修人員
　　3RIC

理髮師、髮型師與化妝師 3AES

景觀與綠化工作者 1RC

律師 5EI

空軍人員 2CR

律師助理 3CIE

資訊專家 5CI

邏輯探索型的技能強項和重要的特點

　　關注個人偏好，便可以更準確地找到讓你感到滿足的工作類型。下方歸納和總結了邏輯探索型的人的技能強項和重要的能力，各位可以看看哪些描述更適合你。身為邏輯探索型的人，我具有以下技能強項與重要的能力：

□ 適應
□ 邏輯分析
□ 溝通
□ 說服他人
□ 創造
□ 辯論
□ 解決問題
□ 設計
□ 系統思考
□ 發明

▶ 邏輯探索型的領導者

　　邏輯探索型的人在擔任領導者時，擁有獨特的優勢。他們有著自然獨特的領導方式。

夢想家

　　對邏輯探索型的人來說，創造和分享願景是他們領導角色的關鍵要素。對於有助於實現願景的計畫或工作，他們會全心投入，精力充沛。同時，他們也理所當然地認為下屬也應該懷有同樣的想法和抱負，為了實現願景獨立自主地完成屬於自己的工作。

獨立性

　　如果身處於凡事都須聽從指令或缺乏遠期目標的環境中，即使作為領導者，

邏輯探索型的人也很容易感到沮喪。他們希望領導他人朝向同一個廣闊的願景昂首闊步，同時也希望，在規模龐大的計畫中，對於自己負責的部分具有相當程度的控制權。他們理所當然地以為他人也希望以獨立的方式工作。一名邏輯探索型的人解釋他偏愛的領導及被領導的方式：「在工作中，我需要設定一個標準或目標，然後獨立自主地實現目標。例如，如果工作需要我們登陸月球，我就認為我能辦得到。只須告訴我目標，為我提供必要的資源就可以了。但如果沒有具體的目標，我想我的效率會大大降低。」

邏輯探索型的人非常欣賞具備洞察力、有想法且願意分享想法的下屬。他們對下屬的期望是獨立自主、高效完成整體目標的工作。這種風格的邏輯探索型領導者的職業滿足感，多數來自引導下屬自己發現問題，然後將問題轉化為機遇。當然，有些下屬喜歡這種寬鬆的領導方式，然而傾向不同工作方式的下屬，或許會認為更具體的指導可能對工作有更大的幫助。

一針見血的分析能力

邏輯探索型的人善於吸收和整合不同源頭的訊息或數據。身為領導者，他們的溝通方式具有以下特點：富有邏輯性、言辭精確、一語中的。他們並不期望從他人獲得反饋，而是憑藉自己內在的邏輯分析方式，指引自己工作的進程。他們也許不會花時間向他人解釋自己偉大願景的所有細節，而只是給出綱要或幾個要點。在沒有足夠訊息了解最終決定及行動背後的依據時，下屬或許會因此缺少認同感和向心力。

邏輯探索型的領導者不喜歡一件事講兩遍，也並不是很了解鼓勵和積極回饋下屬的激勵作用。他們總是傾向運用邏輯思維，而不是熱心和同情心來處理問題。對其他類型的人來說，這種方式或許有些太過苛刻、冷漠，缺乏必要的投入。

邏輯探索型的人凡事均會採取質疑的態度，凡事均相信運用邏輯分析才能進行評斷。他們喜歡應對抽象而複雜的問題和機會，從中發現或創造新的解決方法和行動方案。這種類型的人對自己或他人的專業能力都十分看重，評論人的標準通常是創新所必須的能力、知識與技能。

靈活性

邏輯探索型的人透過不斷吸收新資訊，調整自己的思維方式以順應自己獲得的事實訊息，擅長思索、討論，比較不同甚至完全相左的問題解決方案的優劣。對於未來的可能性，他們通常只是做出貌似簡單的推測，因此往往導致他的下屬會覺得很難理解其中的奧妙，很難與他們不斷變化的觀點保持同步。問題的發生對他們來說，恰是難得的機遇，但結果是下屬時常無法確定到底應該往哪個方向走。

邏輯探索型領導者的特點

關注個人偏好，便可以更準確地找到讓你感到滿足的工作類型。下方歸納和總結了邏輯探索型偏愛的領導風格，各位可以看看哪些描述更適合你。身為邏輯探索型的領導者，我喜歡：

☐ 創造並與下屬分享我的願景
☐ 面對問題，客觀邏輯而非感情用事
☐ 理所當然地認為下屬會自我激勵努力工作
☐ 努力追求提升知識面和洞察力
☐ 解決抽象和複雜的問題
☐ 尋求獨立性和控制權
☐ 發現或創造新的解決方法和行動方案
☐ 與能快速發現、分享和提出創意的人一起工作
☐ 準確的語言表達，一針見血
☐ 透過能力和知識去評價下屬
☐ 依據邏輯分析結果指引工作進程

▸▸ 邏輯探索型的團隊成員

在制訂策略和把握機會的能力方面，邏輯探索型能為團隊帶來較大的貢獻。只有在專注於完成工作或目標的團隊裡，他們才認為為團隊奉獻是有價值的。他們喜歡並經常主動推行進展，他們能夠容忍團隊成員的多元，但對於能力欠缺或

達不到期望標準的人則缺乏寬容，而死守規則或對變革遲鈍的人則會讓他們感受到深深的挫敗。

　　邏輯探索型的人擅長激勵他人，但在需要花很多時間向其他團隊成員解釋他們的行為或背後的依據時，往往缺少必要的耐心，因為他們認為完全沒有必要。雖然他們擅長說服別人，但有時在對方眼中，他們的溝通方式只是以工作為中心，對人的關注完全不在考慮範圍之內。

邏輯探索型團隊成員的特點

　　關注個人偏好，便可以更準確地找到讓你感到滿足的工作類型。下面歸納和總結了邏輯探索型偏愛的團隊工作方式，各位可以看看哪些描述更適合你。身為邏輯探索型的團隊成員，我偏愛：

☐ 為制訂解決問題的方案及把握機會貢獻想法
☐ 不能容忍能力欠缺的團隊成員
☐ 只有在專注完成工作或目標的團隊裡，才認為團隊奉獻是具有價值的
☐ 為死守規則和對變革遲鈍的團隊成員感到心灰意冷
☐ 激勵與說服團隊成員
☐ 喜歡推動事情的進展
☐ 缺乏必要的耐心向其他團隊成員解釋自己的行為或決定背後的依據
☐ 經常主動採取行動

▶ 邏輯探索型的學習風格

　　邏輯探索型的人對學習新理念、在學習過程中運用邏輯推理能力，傾注了極大的熱情。他們天生就喜歡透過辯論和分析來對不同看法、訊息進行批判和評估。在學習中，面對邏輯探索型咄咄逼人的質疑和挑戰，那些專業能力較低的老師或許早已落荒而逃了。他們絲毫不能容忍能力平庸的老師，如果真的遇上這樣的老師，他們很快就會放棄。

　　邏輯探索型的人喜歡體驗和掌握關於理論知識、理論模型的學習內容，對所

謂事實或細節則沒有興趣。他們擅長捕獲不同想法之間的連結，並透過精準的文字表達自己的想法，對於文字確切的字面意義及其中隱含的含義均不放過。能力對於他們來說，是工作的關鍵要素，因此他們不斷學習更多的知識，擴充自己的知識面。

邏輯探索型的學習風格特點

關注個人偏好，便可以更準確地找到讓你感到滿足的工作類型。下方歸納和總結了邏輯探索型偏愛的學習風格，各位可以看看哪些描述更適合你。
身為邏輯探索型的人，我偏愛：
☐ 能力出眾的通才
☐ 靈感來自新想法的激發
☐ 果斷、不輕信
☐ 逃避常規的學習任務
☐ 具有獨立學習能力
☐ 喜歡針對一個問題從不同角度展開討論
☐ 受教於專業能力出眾的老師
☐ 只有複雜的事情才能讓我保持充滿興趣

性格偏好跟天生傾向可以作為自我評估的出發點。這一部分的內容，也許某些陳述你可能認可，某些則可能不認同。這樣的反應很常見，因為每個人表達自己性格特徵的方式都不同。閱讀整體概要描述也可以成為職涯發展方向的出發點。現在，你需要進一步自我評估，具體方法就是將這些概要陳述和個人生活結合起來。下方的問題可以幫助你將此部分的內容和自己的具體情況連結。在回顧本章內容的過程中不要忘了在腦中想起這些問題：

- 這種性格的所有特徵是否符合我的真實情況？哪些部分符合？哪些部分不符合？
- 是否有哪個部分的描述對我來說尤為重要或關鍵？
- 我可以將哪些訊息具體實踐，從而決定自己的職涯發展方向嗎？

- 我該如何調整自己的職涯發展方向？哪些方面應該強化？又有哪些方面應該弱化？
- 在未來工作中，我想將重心放在哪個方面？

各位可能會在此過程中，想用各種方式標注或強調某些部分，也許是想在書頁的空白部分寫些筆記，或製作一系列索引卡，又或在筆記本認真寫下一些筆記。不論採取什麼方式，問題的關鍵在於這些紀錄必須是能夠真實描述你的目前情況。設想自己的理想工作該是如何，有哪些具體的工作內容？有什麼樣的工作環境？工作中會應用到哪些技能？你期盼以什麼方式領導他人或被他人領導？你希望為團隊做出什麼樣的貢獻？你想要以什麼樣的方式不斷學習與成長。

同時也思考一下自己目前的發展階段。你現在利用哪些方法平衡自己的自然工作方式？你是否正在進入新平衡方式的過渡期？切記，每個人的情況都是獨一無二的。以果斷型和分析型的人為例，這兩種類型的人在溝通時喜歡就事論事。但是，他們還是會或多或少地透過移情作用和他人建立連結。這兩種人如果願意花費時間和精力，透過學習且最終從事人事服務工作，他們的做事方式就有可能與在技術領域獨立工作的同種類型人截然不同。

我的關鍵

現在，各位已經做好準備，將自己的自然偏好和具體情況結合起來了。

　　描述你最想從工作得到什麼。不要單純羅列一系列工作，將重點放在說明自己的個人偏好。

　　了解自己的工作偏好之後，可以直接閱讀「ENFP」性格類型的介紹。如果各位有興趣培養基於價值觀的決策方式，更應如此。如果你已經準備好透過評估自己的價值觀、生活方式和局限，繼續完成職業規劃，可以直接跳到第11章。

果斷型：直接與決斷

——性格類型：ESTJ和ENTJ

身為財務顧問，我享受幫助他人理財的過程，透過理財決策，幫助他們改善財務狀況。我也喜歡協助他們制訂財務預算，設法幫助他人更有效地管理錢財。

——一名果斷型的人

最新研究顯示，美國成年人的果斷型約占 10.5%。他們的主要特徵是透過邏輯分析和果斷決策面對世界。他們喜歡評估一切訊息，在組織管理人、事或想法時表現最為出色。他們善於定位事情之間的因果關係或相互連結，並以他們的邏輯決策方式作為指引，對狀況或形勢快速做出分析，從而得出結論和最佳行動方案，並立刻行動。他們較重視事情的執行與改善，以結果為導向，在承擔職責或須激勵他人的情境具有很高的工作效率。

果斷型的工作方式

▸▸ 果斷型做什麼最自然

運用邏輯分析

果斷型的人凡事喜歡運用邏輯思考，具有很強的分析能力，以及快速察覺工作中的漏洞或不協調之處的能力。面對問題時，他們表現冷靜客觀，目標明確，能夠在很短的時間內做出決定。

他們具有懷疑精神，不容易輕信，只有在看到清晰和符合邏輯的證據後才會接受事物。他們只相信客觀原因，而不是別人的看法或高張的熱情。他們會不斷提出疑問，挑戰他人的意見和結論，認為討論的過程有助於訊息的處理。

果斷型的人對要求快速思考和決策的工作具有濃厚興趣。他們喜歡能夠發揮分析和評估能力的工作，因此在工程、科學研究、電腦操作和系統分析等技術性較強的工作領域中，常常看見他們的身影。以下是一名果斷型的醫師描述他在緊急情況下，如何運用邏輯分析和決策能力：「我一步入急診室，便不由自主地開

始思考並過濾症狀發生的各種可能原因，直到得出最終的診斷結果。過程中，我的腦海裡會自動不停地推演，每個瞬間都會假設出很多種原因，直到得出診斷結果和方案。然後，我會快速有效地組織他人，立即根據方案處理問題。」

決策和行動

工作中，果斷型的人擔任領導者和管理者角色的比例相對較高。他們會毫不猶豫地告訴別人應該做些什麼，並且能清楚直接地發出指令。他們表現果敢，一切以行動為導向，面對低效的運作感到沮喪。他們會盡力確保所有的事都轉化為行動，從而使工作一直進行。他們內心總是銘記最終目標，並為此承受壓力，做出艱難的決策。他們會設法找尋並利用完成目標所需的資源。安排果斷型的人作為計畫負責人，是保證工作按時完成的重要保障，同時也能達到很高的品質標準。以下是一名果斷型的說法：「我覺得很多人都猶豫不決，總希望有人能帶領他們前進。我則喜歡擔任指揮的角色，迅速而有效地行動。」

具責任感、堅持原則和制度

果斷型的人喜歡在現有制度和原則的框架下努力工作。以下是一名果斷型的說法：「對我來說，在架構分明和目標清晰的組織中工作是最重要的。當我明白他人對我的期望後，我希望能有權力自由地完成我的工作。」

果斷型的人喜歡架構分明的工作環境，例如傳統機構依職等分級的制度，他們認為非常合理。由於表現突出，在這種架構中，他們很容易獲得升遷機會，最終往往能成為高層領導者。因為果斷型的人是決策派與行動派，所以一旦缺乏控制權，就會產生舉步維艱的感覺。一名果斷型的人說：「對我來說，首當其衝的難題就是平心靜氣地順其自然。以個人經歷而言，養育子女是至關重要的學習過程，因為想要預測育兒過程接下來會發生什麼狀況，完全是異想天開。面對突如其來的問題，所有周詳的計畫都將付諸東流。我發現，學會順其自然地對待周圍一切，對我來說絕非易事。」

果斷型的人能夠很快地將制度和原則，和眼前的實際情況做連結，並盡職責遵循和運用這些制度與原則。他們具有很強的對錯觀念，看待事情非黑即白，沒

有中間地帶。他們可以客觀地應用原則，不會被任何主觀因素影響。對於某些果斷型的人來說，恪守原則是獲得工作滿足感的重要因之一素。一名果斷型的人說：「對我而言，工作中最重要的是道德操守，所以我不能在違反原則的情況下工作。例如，我不會刻意袒護犯錯的人。」

果斷型的人也是很好的創業者。對於自我創業往往有周密的計畫，而不是心血來潮或捕捉機會。一旦有了自己的公司，他們會制訂自己認為合理的組織架構和工作流程。這種類型的人常從業於顧問行業，尤其是管理顧問。

果斷型的人只要用心執行一件事情，基本上便會實現自己的既定目標。這種就事論事的工作方法，會讓他們按部就班地依循職業規劃一往直前，在找工作的過程中，如此直截了當的方式同樣會讓他們得償所願。找工作時，他們一般會設定目標、精心規劃，然後有條不紊地利用人際關係網落實就業規劃。這些特點使他們面對毫無頭緒的對手時，總是能夠表現得更勝一籌。

以結果為導向

果斷型的人擁有維護原則和完成任務的性格，使他們擁有良好的時間管理和達成任務的能力。他們擅長策畫、分配工作和完成計畫。他們會努力制訂最後工作期限，使任務在規定的時間內完成。他們對於時間的安排非常緊湊，因此也具有相當高的工作效率。

果斷型的人須以採取行動達成結果，加上決斷的作風及邏輯分析能力，此過程並不困難，他們總是能在短時間之內有所斬獲。他們會竭盡全力地完成自己的工作，勤懇踏實，在推進和按時完成任務方面值得信賴。

果斷型的人以工作為中心，強調流程和程序，有時這會引起他人不必要的誤解，認為他們對人缺乏關心。再者，他們在交流和行動的客觀態度，往往讓人感覺他們冷漠和麻木。不過，雖然他們會因為過度關注工作而忽略人的因素，但其實他們對參與者並非毫不關心。他們主要透過創造或利用有效的制度或原則服務他人。以下是一名果斷型的主管描述他進退兩難的局面：「在計畫進行中，身為主管的我有義務使團隊有效地朝著目標邁進。我知道員工欣賞我決斷的個性，但有時我在會議以相同嚴肅方式處理人際問題時，卻讓員工感到沮喪。我覺得自己

很難理解他們究竟希望我如何處理這些情況。」

一般來說，採用這種基於邏輯分析決策的人以男性居多，而身居要職或大權在握的男性大多屬於這種類型。果斷型的女性在使用這種方式時，無疑會遇到一些障礙。在傳統男性掌權的社會中，當女性嘗試展現她們這種自然工作方式時，總會遇到不少困難。以下是一名果斷型的女性描述她的困境：「我喜歡直言不諱，甚至強硬地表達自己的觀點。我喜歡掌控一切，但很多時候此特點會讓我陷入困境，因為同事會認為我想脅迫和控制他們。其實我並不想這樣做，我只是想把工作完成而已。」

果斷型的人擅長憑藉自己的自然工作方式，完成規劃組織工作並達成結果。身為果斷型的人，在尋找理想職業的過程中，一定要保證從事的工作包含上述這些活動。果斷型的人想要從工作獲得滿足感，可以擔任領導或從事行政工作。

許多果斷型的人發現，在一項工作大功告成之前，他們不允許自己有片刻鬆懈。他們可能總會和享受當下的機會擦肩而過。另外，他們的責任感總會讓他們在不知不覺之間將很多職責攬到自己身上。果斷型的人會覺得，他們有責任扮演領導者的角色，有責任讓問題迎刃而解，有責任找到問題的答案。如果他們不夠小心謹慎，很可能惹事上身，萬事承擔的個性讓他們在工作中承受很大壓力。

恪守高標準和高要求

果斷型的人習慣為自己的工作制訂很高的標準，並設法達到這些標準。他們十分看重能力和責任，不但自己勇於承擔責任，也期望他人也是如此。因此，他們總是不斷設法提升自己或他人的能力，又或者改善和改進工作流程。他們認為不斷學習和知識的累積，能令他們在工作更稱職和果斷。這種以工作為中心，以結果為導向，努力工作和追求自我提升的風格，尤其適合擔當領導者和指揮者。身為領導者，不論是對自己還是他人，他們都設定了極高的工作標準。以下是一名果斷型的領導者的描述：「我喜歡有足夠的空間用自己的方式做事，我希望其他人也一樣有這種自我管理意識。然而，在我給予他們充足的自主權之前，我需要確保他們的技能、知識、能力和操守值得我信任。」

果斷型的自然工作方式特點

　　果斷型的人在運用自然工作方式時具有最好的表現。了解不同偏好，就可以更準確地評估什麼工作方式才會讓自己獲得滿足感。下方歸納和總結了果斷型的性格特點和工作偏好，各位可以看看哪些描述更適合你。身為果斷型的人，我在下列方面表現最好：

☐ 運用邏輯分析能力

☐ 在不同情境中制訂並應用規則或原則

☐ 解決問題，做出決定

☐ 根據決定迅速採取行動

☐ 工作中不摻雜個人情緒和問題

☐ 指引、控制、組織及計畫

☐ 盡量降低主觀因素的影響

☐ 明辨是非

☐ 創建有效的組織架構和流程

☐ 計畫、授權和分配工作

☐ 計畫管理

☐ 為他人提供指引和評估

☐ 與能力強、獨立和以工作為重的人共事

☐ 取得成果

☐ 審視、討論或辯論問題

☐ 完成高品質的工作

☐ 提升自己和他人的能力

☐ 凡事都定出工作期限，並在期限之前完成

☐ 在架構清晰的環境中工作

☐ 高效完成工作

我的關鍵

回頭看看果斷型自然工作方式的特點清單，以你勾選出的特點，在下方空白處填上你的個人工作方式摘要。如此有助於明確了解自己想要在工作中從事什麼具體活動，以及什麼樣的工作環境最能與你契合。當然，也可以添加清單中未提及的特點。

我最重要的工作偏好是：

_____

_____

果斷型如何減輕工作壓力

透過本章前面的內容，已經確定了自己的性格類型如何與偏好的工作活動及工作風格連結起來。考慮一下什麼工作內容和環境會讓果斷型的人感到壓力重重或覺得不適合，這點相當必要。每個人都會在某段時間內從事自己並不喜歡的工作，但如果長時間從事自己沒有興趣的工作，就可能造成工作壓力或不滿情緒。

這裡會著重指出果斷型的人可能出現哪些工作壓力。在閱讀的過程中，可以想想自己目前的工作是否包含了書中的描述。如果是，就須要思考一下，該以哪些方式改變某些工作內容，或採取一些盡可能緩解壓力的辦法。了解工作讓自己產生壓力的要素，可能幫助你明確了解哪些工作選擇不適合自己，然後避開這些工作。

對於果斷型的人來說，面對千頭萬緒或雜亂無章的工作環境，會讓他們覺得備受壓力，如果工作流程恰好又缺乏邏輯與高效性，就會讓他們覺得雪上加霜，無所適從。在這樣的工作環境中，果斷型的人可能覺得要將控制權掌握在手中或取得成果絕非易事，對於他們來說，控制權與成果是實現工作滿足感的關鍵。身為果斷型的人，如果身處這種工作環境中，自然會設法建立高效的流程，並竭盡

全力地讓原本混亂不堪的局面變得井井有條。雖說事在人為，但你還是會發現自己沉浸在心灰意冷或不勝其煩的情緒中無法自拔。如果他人的工作會影響到你的流程、成果或表現，產生這種負面情緒的可能性就更大。在這種情況下，你會想要盡力獲得最高的獨立性，並在此前提獲得掌控權並完成自己的任務。

果斷型的人面對這個世界秉持著毫不猶豫的態度。如果他們所在的工作環境要求他們一味地認同他人的想法與做法，就會產生厭倦情緒，覺得備感壓力。在他們眼中，調停與和解毫無意義，因為他們覺得自己雖然不斷地付出，實際上卻一直在浪費時間。如果果斷型的人必須與自己眼中平庸無能、毫無效率的人一起工作，就會覺得這種通力合作的過程實在艱難。此時，你可以抽出時間傾聽別人的觀點，聽取與考量其他意見，如此能讓你受益匪淺，因為如此的團隊成員才會接受你的看法，以合作的態度幫助你實現自己的既定目標。

面對改變，果斷型的人會想要迅速推進。他們傾向於手握大權，對他人發號施令，而不是花費時間解釋為什麼會發生這種改變，以此基礎讓他人自覺地參與新計畫。雖然在果斷型的眼中，這是完成計畫最有效的方式，但長遠來看，其實依舊必須抽出時間幫助他人真正接受改變。如果無法達成，其他人會對你的努力置若罔聞，甚至退出新計畫，此時將面對更龐大的壓力。如果他人將某種改變強加在你身上，你也很有可能無法接受此轉變。當然，一旦察覺改變的背後有合乎邏輯的依據，或發現改變的道理很明顯，你對改變的態度就會不一樣了。

果斷型的職業和人生發展策略

接下來我們將介紹果斷型的人生，能如何從職涯獲得最大收穫，除了包括改善職涯規劃的兩個方向，同時也提供了一些實際的建議，幫助讀者更有效地規劃職業發展路徑。另外，也有較為個人客製化的方面。從以上內容與待發展的方面綜合出發，找出可將現有職場表現推向更上一層樓的方式，以及如何實現個人生活的改善，並達到充分的滿足感。

▸▸ 思想開通

　　果斷型的人總是迫不及待地想要著手完成某個任務，有時，可能還未考慮所有可能的行動方案就下定論。果斷型的人講求自信滿滿與毫不猶疑，所以有時這樣的處事方式會對他們造成干擾，無法全面考慮所有方案。為了避免降低效率，果斷型的人可能會選擇在深思熟慮之前莽撞地採取行動，因為無所事事會讓他們覺得無所適從。在轉換職業方面，這種傾向可能給他們帶來麻煩。找工作時，果斷型的人可能會過分急於求成，無法花時間平心靜氣地對自己和當前的狀況進行全面評估。

　　對果斷型的人來說，認知「停下來」的重要性十分重要。這種類型的人總是對擺在面前的工作來者不拒，他們的目的很簡單，就是朝著某個目標全力以赴。這樣的做法，再加上與生俱來的責任感，會讓他們陷入一種惡性循環：從事形形色色的工作，但這些工作距離理想工作卻相去甚遠。果斷型的人通常會分享這樣的心情，他們總是匆忙地做出決定，然後迫不及待地採取行動，最後再嘗試彌補。但是，有時若是能在採取行動之前認真反思並收集更多訊息，才是明智之舉。倉促之間做出職業選擇會讓你踏上一條難以回頭的路，這條職業路徑長期來看，並不是最佳選擇。

　　對於那些過分重視眼前結果的果斷型來說，這是不容小覷的問題。有時，一些高瞻遠矚的最佳選擇，短期而言並非顯而易見，只有透過深入思考與訊息收集，才能確定哪種選擇是最佳的。如果能夠停下匆忙的腳步，透徹地評估自己的情況，就可以確定如何以明智的方式支配時間與精力。在轉換工作跑道時，應該對其他備選方案保持開明的態度，至少在短時間要做到這一點。

　　這樣的做法同樣可以讓你保有順其自然的心態。某些事總是在意料之外，讓我們措手不及，無能為力。對果斷型的人來說，在學習過程面臨的挑戰之一，就是如何在面對意外時讓強烈的責任感暫停。不管處於什麼發展階段或面臨什麼情境，果斷型的人都可能發現，抽出時間專注於自己的感官感受，並留意周圍環境的細節是發人深省的過程。隨著果斷型的人不斷成長，他們會發現對某些決策制訂、管控與責任感懷抱順其自然的態度，會讓他們受益。同時，把握轉瞬即逝的

意外機會，也是一種收穫。

思想開通的建議

- 三思而後行。花時間設想幾種可選方案，然後認真考量，而不是魯莽地採取行動。

- 徵求並考量他人的建議與觀點，從而開拓自己的視野。多收集訊息，然後利用訊息印證或推翻自己原本的決定。尤其注意一些與之前觀點相互矛盾的訊息，如此有助於幫助你質疑自己的現有決定，重新進行思考。

- 切記，高效率並不一定意味著好效果。迅速行動可能讓你闊步向前，但決策時須更加小心謹慎、周全考慮，長期結果將因此更令人滿意。在制訂決策時，要停下來同時關注短期與長期影響及後果。

- 在自己的時間表留出一些沒有具體安排的時間，依照當下情況以合適的方式支配這些時間，來提供探討備選方案的機會，或從事前所未有的新工作。

▶▶ 在決策融入以價值觀為本的概念

果斷型的人傾向邏輯分析。他們可能認為以價值觀為本的決策過程實是格格不入、無法預測且不可靠。果斷型的人在某一情境下，可能無法捕捉對方的情感回應與主觀需求，其他工作類型的人在此方面的表現會比果斷型好很多。

果斷型的人過於依靠邏輯與客觀，這種過分依賴會影響他們在職業選擇的過程中，無法接收並使用一些寶貴的訊息，因而忽略了自己的決定會對身邊重要的人產生影響。果斷型的人總會將個人價值觀與需求束之高閣，面對即使發揮邏輯性也無法解釋清楚的事物，他們會不聞不問。他們很難解讀他人表達的情緒。一名果斷型的人曾經想測試自己解讀他人情緒的能力：「一整天，我不管看到誰，都會試著在幾分鐘之內告訴對方『你現在的感覺一定是怎樣怎樣』，接著，我就會直接快速地判斷對方正陷入何種情緒。一天即將結束時，我發現我幾乎一直誤會別人的感覺。我這才意識到，自己應該停下腳步，好好地審視一下自己的認知問題，這一點至關重要。」

　　這名果斷型的人發現，自己其實一直不斷地接收訊息，這些訊息能用來判斷對方面對狀況時如何解讀與反應，但自己從未留意到這些訊息。即使面對自己的情感反應，也會讓果斷型的人手足無措。在他們陷入情緒化狀態時，果斷型的人總會覺得局面失控，或生活失去了平衡。這些情感反應會讓果斷型的人頭痛不已，因為他們一向引以為傲的就是自我掌控，他們也總是會投入很多精力保證自己遊刃有餘地控制生活或工作。當然，如同其他工作類型的人，情感與價值觀也是果斷型的人不可或缺的生活組成部分，但他們更傾向透過行動實踐自己的價值觀。在生活中，對孩子循循善誘並悉心養育就是他們實踐價值觀的方式之一。而其他必須透過訓練與主動申請的社區活動，基本上並不是果斷型擅長的行為方式，因此會讓他們避之不及。

　　因為果斷型的人通常不會從價值觀或人性化的角度看待事情，所以他們很難做出積極的反饋。直抒胸臆的積極反應，在他們眼中可能是虛偽或做作。果斷型的人會說，他們不確定應該如何以坦誠的方式給予對方積極的回應，因為這種做法有違他們與生俱來的批判個性，也違反他們希望提出明確而精準的改善建議。即使在積極回應中摻雜一些批判性意見，也不會被果斷型的人接受，因為他們會覺得一開始的積極反應就已經意味著他們無須做出任何改變。先肯定對方再給出建議的方式，可能對果斷型的人無可奈何。其實，這種彼此誤讀和誤解的狀態，在理性型與感性型的溝通中屢見不鮮。溝通的差異會影響他人看待果斷型的眼光，以及他們幫助果斷型的人工作更上一層樓的意願。

　　如果你屬於果斷型的人，在決策過程中考量並認可主觀與人性化，可能是亟待發展的方面。如果能將這部分融入邏輯框架中，就會讓你在決策時更為周全。如果能學著更關注生活中人性化的部分與情感層面，就可以將個人價值觀與環境因素，同時融入自己的邏輯思維。

　　許多果斷型的人到了中年後，會開始有意識地碰觸情感與價值觀層面。寫日記等反思的方式，會幫助你停下來，珍視和感受柔軟的一面。某些果斷型的人會嘗試著更從人性化的角度出發，找尋自己的人生意義，並開始樂此不疲。隨著開始關注自己的價值觀與人性化需求，他們對精神層面與不可捉摸的人生要素產生的興趣就會逐漸強烈。

在決策融入以價值觀為本的概念的建議

- 審視自己關於情感的想法。詢問對方的情緒，然後認真傾聽對方。將你聽到的和自認對方正在表達的情感進行比較。
- 評估自己的決定對他人產生的影響，尤其須考慮他人的好惡與感觸，判斷自己的職業選擇會對身邊重要的人產生的影響。
- 注意觀察他人所做的決定，其背後的價值觀與人性化因素為何，思考以價值觀為本的決策是否為看待世界的另一種理性方式。如果可以了解決策背後的價值觀，這項決定便是合理。
- 在選擇職業時，應從人性化的主觀信念與價值觀出發，並且綜合邏輯思考的結果，衡量所有可選方案。

▸ 同理心和合作

　　果斷型的人主要透過分析觀看世界。面對某個問題，他們喜歡提出問題、檢視、評價並明確立場。他們尤其熱衷於辯論，熱衷於針對各種想法以公開方式展開全面討論。他們的溝通方式往往以任務導向，直截了當。雖然這種溝通方式頗具效率，但是在他人眼中往往會認為果斷型的人故意表現屈尊或過於批判性。果斷型的人如果發現自己清晰、冷靜的反饋被解讀為冷漠、嚴厲或過於苛刻，常會覺得很吃驚。有時，如果沒有別人明確指出問題的嚴重性，他們根本就不會意識到別人對於自己的回應有何看法。

　　因為果斷型的人追求時間效率，看重的是任務本身，他們會覺得工作中的人際關係，對於高效完成任務是一種阻礙。如果同事性格傾向與他們不同，同事會覺得以任務為導向的工作方式缺乏人性。果斷型人的同事甚至會覺得，在與果斷型打交道時，自己遭到輕視。

　　身為領導者時，果斷型的溝通風格產生的影響更大。果斷型的人可能憑藉強大的商業依據制訂符合邏輯的好決策，行動方案也有很好的效果。但是，依舊無法避免對組織中的許多個體產生影響。果斷型的人可能對個人層面關心較少，只看到決策的邏輯與全面性。一名果斷型的管理者講述了自己如何處理此問題：「我已經學會抽出時間，在制訂決策的過程中考慮一些更為個人且條件化的因

素，例如對某些人的影響等。我會將它們視為額外變數思考。現今的我依舊須不時地提醒自己，別人對這些因素的重視程度，比我在正常情況下高很多。」

同理心和合作的建議

- 面對他人的觀點與狀況，認真傾聽而不妄下論斷。抽出時間停下腳步，理解什麼是對方眼中最重要且最能激勵他們的事。
- 向他人徵求自己溝通風格的意見。
- 在別人與你分享面臨的問題時，首先要表示理解，而不是出謀劃策。通常對方憑藉一己之力就可以解決問題。他們可能只是想傾訴自己的感觸與狀況。
- 尋找適當機會給予正面的回饋。
- 切記，某些人會覺得辯論、爭論與競爭十分厭煩。僅在合適的情況下使用這些溝通方式。

我的關鍵

對你來說，保持思想開通、在決策中融入以價值觀為本的方法、同理心和合作，是否具有挑戰？如果是，那麼此處的哪個策略有所幫助並值得一試？

_____

_____

果斷型的職業平衡

果斷型的人喜歡透過邏輯分析果斷地對不同情況做出反應，借助邏輯分析做出決定並採取行動時，是他們感覺最自然和從容的時刻。然而，為了使工作更有

效率，他們在決策時或許須更有效地收集和吸收新資訊，以平衡自己果斷的個性。評估訊息並根據訊息採取相應行動，與發現新事實和新模式，兩者之間的平衡對果斷型的人來說是發展的重要階段。

一般來說，果斷型的人在吸收新資訊時通常採用兩種方式：關注現實細節、展望未來可能的發展模式。在性格類型理論中，兩種方式分別被稱為實感（S）和直覺（N）。雖然每個人在接收訊息的過程，都會綜合使用實感與直覺的方法，但總會更傾向其中一種。各位可以參照本書第2章找出哪種方式對你而言最為自然。

字面上，「實感」和「直覺」有很多含義，不僅與如何吸收訊息有關，所以為了避免歧義，本書會將透過實感獲取訊息的果斷型，稱為務實果斷型（ESTJ），而把透過直覺獲取訊息的果斷型，稱為洞察果斷型（ENTJ）。

務實果斷型的人會借助眼前事實、細節和實際應用，平衡自己行動至上與決策至上的特質，他們喜歡看見即時效果而非長遠的系統性變革。隨著時間的推移，通常在人生的後半，務實果斷型的人會將自己的重點從眼前的工作轉移到如何關注更多計畫與推動更系統化的改變。

洞察果斷型的人在吸取訊息時，會很自然地看見事物背後的模式和未來的可能性。他們傾向於先關注系統性改革，而非急於求成。隨著時間的推移，通常在人生的後半段，會在關注長遠全面結果的同時，對把握當下的現實與狀況產生興趣。

兩種方式都有不同的關注重點，但兩種方式都能讓果斷型的人在決策時獲得更多訊息的補充，尤其會在獲取訊息進行邏輯分析的過程中運用。在果斷型的一生中，他們會不斷運用和融合兩種吸收訊息的方式，幫助他們做出明智的決定。久而久之，他們會變得更靈活，在決定具體的行動方案前會主動留意不同種類的訊息。

本章以下的內容將分為兩部分。第一部分為「ESTJ」類型的人量身訂製，第二部分則針對「ENTJ」類型的人。各位可能會發現，先閱讀對自己來說最自然的平衡方式很有幫助。之後，可以再閱讀另一種平衡方式，如此一來，便能知道隨著自己不斷成長和成熟，未來有什麼等著自己。如果你已進入中年，你可能對

兩部分都有興趣，因為在人生的這個階段，你可能已經擁有足夠的動力培養自己並不偏好的決策方式。

如何尋找平衡？

我更像「ESTJ」	我更像「ENTJ」
我是務實果斷型的人。首先我會以對事實和細節的關注，平衡我的決斷風格。當我日趨成熟，我會學習在做決定時，更關注模式和未來可能性，以此做出進一步平衡。	我是洞察果斷型的人。首先我會以對理念和未來可能性的關注，平衡我的決斷風格。當我日趨成熟，我會學習在做決定時，更強調對事實與細節的關注來進一步平衡。

務實果斷型（ESTJ）的工作方式

「讓我們放手做吧！」

最新研究顯示，美國成年人務實果斷型（ESTJ）約占8.7%。在運用邏輯進行分析時，務實果斷型的人會使用具體的事實作為決策的根據。他們實事求是，以結果為導向解決身邊的具體問題。他們擅長推進、處理和關注與眼前狀況相關的事實，尤其擅長制訂和管理流程、程序、步驟和計畫等。雖然他們總是設法使缺乏效率的流程變得更高效，但他們更喜歡維持現有秩序而不是改變它們，並依照標準程序推動事情。

由於務實果斷型的人做決定時比較務實，並以細節為導向，透過此方式平衡自己決斷的個性，所以，務實果斷型的工作方式與洞察果斷型相當不同。然而，洞察果斷型的人在步入中年後，也會發現這種對細節的關注是他們應該提升和成長的方向。

▶ 務實果斷型做什麼最自然

管理和執行

務實果斷型的人喜歡將事情向具體或務實的方向推動，並清晰而具體地界定目標和優先次序，他們會透過完成各項具體任務一步一步地邁向目標。這種縝密的方式使他們能非常具系統和高效地工作。務實果斷型的人擅長及時獲得和協調完成目標所需的一切資源，在此過程，他們往往擔任管理者的角色，從而發揮他們有序安排和關注細節的特長。他們希望得到自由和自主權，並在職責範圍內有效行使管理和行動。如果能擁有這種環境，他們便能順利完成工作。以下是一名務實果斷型的說法：「我喜歡做管理方面的工作，當所有事都按照計畫進行時，我會很有滿足感。」

在眾多要求細緻管理、執行或評估能力的職業中，我們都能看到務實果斷型的身影。觀察、對細節的重視和對精確度的追求，都是務實果斷型的普遍特徵。他們往往會選擇必須組織詳細資料和資訊的工作，例如審計、會計和數據管理等方面。以下是一名務實果斷型的合約管理者的描述：「我喜歡同時管理很多項目，監督別人或看到項目的成果都很有成就感。」

務實果斷型的人往往把事情看成非黑即白，沒有中間地帶，因此在決策或行動的過程中，模糊地帶或未知的變數通常讓他們感到不自在。他們願意制訂並遵守清晰且有助工作有效完成的規則和工作流程。他們具有很高的忠誠度和責任感，與所屬的組織關係密切。

維持現狀

務實果斷型的人喜歡結構嚴謹和目標明確的工作環境。過去的經驗是他們進行分析和做出決定的重要參考要素。他們尊重和提倡「實踐真知」的信念，認為已有的制度和流程能帶來穩定。標準運作流程對於他們來說是合理的事，因此往往會對不守規則的人表示出不耐煩的態度。

對於現有制度或流程的重新設計和改動，務實果斷型的人認為完全是浪費時間和精力，倒不如花時間考慮如何透過規劃完成目標。他們喜歡穩定和一切皆可

掌控，而不是不停變化和太多的不確定性。對於已經存在的一切，他們充其量只不過是做出一些細微的調整。面對冒險，他們則盡可能避免，寧願在穩定、職責清晰的組織裡工作。以下是一名務實果斷型的人對組織架構的看法：「我喜歡嚴密的架構和計畫，少了它們我會覺得迷茫。如果沒有架構和計畫，我會自己制訂出一套。」

　　務實果斷型的人在清晰和明確的目標之下，往往有著出色的表現。過程中，他們不斷運用系統、逐步推進的方式收集相關訊息和資料。他們關注如何讓現行制度和架構發揮最大的效率，而不是質疑、重新設計或改變現有的制度和流程。他們喜歡為他人提供具體訊息或協助他人完成某些具體工作，包括填寫表格、貫徹流程或完成日常工作及安排得井井有條的任務。

　　隨著年齡的增長，在對事實和細節關注之餘，他們也開始學習尋找事情發展的模式及關注未來可能性。透過這種學習，他們將了解如何朝更長期的目標策略性地工作，透過關注更全面且長遠的目標，平衡對當下結果的重視。

完成工作

　　在務實果斷型的人看來，根深蒂固的傳統或儀式是有益的社會傳統。在傳統活動之外，他們很少和別人閒聊，也很少參加社會應酬，因為他們不喜歡浪費時間，更不喜歡漫無目的打發時間。他們毫不動搖地堅守著自己的職業道德，會竭盡全力完成工作。務實果斷型的人非常守時和具有責任心，並希望別人也和他們一樣。

　　維繫計畫進度和對細節的關注，對務實果斷型的人來說很重要，對這類型的領導者來說，工作限期、時間表至關重要。正因為如此，他們自己及其他相關的人往往都為此承受沉重壓力。他們一心想要完成工作，通常具有強烈的可信度與責任感。務實果斷型的人在與別人並肩作戰，朝著目標共同努力的過程中，會認識到通力合作的重要性。但是，他們期望其他人表現出高工作效率和以工作為重的態度，對未如此進行的人往往缺乏必要的耐心。

　　他們慣於為自己和他人設定很高的標準和要求，對自己也具有很高的期望，導致他們有時會肩負太多責任和壓力，做出超越自身能力的承諾。以下是一名

務實果斷型的人的說法：「雖然我擅長管理細節，但有時我真的太忙了。對我來說，要抓住無數事情的細節是很大的挑戰。我不斷地處理一切瑣碎的事。」

務實果斷型的理想工作環境特點

　　關注個人偏好，便可以更準確地找到讓你感到滿足的工作類型。下方歸納和總結了務實果斷型的理想工作環境，各位可以看看哪些描述更適合你。身為務實果斷型的人，我偏愛下列工作環境：

☐ 關注細節，並綜合所有細節，并然有序地組織
☐ 維持工作現狀
☐ 對任務與隊員進行組織與管理
☐ 清晰地界定期望、任務和結果
☐ 與他人進行有效的互動
☐ 建立和遵循標準的操作流程
☐ 在穩定、可預期結果的環境工作
☐ 關注眼前的任務
☐ 實現具體的成果，完成實體產品

▸▸ 務實果斷型有興趣的工作

　　以下是務實果斷型的人可能感興趣的工作。這份清單是參照數據進行歸納，數據顯示，務實果斷型的人從事下述這些行業的機率高於其他行業。這份職業清單依照美國勞工部職涯資訊系統O*NET提供的訊息，歸結出五大類，這些類型的工作對務實果斷型的人來說充滿了吸引力。O*NET是一個龐大的互動性資料庫，專門提供職業相關訊息，用於探討與研究職業選擇。該系統對工作類型進行了劃分，不僅依據工作本身內容，還包含完成該項工作所需的技能，以及需要接受的教育或培訓。各位可以到該網站瀏覽各式羅列的職業或工作類型。該網站也有關於職業的豐富資訊。最後，我們設立了第六類「其他」，涵蓋了該職涯系統劃分的其他工作類型，這些工作同樣可以吸引務實果斷型的人。

解讀職業訊息的關鍵

　　每種職業的編號都包含了一些訊息，幫助各位更容易評估這份職業是否適合自己。

　　🚲＝**綠色經濟職業**：與降低化石燃料的使用、減輕汙染、提高能源效率及提升再生能源使用等領域息息相關。

　　🌼＝**有前景、快速成長的職業**：經濟層面十分重要的行業，這些行業可能實現經濟長期增長，或因為技術與創新而出現劇烈的變化。

　　工作能域＝數字編碼（1～5），總結了想要進入此行業須進行的準備（如教育、培訓或經驗傳授）。數字1～5代表所需要的準備由少到多。

　　職業趣味性＝字母編碼（R、I、A、S、E、C，即：實際、調查、藝術、社會、創業和傳統），代表職業興趣。此部分與美國心理學教授、知名職業指導專家約翰・霍蘭德（John Holland）的職業興趣類型及工作環境（將在第11章仔細描述）一致。

商業與金融操作

會計師 🌼4CE

預算分析師 🌼4CEI

薪酬、福利與工作分析師 🌼4CE

成本預算師 🌼4CE

環境評估檢查人員 🌼4CIR

財務核查師 4EC

保險承銷商 🌼4CEI

信貸主管 🌼3CES

管理分析師 🌼4IEC

獵人頭 🌼4ECS

報稅人員 3CE

批發與零售採購人員 🚲🌼3EC

房地產評估師 🌼4ECR

審計師 🌼4CEI

法令遵循 🌼4CIR

信貸分析師 🌼4CE

金融分析師 🚲🌼4CIE

保險精算師、審查員與調查員
　　🌼3CE

投資承銷商 🚲4CE

物流師 🌼4EC

個人財務顧問 🚲🌼4ECS

採購人員 🌼3CE

培訓與發展專家 🚲🌼4SAC

電腦與數學

保險精算師 ☼4CIE

電腦軟體工程師（應用類）☼4IRC

電腦系統分析師 ☼4ICR

資料庫管理員 ☼4CI

網路系統與數據傳輸分析師 ☼3IC

統計員 5CI

電腦與資訊科學家（研究類）
☼5IRC

電腦軟體工程師（系統軟體類）
🍃☼4ICR

網路與電腦系統管理員 ☼4IRC

營運研究分析師 ☼5ICE

通訊專家 ☼4IC

醫療保健與技術

運動員培訓師 5SRI

家庭醫師與一般醫師 ☼5IS

醫療與臨床實驗室技師 ☼3RIC

醫療紀錄與健康資訊技師 ☼2CE

護理工作者 5SIR

職業健康與安全專家 🍃☼4IC

製藥技師 ☼3CR

娛樂治療師 4SA

牙醫 ☼5IRS

內科醫師 ☼5ISR

醫療與臨床實驗室技術專家
☼4RIC

婦產科醫師 ☼5ISR

藥劑師 ☼5ICS

物理治療師 ☼5SIR

呼吸治療師 ☼3SIR

外科醫師 ☼5IRS

管理

下方清單包含能吸引務實果斷型的人的管理工作。各位會發現很多管理職位都對他們有吸引力。務實果斷型的人會熱衷於眾多工作類型的一線監督或管理的工作。你可能對某個領域的監督與管理職位感興趣。首先可以找出自己感興趣的工作類型，然後在O*NET的「一線監督與管理人員」尋找具體的職業。

行政服務經理 ☼3EC

法令遵循主管 🍃4CER

教育行政人員（國小和國中）☼5SEC

行政長官 ☼5EC

施工經理 🍃☼4ERC

工程經理 🍃☼5ERI

農民與農場主人 🐾3REC

財務經理（分支機構或部門）🌻4EC

喪葬承辦人 3ESC

住宿管理人員 🌻3ECS

醫療保健服務經理 🌻5ECS

物業、房地產與社區協會經理 🌻3EC

採購經理 🌻4EC

物流經理 🐾4EC

財務主管與總監 🌻5CE

財務經理 🌻4CE

餐飲服務經理 🌻3ECR

人力資源經理 4ESC

市場行銷經理 🐾🌻4EC

自然科學經理 🐾🌻5EI

公關經理 🌻4EA

社會與社區服務經理 4ES

培訓與發展經理 4ES

銷售及相關工作

廣告銷售經紀 3ECA

保險銷售經紀 🌻4ECS

房地產銷售代理 🌻3EC

證券與大宗商品銷售代理 🌻4EC

批發與製造業銷售代表 🌻3CE

證券、大宗商品與金融服務銷售代表
　　🌻4EC

展示與產品推銷人員 🌻2ECR

零件銷售人員 2ECR

零售銷售人員 🌻2EC

銷售專家 🌻4ERI

科技產品銷售代表 🐾🌻4EC

其他

　　務實果斷型的人也會對工程設計領域的工作感興趣。以下是對務實果斷型的人具吸引力的工作：航空航太、生物製藥、化學、民事、電腦硬體、電子設備、電器產品、環境、工業、工業安全與健康、材料、機械與石油。務實果斷型的人也對電器工程技師的工作感興趣。

　　生產、營運和產品修理相關的工作中，同樣可以看到務實果斷型的身影。此領域的具體工作包括電腦、自動提款機與辦公設備維修人員；電子產品與電器維修人員；電線安裝與維修人員；通訊纜線安裝與維修人員；電子與電器設備組裝人員；檢查、測試、分揀、樣品檢查員；結構金屬生產與裝配人員。另外還有運

輸工作，因此下列工作會吸引他們，如飛行員、飛機副駕駛、飛行機械師、公車司機、商用飛機駕駛及輪船船長等。

對於務實果斷型的人來說，執法是另一個熱門的職業選擇。他們會對下列工作感興趣：懲教人員與獄警，法庭書記員，法官、治安法官、地方行政長官、律師、救生員、滑雪救護隊成員及其他娛樂設施保護服務工作者、空軍空服員、空軍指揮官與管理中心軍官、軍官特殊與策略行動管理者、警探、巡警、私家偵探與調查員、緩刑犯監督官與矯正治療專家及保全。

以下清單涵蓋了可能吸引務實果斷型的其他工作：

飛機檢修人員 ✿3RCI	收款人 ✿2CE
主廚與行政主廚 ✿3ERA	化學家 🚴✿4IRC
施工與建築監察人員 🍃✿3RCI	施工工人 🍃✿1RC
環境科學家與專家 🍃✿4IRC	食品科學家與技術專家 5IRC
健康教育者 ✿4SE	酒店、汽車旅館與度假村櫃檯人員
人力資源助理 ✿3CES	✿2CES
獄警與清潔工 ✿1RC	微生物學家 ✿5IR
公園自然學家 4SRA	音效工程技師 3RA
	職業教育教師 4S

務實果斷型的技能強項和重要的特點

關注個人偏好，便可以更準確地找到讓你感到滿足的工作類型。下方歸納和總結了務實果斷型的技能強項和重要能力，各位可以看看哪些描述更適合你。身為務實果斷型的人，我具有以下技能強項與重要的能力：

☐ 人員、數據或計畫管理
☐ 觀察
☐ 組織
☐ 分析
☐ 解決實際的問題
☐ 對細節的敏感

□推理
□決策
□時間和目標管理
□評估

▸▸ 務實果斷型的領導者

務實果斷型的人在擔任領導者時，會有獨特的優勢。他們擁有自然獨特的領導方式。

以工作為中心

務實果斷型的人是極具組織能力，並以工作為導向的領導者。在工作中，他們會為下屬訂出明確的發展計畫、職位和職責，並希望下屬嚴格遵守。他們也會提供下屬清晰、明確和詳細的指示。高效是他們最大優勢，如果務實果斷型的人負責一項計畫，大可放心該計畫將如期完成。

清晰的期望和回饋

身為領導者，務實果斷型的人熱衷於制訂清晰的標準和期望。他們始終認為，清晰和具體是幫助他人高效獨立工作的最好方式。他們喜歡找出完成工作的最佳方式，然後制訂循序漸進的規程，以維持標準並捍衛流程。

務實果斷型的人能很快決策，並指出他人工作中的偏差或錯誤。如果他人不能履行職責，完成該達成的工作，他們的批評往往非常嚴厲，尤其是對於不遵守規矩、規則和標準操作流程，並且不斷挑戰和質疑他們領導權威的人。此外，他們也常常會被一些計畫不周的人所激怒。

恪守傳統

務實果斷型的人明白組織中穩定和歸屬感的重要性，因此會設法保留和維持

所謂的傳統和習慣。他們具有很高的忠誠度和奉獻精神。對於組織裡所謂的規則和流程寧願積極推行，而不是提出質疑或改變，尤其是規則和流程符合邏輯和證明有效的情況。他們具有傳統觀念，喜歡層級分明的制度體系，並了解清晰的指令有實際作用。他們認為領導風格應建立在經驗、尊重和權力的基礎上。

務實果斷型領導者的特點

　　關注個人偏好，便可以更準確地找到讓你感到滿足的工作類型。下方歸納和總結了務實果斷型偏愛的領導風格，各位可以看看哪些描述更適合你。身為務實果斷型的領導者，我喜歡：

☐ 關注眼前的工作
☐ 設定高效的程序與標準，並貫徹到底
☐ 一切都井井有條
☐ 制訂清楚的規劃，設定職位與相關職責
☐ 尊重傳統及習慣
☐ 給予清晰、精確和詳細的指示
☐ 重視忠誠度和奉獻精神
☐ 制訂清晰的標準、期望和回饋
☐ 遵守規則和流程
☐ 明確指出工作中的偏差和錯誤
☐ 了解清晰指令對於下屬的作用和意義

▸ 務實果斷型的團隊成員

　　務實果斷型的人認同團隊歸屬感，對於團隊具有很高的忠誠度和奉獻精神。作為合作的團隊成員，當所在的團隊朝著共同目標邁進，並透過共同努力達成目標時，他們會獲得巨大的滿足感。

　　對務實果斷型的人來說，工作團隊必須有實際功能和效率，否則他們會覺得在浪費時間。與能幹和高效的人共事，加上清晰的監管機制，能讓他們發揮最高的工作效率。他們喜歡與他人維持良好的工作關係。在團隊中，他們會毫不猶豫

地與他人分享自己的想法，必要時承擔領導責任，特別是在團隊運行不暢、工作效率陷於低谷的時候。

務實果斷型團隊成員的特點

關注個人偏好，便可以更準確地找出讓你感到滿足的工作類型。下方歸納和總結了務實果斷型所偏愛的團隊工作方式，各位可以看看哪些描述更適合你。身為務實果斷型的團隊成員，我偏愛：

☐ 團隊成員共同努力朝著目標進行
☐ 清晰的工作監管機制
☐ 具有忠誠度與合作精神
☐ 維持工作式的人際關係
☐ 在具備實際功能和高效的團隊中工作
☐ 分享想法，指導別人
☐ 在團隊效率低時，承擔領導責任
☐ 與能幹和高效的人共事

▶ 務實果斷型的學習風格

在經歷周遭事情時，務實果斷型的人會不斷努力嘗試控制、組織和完成目標，對於學習亦是如此。他們非常看重學習所能得到的資訊和專業能力，因此在學習過程他們始終關注獲取具體事實和細節。記憶力和邏輯分析能力是他們的學習優勢，但正因為如此，他們往往缺乏必要的大局觀，尤其是課程太過理論化時，他們會感到比較吃力。對於缺乏實際應用意義的理論，他們會很快感到厭倦。

務實果斷型的人希望學習過程的資訊或數據以符合邏輯、務實有序的方式呈現，否則他們會忍不住想要重新整理，使它們看上去更為合理與有序。但此過程對於他們來說簡直就是浪費時間，他們也會因此質疑老師的能力和專業水準，如不合邏輯、思維混亂或不切實際等。他們更為傾向於組織化和學習目的明確的學習環境。

　　兩種果斷型的人都具有懷疑精神，務實果斷型的人尤其對所獲得數據的精確度很感興趣，常常進一步核實以確保數據來源的準確度和可靠。他們也喜歡透過辯論和競爭提升學習動力，同時對學習過程中的討論抱有極大的興趣。

務實果斷型的學習風格特點

　　關注個人偏好，便可以更準確地找到讓你感到滿足的工作類型。下方歸納和總結了務實果斷型偏愛的學習風格，各位可以看看哪些描述更適合你。
身為務實果斷型的人，我偏愛：
☐ 希望能夠自我掌控，組織完成學習任務
☐ 學習過程的資訊或數據要以符合邏輯和實際的結構呈現
☐ 老師提供清晰的學習指令、結構和明確的期望
☐ 提供精確的數據
☐ 鼓勵辯論和競爭
☐ 發揮記憶力和邏輯分析能力
☐ 有討論學習內容的機會
☐ 明確知道理論和實際應用之間的關係

　　性格偏好跟天生傾向可以作為自我評估的出發點。這一部分的內容，也許某些陳述你可能認可，某些則可能不認同。這樣的反應很常見，因為每個人表達自己性格特徵的方式都不同。閱讀整體概要描述也可以成為職涯發展方向的出發點。現在，你需要進一步自我評估，具體方法就是將這些概要陳述和個人生活結合起來。下方的問題可以幫助你將此部分的內容和自己的具體情況連結。在回顧本章內容的過程中不要忘了在腦中想起這些問題：

- 這種性格的所有特徵是否符合我的真實情況？哪些部分符合？哪些部分不符合？
- 是否有哪個部分的描述對我來說尤為重要或關鍵？
- 我可以將哪些訊息具體實踐，從而決定自己的職涯發展方向嗎？
- 我該如何調整自己的職涯發展方向？哪些方面應該強化？又有哪些方面應

該弱化？

● 在未來工作中，我想將重心放在哪個方面？

各位可能會在此過程中，想用各種方式標注或強調某些部分，也許是想在書頁的空白部分寫些筆記，或製作一系列索引卡，又或在筆記本認真寫下一些筆記。不論採取什麼方式，問題的關鍵在於這些紀錄必須是能夠真實描述你的目前情況。設想自己的理想工作該是如何，有哪些具體的工作內容？有什麼樣的工作環境？工作中會應用到哪些技能？你期盼以什麼方式領導他人或被他人領導？你希望為團隊做出什麼樣的貢獻？你想要以什麼樣的方式不斷學習與成長。

同時也思考一下自己目前的發展階段。你現在利用哪些方法平衡自己的自然工作方式？你是否正在進入新平衡方式的過渡期？切記，每個人的情況都是獨一無二的。以果斷型和分析型的人為例，這兩種類型的人在溝通時喜歡就事論事。但是，他們還是會或多或少地透過移情作用和他人建立連結。這兩種人如果願意花費時間和精力，透過學習且最終從事人事服務工作，他們的做事方式就有可能與在技術領域獨立工作的同種類型人截然不同。

我的關鍵

現在，各位已經做好準備，將自己的自然偏好和具體情況結合起來了。

描述你最想從工作得到什麼。不要單純羅列一系列工作，將重點放在說明自己的個人偏好。

了解自己的工作偏好之後，可以直接閱讀「ENTJ」性格類型的介紹。如果各位有興趣培養基於價值觀的決策方式，更應如此。如果你已經準備好透過評估自己的價值觀、生活方式和局限，繼續完成職業規劃，可以直接跳到第11章。

洞察果斷型（ENTJ）的工作方式

「讓我們完成這件事！」

最新研究顯示，美國成年人洞察果斷型（ENTJ）約占1.8%。洞察果斷型的主要特徵是，決策時會融合自己對於未來發展模式和潛在可能性的展望。他們熱衷於基於長遠的目標，運用有效策略建立、改進工作架構和系統。他們的這種偏好無疑對於制訂長遠目標和計畫特別有用。

在朝著願景努力前行時，洞察果斷型的人會精力充沛地透過積極主動的行動，保證訂定具有可行性的計畫並加以貫徹執行。在此過程中，他們希望能主導自己的工作，同時希望能指引他人完成計畫。他們職業生涯的主題大多集中在如何合理組織人和資源、推動改革、建立制度、管理體系和流程等領域。

由於借助對決策的想像力和對長遠規劃的展望能力，平衡自己決斷的個性，他們最初表達出來的果斷型工作方式，與務實果斷型有很大不同，然而，務實果斷型的人在步入中年後，會發現這種基於願景的決策方式，恰好是他們提升和成長的方向。

▶ 洞察果斷型做什麼最自然

複雜又具挑戰性

洞察果斷型的人熱衷於挑戰有難度且複雜的工作，享受在參與複雜項目過程中有效處理各種複雜情況的成就感。他們懂得如何顧全大局，尤其喜歡率領他人朝著策略目標共同前進。

他們會設法在組織或團隊中不斷提升自我，尤其喜歡扮演掌控者的角色。他們具有很強的獨立性，不喜歡受人管轄，時常對所謂權威表示自己的質疑。如果一定要為某人工作，上司必須具有相當的專業能力和淵博的知識，才能贏得他們足夠的尊重。以下是一名洞察果斷型的心聲：「我不喜歡別人告訴我要做什麼或怎麼做。」

洞察果斷型的人會努力拓展自己的知識面，提升自己的專業能力。他們能很

快地察覺不同事物之間的關聯，並對缺乏這種能力的人嗤之以鼻。在學習時，他們專心致志，尤其是整合訊息或數據時更加聚精會神。

改進系統和流程

洞察果斷型的人關注模式或可能性，而不是事實和細節。正因如此，他們喜歡作為掌控者，領頭改善和提升現有的制度體系和流程，讓整個系統變得更有效率和組織性。當然他們並不是天生的破壞者，對於合理和有效的流程，一樣會表示相當的重視和遵循。然而，當事實並非如此時，他們就會毫不猶豫地做出改變。他們似乎不會完全拋棄舊的架構，只是進行精簡或重新設計。

建立長期願景，並朝此願景努力是洞察果斷型的人的主要特徵。比起務實果斷型的人，他們更關注改善和提升現有的制度、模式和流程。他們熱衷於從宏觀角度出發，對現有的事物做出評估，並努力透過改變舊方法，並建立新方法以完善，從而提升工作效率。以下是一名洞察果斷型的人描述他在引導大家關注未來時遇到的挫折：「工作中，我遇到的最大挑戰就是如何讓大家看到行動的長遠結果。我可以清楚地看到他們現在的行動將帶來的問題。有時我覺得自己不得不揮手吶喊，你們這樣做很危險，難道你們看不到嗎？！」

掌控一切

我們不難在領導職位看到洞察果斷型的身影。他們喜歡主導一切，管理風格富有決斷力和效率。對於能力稍遜的人或浪費時間與精力的行為，往往覺得難以忍受。他們認為任何事情都是可以改善，為了實現這個目標，他們會不斷尋找、削減或改進工作中低效或浪費資源的流程和系統。他們喜歡成為主導者，指導和分配他人工作。他們會不自覺地跳出來擔任領導角色，並希望其他人會跟隨他們。這種對目標過於關注的特徵，往往會讓其他人覺得他們過於挑剔或只顧工作。

身為主導者，他們的溝通方式清楚、明確而直接。他們並不忌諱做出艱難的決定，然後堅定地支持該決定。一名洞察果斷型的人說：「別人可以毫無保留地與我溝通。當我看到什麼不對勁，會說出來讓大家注意。對我來說，開誠布公直接面對問題很重要。」

在須要長期策略規劃能力的領導者職位上，洞察果斷型的人也非常普遍。他們喜歡不斷取得進步，同時隨著自己的進步逐步承擔更艱鉅的責任。

洞察果斷型的人也喜歡有機會運用邏輯分析能力解決問題的工作，尤其是同時能提供高度自主決策和行動權的工作。另外，他們也喜歡與優秀卓越、以目標為導向的人共事，尤其是在架構明確、重視結果和推崇個人獨立性的工作環境。

洞察果斷型的理想工作環境特點

關注個人偏好，便可以更準確地找到讓你感到滿足的工作類型。下方歸納和總結了洞察果斷型的理想工作環境，各位可以看看哪些描述更適合你。

身為洞察果斷型的人，我偏愛下列工作環境：

☐ 工作複雜且多元
☐ 重視改變與改善
☐ 有機會擔任指揮者和策畫者
☐ 解決複雜問題
☐ 有領導他人和自我提升的機會
☐ 提供把想像轉化為行動的空間
☐ 重視能力與成果
☐ 工作內容涉及長遠規劃和決策

▶ 洞察果斷型有興趣的工作

以下是洞察果斷型的人可能感興趣的工作。這份清單是參照數據進行歸納，數據顯示，洞察果斷型的人從事下述這些行業的機率高於其他行業。這份職業清單依照美國勞工部職涯資訊系統O*NET提供的訊息，歸結成五大類，這些類型的工作對洞察果斷型的人來說充滿了吸引力。O*NET是一個龐大的互動性資料庫，專門提供職業相關訊息，用於探討與研究職業選擇。該系統對工作類型進行了劃分，不僅依據工作本身內容，還包含完成該項工作所需的技能，以及需要接受的教育或培訓。各位可以到該網站瀏覽各式羅列的職業或工作類型。該網站也

有關於職業的豐富訊息。最後，我們設立了第六類「其他」，涵蓋了該職涯系統劃分的其他工作類型，這些工作同樣可以吸引洞察果斷型的人。

解讀職業訊息的關鍵

　　每種職業的編號都包含了一些訊息，幫助各位更容易評估這份職業是否適合自己。

　　✿＝綠色經濟職業：與降低化石燃料的使用、減輕汙染、提高能源效率及提升再生能源使用等領域息息相關。

　　✿＝有前景、快速成長的職業：經濟層面十分重要的行業，這些行業可能實現經濟長期增長，或因為技術與創新而出現劇烈的變化。

　　工作能域＝數字編碼（1～5），總結了想要進入此行業須進行的準備（如教育、培訓或經驗傳授）。數字1～5代表所需要的準備由少到多。

　　職業趣味性＝字母編碼（R、I、A、S、E、C，即：實際、調查、藝術、社會、創業和傳統），代表職業興趣。此部分與美國心理學教授、知名職業指導專家約翰・霍蘭德（John Holland）的職業興趣類型及工作環境（將在第11章仔細描述）一致。

商業與金融操作

　　洞察果斷型的人對這類工作都有興趣，以下羅列了這類的工作清單。他們對許多商業與金融操作領域的領導職位都會感興趣，包括薪酬與福利經理、財務經理、採購經理、培訓與發展經理。

會計師 ✿4CE

審計師 ✿4CEI

預算分析師 ✿4CEI

薪酬、福利與工作分析專家 ✿4CE

法令遵循 ✿4CIR

成本預算師 ✿4CE

信貸分析師 ✿4CE

金融分析師 ✿✿4CIE

人力資源、培訓與勞動力關係專家 4ESC

保險精算師、審查員與調查員 ✿3CE

物流師 ✿4EC

會議與活動規劃師 ✿4ECS

獵人頭 ✿4ECS

培訓與發展專家 ✿✿4SAC

批發與零售採購人員 ✿✿3EC

信貸主管 ✿3CES

管理分析師 ✿4IEC

個人財務顧問 ✿✿4ECS

報稅人員 3CE

教育、培訓與圖書館

洞察果斷型的人會對形形色色的高等教育工作感興趣，包括農業科學、人類學與考古學、大氣科學、地球科學、海洋科學、太空科學、生物科學、化學、電腦科學、環境科學、地理、數學、物理、政治學、社會學與職業教育。同樣地，他們也會對高等教育、小學、國中或學前和幼兒園，以及看護項目的教育管理工作感興趣。吸引他們的教育、培訓與圖書館職位如下。

成人文學教師與講師 ✿4SAE

輔導員 ✿5SIE

圖書管理員 ✿5CSE

圖書管技術員 ✿5CSE

高中教師 ✿4SAE

國小教師 ✿4SAC

幼兒園教師 ✿4SA

國中教師 ✿4SA

自我進修教育教師 ✿3SAE

教師助理 ✿3SC

醫療保健與技術

牙醫 ✿5IRS

內科醫師 ✿5ISR

護理工作者 5SIR

婦產科醫師 ✿5ISR

兒科醫師 ✿5IS

製藥技師 ✿3CR

放射科技師 ✿3RS

護理師 ✿3SIC

家庭醫師與一般醫師 ✿5IS

醫療與臨床實驗室技術專家
✿4RIC

病理學家 ✿5IR

藥劑師 ✿5ICS

物理治療師 ✿5SIR

精神科醫師 ✿5ISA

外科醫師 ✿5IRS

獸醫技術專家與技師 ✿3RI

管理

　　下方清單包含能吸引洞察果斷型的人的管理工作。你會發現很多管理職位都對你有吸引力。洞察果斷型的人會熱衷於眾多工作類型的一線監督或管理的工作。你可能對某個領域的監督與管理職位感興趣。首先可以找出自己感興趣的工作類型，然後在O*NET的「一線監督與管理人員」尋找具體的職業。

行政服務經理 🌼3EC

行政長官 🌼5EC

施工經理 🚲🌼4ERC

一般與營運經理 🍃🌼3ECS

人力資源經理 4ESC

立法人員 4ES

物流經理 🚲4EC

醫療保健服務經理 🌼5ECS

物業、房地產與社區協會管理人員
　　🌼3EC

社會與社區服務經理 4ES

財務主管與總監 🌼5CE

廣告與推廣經理 🌼4EAC

電腦與資訊系統經理 🌼4ECI

餐飲服務經理 🌼3ECR

綠色行銷人員 🚲🌼4EC

工業生產經理 🚲3EC

住宿管理人員 🌼3ECS

市場行銷經理 🚲🌼4EC

自然科學經理 🚲🌼5EI

公關經理 🌼4EA

採購經理 🌼4EC

運輸、存儲與配送經理 🌼4EC

銷售及相關工作

廣告銷售代理 3ECA

展示與產品推廣人員 🌼2ECR

房地產銷售經紀 🌼3EC

銷售專家 🌼4ERI

技術與科學產品銷售代表
　　🚲🌼4EC

電話行銷人員 2EC

收銀員 1CE

保險銷售經紀 🌼4ECS

零售銷售人員 🌼2EC

證券與大宗產品銷售代理 🌼4CE

批發與製造業銷售代表 🌼3CE

證券、大宗商品與金融服務銷售代
　　理 🌼4EC

其他

洞察果斷型的人也會對工程設計領域的工作感興趣。下列是對洞察果斷型的人有吸引力的這類工作，包括航空、生物製藥、化學、民事、電腦硬體、電腦軟體、電子設備、電器產品、環境、工業、工業安全與健康、材料、機械、石油、產品安全與機器人技術。洞察果斷型的人同樣會對電器工程技師的工作感興趣。他們會希望得到工程設計領域的領導職位。

電腦與通訊領域的工作同樣吸引洞察果斷型的人，包括電腦與資訊科學家；電腦支援專家；電腦系統分析師；資料庫管理員；網路與電腦系統管理員；網路系統與資訊傳輸分析員；通訊專家；電子設備與電器產品組裝人員；電腦、提款機與辦公器材維修人員；電子設備與電器產品維修人員；通訊設備安裝與維修人員；通訊纜線安裝與維修人員。

如果你是有創意天分的洞察果斷型，可以考慮以下職位：編輯、藝術家、平面設計師、室內設計師、多媒體藝術家與動畫師、攝影師、製片人與導演、節目導演、公共關係專家、記者與通訊人員，以及作家與作者。

洞察果斷型的人同樣會對很多專業領域的科學家工作感興趣，包括生物科學家與生物物理學家、生物學家、化學家、臨床心理學家、諮商心理學家、經濟學家、環境科學家與專家、食品科學家、醫療科學家、微生物學家、政治學家、教育心理師、地球科學家、行業組織心理學家、土壤與植物科學家。在此領域，他們同樣可能想成為生物學技師、食品科學家與技術專家。

以下包括了可能會吸引洞察果斷型的其他工作類型：

保險精算師 ✿4CIE	飛機駕駛、副駕駛與飛機技師 ✿4RCI
建築師 🌿✿5AI	
主廚與行政主廚 ✿3ERA	木匠 ✿2RCI
商業與工業設計師 🌿✿4AER	神職人員 5SEA
行政秘書與行政助理 ✿3CE	懲教人員與獄警 3REC
人力資源助理 ✿3CES	理髮師、髮型師與化妝師 3AES

法官、地方法官與地方行政長官 5ES

獄警與清潔工 🌼1RC

救生員、滑雪救護隊成員與其他娛樂設施保護服務工作 🌼1RS

律師 🌼5EI

醫療保健與公共健康社會工作者 🌼5SI

心理健康諮詢師 🌼5SIA

空軍空服員 2CR

軍隊指揮官與控制中心軍官 2CR

營運研究分析師 🌼5ICE

律師助理與法律助理 🌼3CIE

巡警 🌼3REC

保全 🌼2RCE

城市與地區規劃 🐦🌼5IEA

洞察果斷型的技能強項和重要的特點

　　關注個人偏好，便可以更準確地找到讓你感到滿足的工作類型。下方歸納和總結了洞察果斷型的技能強項和重要的能力，各位可以看看哪些描述更適合你。身為洞察果斷型的人，我具有以下技能強項與重要的能力：

☐ 領導
☐ 分析
☐ 決策
☐ 設計
☐ 調動資源以實現長期目標
☐ 解決問題
☐ 達成結果
☐ 策略規劃
☐ 長期規劃
☐ 說服他人

▸▸ 洞察果斷型的領導者

　　洞察果斷型的人在擔任領導者時，會有獨特的優勢。他們擁有自然獨特的領導方式。

天生的領導者

正如我們所見，洞察果斷型的人受領導角色深深吸引。基於以任務和目標為導向的特徵，他們或許會對謀取共識和協議的過程感到不耐煩，而寧願透過指揮和控制的方式領導。同時由於個人的獨立性，他們傾向於將工作分成不同部分，希望每個人都有能力獨立完成任務。他們認為下屬理所當然地在規定的限期內完成屬於各自任務。因此，當發現下屬能力不足或過於依賴他人時，他們會感到非常不滿。身為領導者，他們具有很高的工作效率，決策果斷，能好好完成工作任務。

改革推動者

洞察果斷型的人會善用組織已有的管理體系和資源，成為改革的推動者。雖然似乎不太喜歡冒險，但他們十分重視結果和問責，透過完善既有的管理體系和制度，他們無疑是帶領組織向前邁進的合適角色。但是，如果現有系統不夠好，他們就會重新設定調整。洞察果斷型的人會為長期改革設定願景，然後付出龐大心力讓願景實現。

洞察果斷型領導者的特點

關注個人偏好，便可以更準確地找到讓你感到滿足的工作類型。下方歸納和總結了洞察果斷型偏愛的領導風格，各位可以看看哪些描述更適合你。身為洞察果斷型的領導者，我喜歡：

☐ 指揮別人
☐ 控制項目
☐ 專注於實現長期目標
☐ 獨立工作
☐ 成為改革推動者
☐ 重視結果和問責制度
☐ 給予他人獨立工作的空間
☐ 帶領組織向前邁進
☐ 與具有專業能力的人合作

□完善既有架構和制度
□認為下屬理當在規定的期限完成自己的任務

▶▶ 洞察果斷型的團隊成員

　　洞察果斷型的人善於分析、組織和解決問題，因此對團隊往往有很大的貢獻。只要團隊能一心朝著目標前進，他們便會非常看重團隊貢獻。他們喜歡推動事情進展，經常帶頭採取必要的行動。雖然他們不能接受他人能力不足或無法達到預期標準，但他們對於團隊成員的多元化具有很好的接受度。對於他們來說，完成任務才是最終目標，而團隊和合作只是完成任務的手段，除非團隊能提升組織營運的效率，否則團隊本身毫無價值可言。

　　洞察果斷型的人具有激勵他人的極佳技巧和能力，但是他們不願意花不必要的時間，向他人解釋事情背後的根據，因為他們認為這種解釋無疑會拖慢行動，也許會使任務難以在規定時間內完成。正因為如此，他們的溝通往往過於以工作為重，而不是以人為本。他們喜歡控制和指揮團隊，而不是鼓勵或激勵他人。對他們來說，被視為能幹比起受人歡迎更加重要。以下是一名洞察果斷型的人的心聲：「我寧願得到別人的尊敬，而不是被愛戴。」

洞察果斷型團隊成員的特點

　　關注個人偏好，便可以更準確地找到讓你感到滿足的工作類型。下方歸納和總結了洞察果斷型偏愛的團隊工作方式，各位可以看看哪些描述更適合你。身為洞察果斷型的團隊成員，我偏愛：

□運用自己的分析、組織和解決問題的能力為團隊做出貢獻
□希望團隊集中精力，奮力達成目標
□喜歡推動事情的進展，經常帶頭主動採取行動
□激勵他人朝著一個目標努力
□通常會擔任團隊領導與指揮者

□ 接受團隊成員的多元
□ 認為被視為能幹比起受人歡迎更重要
□ 對於能力差的人缺乏必要的容忍度

▶ 洞察果斷型的學習風格

洞察果斷型的人喜歡獲取有關理論和概念的知識，以及如何使用精確的語言和概念。他們對於具有高度複雜的知識抱有濃厚的興趣，時常被新概念或未來可能性的展望激發起學習動力。他們甚至時常為一個詞語的精確語義而爭辯，並尋找機會討論或辯論。

在學習過程中，洞察果斷型的人希望了解理論和概念背後的邏輯構架。在構建事實和理論之間的連結時，所有收集的訊息都必須經過邏輯構架的檢驗，因此他們往往會質疑訊息的可靠性，並努力查證來源是否可靠。他們把站在行業潮流前端，視為自己能力的重要表現。對於學習，他們認為必須確保所學是經過驗證，而他們的老師必須具有卓越的專業能力。一名洞察果斷型的人如此描述他的學習偏好：「我不喜歡盲目輕信或接受所謂的權威。我喜歡透過直接研究，得出自己的結論。我總是批判性地分析我所看到和聽到的事物。」

洞察果斷型的人喜歡目標清晰的學習環境，然而，一旦確認了學習目標，他們便會設法影響或控制所處的學習環境。他們頗具條理，會設定自己的短期和長期學習目標，具有濃厚的學習競爭意識，渴望明確了解如何才能精益求精。在課堂中，他們是關注如何獲得高分的一群人。

洞察果斷型的學習風格特點

關注個人偏好，便可以更準確地找到讓你感到滿足的工作類型。下方歸納和總結了洞察果斷型偏愛的學習方式，各位可以看看哪些描述更適合你。身為洞察果斷型的人，我偏愛：

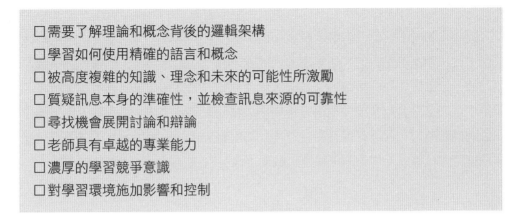

□需要了解理論和概念背後的邏輯架構
□學習如何使用精確的語言和概念
□被高度複雜的知識、理念和未來的可能性所激勵
□質疑訊息本身的準確性，並檢查訊息來源的可靠性
□尋找機會展開討論和辯論
□老師具有卓越的專業能力
□濃厚的學習競爭意識
□對學習環境施加影響和控制

　　性格偏好跟天生傾向可以作為自我評估的出發點。這一部分的內容，也許某些陳述你可能認可，某些則可能不認同。這樣的反應很常見，因為每個人表達自己性格特徵的方式都不同。閱讀整體概要描述也可以成為職涯發展方向的出發點。現在，你需要進一步自我評估，具體方法就是將這些概要陳述和個人生活結合起來。下方的問題可以幫助你將此部分的內容，和自己的具體情況連結。在回顧本章內容的過程中不要忘了在腦中想起這些問題：

- 這種性格的所有特徵是否符合我的真實情況？哪些部分符合？哪些部分不符合？
- 是否有哪個部分的描述對我來說尤為重要或關鍵？
- 我可以將哪些訊息具體實踐，從而決定自己的職涯發展方向嗎？
- 我該如何調整自己的職涯發展方向？哪些方面應該強化？又有哪些方面應該弱化？
- 在未來工作中，我想將重心放在哪個方面？

　　各位可能會在此過程中，想用各種方式標注或強調某些部分，也許是想在書頁的空白部分寫些筆記，或製作一系列索引卡，又或在筆記本認真寫下一些筆記。不論採取什麼方式，問題的關鍵在於這些紀錄必須是能夠真實描述你的目前情況。設想自己的理想工作該是如何，有哪些具體的工作內容？有什麼樣的工作環境？工作中會應用到哪些技能？你期盼以什麼方式領導他人或被他人領導？你

希望為團隊做出什麼樣的貢獻？你想要以什麼樣的方式不斷學習與成長。

同時也思考一下自己目前的發展階段。你現在利用哪些方法平衡自己的自然工作方式？你是否正在進入新平衡方式的過渡期？切記，每個人的情況都是獨一無二的。以果斷型和分析型的人為例，這兩種類型的人在溝通時喜歡就事論事。但是，他們還是會或多或少地透過移情作用和他人建立連結。這兩種人如果願意花費時間和精力，透過學習且最終從事人事服務工作，他們的做事方式就有可能與在技術領域獨立工作的同種類型人截然不同。

我的關鍵

現在，各位已經做好準備，將自己的自然偏好和具體情況結合起來了。

> 描述你最想從工作得到什麼。不要單純羅列一系列工作，將重點放在說明自己的個人偏好。
>
> _____
>
> _____

了解自己的工作偏好之後，可以直接閱讀「ESTJ」性格類型的介紹。如果各位有興趣培養基於價值觀的決策方式，更應如此。如果你已經準備好以評估自己的價值觀、生活方式和局限，繼續完成職業規劃，可以直接跳到第11章。

貢獻型：溝通與合作

——性格類型：ESFJ 和 ENFJ

身為小學老師，我的工作是愛與教學的結合。對我來說，了解我對孩子們的成長有重大影響相當重要。每天走進教室，我都能感覺到我所做的事將影響孩子們的一生。我視自己的工作為極大的榮譽和責任。

——一名貢獻型的人

最新研究顯示，美國成年人貢獻型約占14.8%。他們凡事親力親為，全情投入。他們熱衷於與人溝通和合作，為他人提供必要的幫助。他們希望能與人分享自己的價值觀和感受。出於對了解和支持他人的熱愛，他們性格開朗熱情，喜歡給予和接受積極正面的回饋，是團隊的中堅分子，由衷地熱愛團隊合作。他們喜歡把人或組織協調統合，展開不同的活動和計畫，營造互動和合作的機會。溝通和合作是貢獻型的人最自然的工作方式。

貢獻型的工作方式

▶▶ 貢獻型做什麼最自然

構建和諧的人際關係

貢獻型的人喜歡參與各種能與他人互動的活動，重視和樂於與周圍的人對話。對他們來說，討論和對話是收集、了解以及梳理他人感受和意見的最重要訊息來源，這些訊息是他們用來協助他人更有效一起工作或滿足他人需要的主要工具。貢獻型的人善於以人性化且講求策略的方式與他人溝通，在他們眼中，並肩作戰與通力合作具有重要意義。他們能在很短的時間內，對別人的情緒感同身受。貢獻型會被能為人服務的工作所吸引，因為這些工作可提供大量與人溝通和幫助他人的機會。他們也非常喜歡和擅長銷售與服務客戶等工作。在必須與他人大量互動或直接和人面對面接觸的環境中，他們往往表現活躍。

貢獻型的人注重建構和維持良好的人際關係。他們會很自然地關心他人，並希望取悅別人。他們亦會努力維護個人、社區和社會的價值，非常認同和重視自

己擔任的社會角色，全心全意為大眾服務，將為他人提供無微不至的關懷和照顧視為自己的責任。以下是一名貢獻型的人描述他的服務理念：「我喜歡與客戶建立良好關係。傾聽他們的需要，並提供可行的解決方案。根據我的經驗，我發現許多供應商往往太渴望銷售產品，而忘了花時間弄清楚客戶想要什麼。」

身為貢獻型的人，在規劃理想的職業發展路徑時，可以應用自己與生俱來的性格傾向給予別人認可、支持與幫助。尋找各種方式肯定自己與他人的成功，與積極向上、樂於助人的人並肩作戰。在這樣相互肯定與支持的環境工作，就能得心應手地使用自己的自然工作方式了。

詮釋自我價值觀

貢獻型的人處世態度主動、果斷，具有鮮明的個人風格。他們做決定時會透過評估和判斷對他人的影響，並秉持人的價值觀。這種方式雖然看似隨意而感性，但正如邏輯分析般，其實具有系統性和可預測性。例如，他們或許會在路途選擇停下幫助一隻受傷的小狗，即使如此的決定會導致來不及趕赴早已安排的約見，但此決定出於善待動物和尊重生命的價值觀。一旦再遇到類似情境時，我們不難預測他會採取什麼行動。

貢獻型的人熱情友善，時常公開表達自己的情緒。他們渴望維持和諧的社會環境，因此通常只表達正面而非負面的情緒。他們喜歡鼓勵別人，及時給予他人讚許和正面回饋，而自己在接受他人的正面回饋時也會大受鼓舞，就像別人如果用語言和行動表達欣賞時，他們同樣會表現雀躍。

對貢獻型的男性而言，這種熱情和善於表達的性格有時會讓他們覺得窘迫，因為傳統社會的認知是男性不善於表達感情。因此，貢獻型的男性必須在滿足他人期望和表達自己之間取得一定的平衡，而在面對必須界定與他人的互動程度和方式時，這點無疑是個挑戰。

營造和諧氣氛

貢獻型的人天性喜歡營造和維持團隊的和諧氣氛。他們熱衷與人溝通合作，表達自己支持、服務或擁護，並積極幫助他人實現目標。他們通常積極樂觀，在

團隊中表現積極活躍，以確保所有組員都能被包容和接受。

不管他們選擇什麼職業，最重要的是講求相互支持與氣氛和諧的工作環境，在這樣的環境中，員工的努力會受到重視、認可和鼓勵。對他們而言，身處環境的氣氛和士氣，對工作效率會產生極大的影響。他們希望能公開表達自己，也渴望得到他人正面回饋。所謂辦公室政治和暗箱操作之類的事情都會讓他們感到沮喪。以下是一名貢獻型人的心聲：「對我來說，與我共事的人和從事的工作一樣重要，甚至更加重要。我覺得我無法在衝突不斷、缺乏信任或勾心鬥角的環境中工作。」

合力完成

貢獻型的人享受快速決策與反應的工作環境，這是因為果斷和以工作為重的性格，尤其熱衷於籌劃、組織和協調工作。在必須跟進工作時，他們往往表現得勤懇和堅持不懈。他們喜歡凡事井井有條，明確決定和圓滿解決問題時是他們感覺最好的時候。雖然他們善於理解和幫助而不是批評，但如果他人不能在限期內完成工作，他們也會表現得極不耐煩。

貢獻型的人喜歡參加不同類型的社會組織。他們是天生的組織者，喜歡策畫大家共同參與、對大家有益的各種活動。他們也是值得信賴和負責任的同事，會盡可能與他人協調完成交付的工作。一名貢獻型的人如此描述她在團隊中扮演的角色：「我會盡可能讓每個人開心，使團隊中每個人朝著同一方向努力。我花了很多精力調解衝突，確保所有人都步伐一致。」

為了獲得職業滿足感，貢獻型的人須千方百計地與他人通力合作。作為貢獻型的人，你應該盡力投入扮演社區志願者、家庭成員、導師、教師、領導者或學習者的身分，培養自己的工作關係，創建四通八達的人際關係網絡。

對於貢獻型的人來說，時間管理與工作管理是得心應手的事情。想辦法利用自己有條不紊的做事方法規劃自己的職業。規劃、協調、組織與安排等工作都可以讓你發揮自己的自然傾向。你會發現，如果自己參與的計畫需要有人做好組織工作才能達到成果，就會自然而然地全力以赴。對於貢獻型的人來說，自然的工作方式同時結合了對結果的關注及對人的關懷，這樣的組合無懈可擊。貢獻型的

人在竭盡全力地完成任務的同時，總是最能激發他人的潛力。

奉獻社會

貢獻型的人常透過自己的工作和扮演的社會角色定義自己，即在工作或社會活動中是否符合社會期望，不論身為父母、社區成員、工作人員或配偶，同時，這也是他們評價他人的標準。他們經常積極參與社會服務，下方是一名貢獻型的人分享她參與社區環保組織的經歷：「我非常關注環境議題，於是我把大部分時間都花在改善城市環境的工作。有時，如果我沒有清潔再利用某些罐子，或我不小心使用了一次性的杯子，都會產生一種罪惡感。我對自己要求甚高。」

貢獻型的人渴望追求理想，忠誠而樂於奉獻。他們時刻關注和促進和諧的社交關係，然而這有時會讓他們不堪重負。例如，他們偶爾會覺得如果自己沒有照顧應該照顧的人或事、參加應該參加的活動、承擔額外的責任，甚至沒有記住別人的生日等等，或許會讓其他人失望。他們凡事都會首先考慮別人的需求，這無疑會給自己帶來很大壓力。面對這種完全因為自己的問題造成的困境，他們還是不願表達自己的不滿，目的就是避免傷害任何人。

貢獻型的自然工作方式特點

貢獻型的人在運用自然工作方式時具有最好的表現。了解你的不同偏好，就可以更準確地評估什麼工作方式才會讓自己獲得滿足感。下方歸納和總結了貢獻型的性格特點和工作偏好，各位可以看看哪些描述更適合你。身為貢獻型的人，我在下列方面表現最好：

☐ 溝通和互動
☐ 秉持樂於合作的態度與他人通力合作
☐ 計畫和組織工作
☐ 協調不同團隊的人
☐ 建立相互信任
☐ 幫助其他人更有效合作
☐ 建立人際關係

□ 承擔幫助他人的責任
□ 公開表達自己的感情和價值觀
□ 積極參與培育組織與團隊
□ 服務、支持、協助和指導他人
□ 在與自己價值觀一致的領域工作
□ 自己的努力得到別人的重視
□ 讓別人看到自己是負責而可靠的人
□ 給予他人正面的回饋和鼓勵

我的關鍵

　　回頭看看貢獻型自然工作方式的特點清單，以你勾選出的特點，在下方空白處填上你的個人工作方式摘要。如此有助於明確了解自己想要在工作中從事什麼具體活動，以及什麼樣的工作環境最能與你契合。當然，也可以添加清單中未提及的特點。

我最重要的工作偏好是：

_____

_____

貢獻型如何減輕工作壓力

　　透過本章前面的內容，已經確定了自己的性格類型如何與偏好的工作活動及工作風格連結起來。考慮一下什麼工作內容和環境會讓貢獻型的人感到壓力重重或覺得不適合，這點相當必要。每個人都會在某段時間內從事自己並不喜歡的工

作，但如果長時間從事自己沒有興趣的工作，就可能造成工作壓力或不滿情緒。

　　這裡會著重指出貢獻型的人可能出現哪些工作壓力。在閱讀的過程中，可以想想自己目前的工作是否包含了書中的描述。如果是，就須要思考一下，該以哪些方式改變某些工作內容，或採取一些盡可能緩解壓力的辦法。了解工作讓自己產生壓力的要素，可能幫助你明確了解哪些工作選擇不適合自己，然後避開這些工作。

　　對貢獻型的人來說，對於成員做出的貢獻視而不見的工作環境，會讓他們感到壓力重重。競爭激烈、辦公室政治和過度任務導向的環境，會讓貢獻型的人覺得員工不被重視。面對這樣的狀況，貢獻型的人無法發揮與人協作和充滿人文關懷的工作方式，因此不能如魚得水地工作。貢獻型人如果在這種環境中工作，需要設法接觸和結交同樣看重合作的人。但是，如果公司推崇的工作方式與你的核心價值觀格格不入，你可能就必須考慮換工作了。

　　貢獻型的人會因為正面回饋與鼓勵而迸發能量。另外，他們對於漠視人的因素、且回饋是以批評為主的工作環境，有一種與生俱來的牴觸情緒。雖然貢獻型的人通常可以遊刃有餘地處理人際關係，也願意主動了解各式觀點，但面對衝突與對立，他們還是會覺得有些喘不過氣，在還沒有找到解決辦法的情況下更是如此。在這種情況下，強調相互尊重和雙贏的解決衝突過程，對於存在異議的談判很有幫助。

　　面對改變，貢獻型的人會想要確認，所有改革都時時將相關人員的需要放在心裡。如果貢獻型的工作環境在推進組織改革的過程中，過分強調財務的收益和邏輯依據，他們就想反對該項改革。貢獻型的人想要聽到的是在推進改革的過程中，會如何照顧與滿足相關人員的需求。但是，為了確保受到影響之人都有得到全面照顧，他們可能因此很疲憊。有時，貢獻型的人必須採取更包容的方式，並且了解從邏輯出發的決策並不意味著就是對人的傷害。

貢獻型的職業和人生發展策略

接下來我們將介紹貢獻型的人生，能如何從職涯獲得最大收穫，除了包括改

善職涯規劃的兩個方向，同時也提供了一些實際的建議，幫助讀者更有效地規劃職業發展路徑。另外，也有較為個人客製化的方面。從以上內容與待發展的方面綜合出發，找出可將現有職場表現推向更上一層樓的方式，以及如何實現個人生活的改善，並達到充分的滿足感。

▸▸ 決策時注重邏輯性

貢獻型的優點之一就是他們在制訂決策的過程中，會考慮個體的需求與情況。但是，在決策時，還須從邏輯的角度出發，考量決策會帶來的影響與產生的結果，這一點對規劃自己的職業路徑很重要。信心滿滿地採用帶有個人偏好的方式衡量所有的可選方案，在此基礎上確定你的決定對自己及家人的重要性。利用這種方式的同時，還要從客觀的角度出發，透過進一步的邏輯分析，看決策會帶來怎樣的影響與後果。

貢獻型的人是天生的行動派，總是迫不及待地將工作畫上句號。雷厲風行的決策方式可能給他們帶來困難，尤其可能單純地從價值觀角度做出決定。如果你在決定職涯方向的過程中，照顧自己高張漲的熱情同時還能兼顧客觀因素，就會做出更好的決定。當借助邏輯分析後，貢獻型的人可以避免發生後悔的狀況。一名貢獻型的人講述了自己的經歷：「我曾經只是因為人際關係的衝突就義無反顧地辭掉了一份工作，這樣的決定只有一個結果，就是實實在在地傷害了自己。如果有重來的機會，我一定會以截然不同的方式處理這件事情。」

這種在情感與客觀考量之間的平衡至關重要，如果做的決定與情感相關，或在情感充沛時發生，這種平衡的意義更加重要。從主觀角度出發做出的倉促決定，可能只會聚焦於價值觀與個人影響。但是，無論是從短期或長期來看，所做的決策都可能產生重大的情感、實踐和邏輯結果。

決策時注重邏輯性的建議

- 決策過程中，要停下腳步認真思考各種備選方案的優劣。詳細羅列出來，然後以客觀的眼光逐條審視。
- 仔細思考決策的每種可能解決或備選方案，直到透過邏輯分析得出結論。

重視自己的決定會帶來的長期與短期影響。

- 確保自己在決策過程考慮的備選方案不僅照顧自己的情感，同時合情合理。
- 想像如何對那些從邏輯角度處理問題的人解釋自己的決定。對方會提出什麼問題？而你又會給出什麼答案？
- 如果當時過於情緒化或心情沮喪，不妨延後做出決定。抽出時間從邏輯角度出發，思考和分析自己當下的感受。

▶ 滿足自己的需求

貢獻型的人總是忙於滿足每個人的需要，反而忽略自己的需求。幫助別人，被別人所需，會讓他們得到莫大的滿足感。但是這種幫助他人的行為有時會讓貢獻型的人失去平衡，會讓他們過度承諾，讓自己很累。如果你屬於貢獻型的人，可能會發現自己因為平衡不同身分與責任而陷入矛盾。此時，停下腳步思考自己的需求，思考是否在忙於助人的同時忽略了自己。

貢獻型的人是行動派，而不是思想者。如果你是貢獻型的人，不論目前處於什麼發展階段，面臨的是什麼狀況，你都會發現，抽出時間沉澱自己累積的經驗會讓自己受益。在反思的過程中，考慮一下自己的行為是否滿足了自己的需要。

貢獻型的人通常想要成為模範工作者、配偶、父母或社區成員。在一天結束時，幾乎沒有任何時間考慮自己的個人需求。一名貢獻型的人講述了當自己的兩個孩子已經大到可以短時間獨自待在家裡時，她重回工作崗位的疲憊狀態：「剛開始，我感覺疲憊不堪。剛回到職場時，我還是將所有原本在家承擔的所有工作都擔在自己身上，同時兼顧工作。我在家除了家務，還要做飯、指導孩子做作業，還有送兒子去很多安排好的活動，如馬球和童子軍活動等。另外，我還參與了很多籌集善款和志願活動。我想要扮演好所有角色，覺得自己對每個人都有責任。」

即使是幾年之後的現在，當她的小孩在學校或社會遇到了麻煩，她還是會覺得自己應該更努力地幫助小孩。這種多重的使命感與責任感在貢獻型身上很常見。一名貢獻型的人描述了中年之後的發展：「最近，我喜歡在家或對工作說『不』。這會降低我因為分身乏術而在時間和精力上不堪重負的可能性。」

身為貢獻型的人，在關注人的因素的同時，也注重結果。對你來說，放鬆自己可能並不是一件容易的事。你喜歡先完成工作、滿足他人的需要，再去玩，也許，你需要為自己安排一些娛樂時間。

滿足自己需求的建議

- 記住，你在答應某件事的同時，就無可避免地須拒絕另一件事。如果別人要求你參與某個計畫，請停下來認真思考一下，這個計畫會對其他職責和時間安排產生影響嗎？深思熟慮之前不要忙著答應對方。
- 不要過度承諾，放棄一些沒有回報的責任。關注真正重要的事情，而不是認為自己有責任滿足其他人所有的期待。
- 留出時間照顧自己，實現自己的個人發展。記住，如果你不快樂、不健康、精力不充沛，你就沒有能力幫助別人。
- 思考一下自己是否已經將太多的責任都攬到身上，是不是負責太多對自己的興趣、價值觀或需求都不重要的活動與計畫。

▶▶ 接受建設性回饋

貢獻型的人常常會覺得，傾聽建設性的回饋並採納是件艱難的事，因此會錯過很多實現個人成長與改善的機會。從某種程度上而言，這是因為他們無論是在給出或接受回饋時，總會摻雜個人情緒。他們天生就喜歡肯定、支持別人，因此通常會以循循善誘的方式給出建設性的回饋意見，全面照顧別人的情緒。他們通常會欲抑先揚，首先用積極的方式鋪墊，然後再加上有關如何改善的建議。他們總是小心翼翼地避免以偏概全，從而避免傷害別人的情感或自尊。貢獻型的人看重兼顧肯定與建設性的回饋，同時也希望別人依照相同的方式回饋。

但是，在給予回饋時，並不是所有人都會和貢獻型的人有相同的做法。很多人都喜歡開門見山的表達方式，喜歡一針見血地指出有待提升與改善的方面，同時給出直言不諱的批判性分析。但是，當貢獻型的人接收到這類回饋時，會覺得感情受到傷害，會覺得對方是對人不對事的人身攻擊。他們也會認為，給出回饋意見的人討厭自己，或對自己不夠尊重。如果他們原本就已經有壓力，缺乏

信心，更可能以敏感的態度面對別人的回饋。一名貢獻型的人如此說：「我知道我面對所有事情似乎都會摻雜個人情緒。因為我總是百分之百地投入工作，所以即使別人小心謹慎地指出我的不足，我還是會覺得自己沒有受到足夠的重視和尊重。我總是毫無保留地全力以赴，我需要別人對我的認可。」

貢獻型的人可能將開誠布公的建設性回饋，解讀為對他們工作表現的全面否定。他們在工作中全力以赴，想要在自己的職位做到出類拔萃。如果他們覺得其他人對自己的所作所為並不認可或不滿意，就會覺得受傷。不被關心或沒有回饋同樣會被他們視為負面的訊息，他們就是無法不帶任何感情色彩看待問題。一名貢獻型的人如此描述自己對於回饋的渴求：「我喜歡收到我稱為『情書』的東西，也就是一些對我的努力和貢獻表示認可和賞識的書信。給予與獲得認可對我實現工作滿足感至關重要。有時，我會覺得自己的個性似乎有些貪得無厭。我花了很長時間才明白，對於外部認可的渴望是我與生俱來的個性組成部分。」

身為貢獻型的人，學會有所保留地對待批評回饋至關重要。好好考慮一下，也可以適當地改變自己的做法。注意不要將批判性的回饋當作針對本人的攻擊與批評。

接受建設性回饋的建議

- 不斷提醒自己，針對具體行為的建設性回饋，與針對個人的攻擊或對表現的全面否定，必須分開視之。不妨將「人非聖賢，孰能無過」作為自己奉行的新箴言。

- 當開始覺得別人在批評自己的時候，提醒自己並不是所有人的交流方式都建立在認可與溝通的基礎上。不妨坦然接受直接和強調邏輯分析的方式，將它們視為個人風格的差異。面對自己聽到的回饋不要總是追根究底，如此能大幅降低誤會他人的可能。讓給出回饋的人具體說明他們的意思，也可以請對方舉一些例子。

- 尋求更多積極回饋。在認可負面回饋的同時，可以詢問自己是否在某些方面的表現還不錯。某些做得不錯的地方，對方可能原本覺得沒有提起的必要，在你的要求之下坦誠表達後，他的正面回饋可能會讓你驚喜。

● 如果你在某段時間發現自己看待事情時，過於摻雜的個人情緒，可能是因為壓力太大，或當下的局面讓你覺得有些不對勁。嘗試著將造成自己壓力的原因獨立看待，從而減小壓力。或者，也可以隔開一定距離審視眼前的局面，看看哪些方面發生了變化。

我的關鍵

> 　　對你來說，將邏輯性融入決策過程中、滿足自己的需求、接受建設性回饋，是否具有挑戰？如果是，那麼此處的哪個策略有所幫助並值得一試？
>
> _____
>
> _____

貢獻型的職業平衡

　　貢獻型的人以個人化和主觀的決策方式對待周圍的事物。憑藉主觀印象並以價值觀為基礎做出決定和採取行動，是他們感覺最自然的方式。但是，為了追求更高的效率，他們須有效吸收新訊息以平衡他們的決斷個性。收集訊息能幫助他們做出建立在事實基礎的決定。

　　一般來說，貢獻型的人在吸收訊息時通常採用兩種方式：關注現實細節，展望未來可能的發展模式。在性格類型理論中，這兩種方式分別被稱為實感（S）和直覺（N）。雖然每個人在接收訊息的過程，都會不時綜合採用兩種方式，但總會傾向於其中一種。各位可以參照本書第2章的描述，找出哪種方式是你感到更自然的方式。

　　字面上的「實感」和「直覺」有很多含義，不僅僅只是與吸收訊息有關，所以為了避免歧義，本書將透過實感獲取訊息的貢獻型，稱為務實貢獻型（ESFJ），而把透過直覺獲取訊息的貢獻型，稱為洞察貢獻型（ENFJ）。

　　務實貢獻型的人在行動和做決定時會對眼前事實、細節和實際應用進行充分考量。他們喜歡能表達自己價值的工作機會，以直接和具體的方式與人合作共事。隨著時間的推移，他們通常在人生的後半段會融合更多的事實訊息，從更全面的概念角度出發理解某個問題。

　　洞察貢獻型的人大多數會很自然地用宏觀模式和未來的可能性，來組織和消化訊息，並以此平衡他們的決斷風格。在職業生涯早期，他們尤其關注如何尋找策畫途徑、改變和制訂具有長遠影響的管理體系、人員架構及流程。但隨著不斷成長，他們更為關注事實，將注意力放在實際應用上。

　　兩種類型的人焦點不同，但兩種貢獻型的人在決策時都能獲得更多訊息的補充。在生命的過程中，他們會不斷運用和融合兩種方式獲取訊息以提升自己的決策能力。隨著時間的流逝，他們的決策方式會更加靈活，對於不同訊息的包容度和吸收度也會大大增強。同時，兩種方式都會幫助他們提升能力，包括創新理念，對事實和細節的理解，職業生涯規劃的科學性等。對於他們來說，驗證創意的可行性及確認事實和模式之間的平衡，是職業發展的關鍵步驟。

　　本章接下來大致分為兩部分，第一部分是為「ESFJ」類型量身訂製，第二部分則針對「ENFJ」。你可能會發現，先閱讀對自己來說最自然的平衡方式很有幫助。之後，你可以閱讀另一種平衡方式，如此便能知道隨著不斷成長和成熟，未來有什麼等著自己。如果你已步入中年，你可能對兩部分都有興趣，因為在人生的這個階段，你可能已經擁有足夠的動力培養自己並不偏好的決策方式。

如何尋找平衡？

我更像「ESFJ」
我是務實貢獻型的人。首先我會透過對事實和細節的關注，平衡我的決斷風格。當我日趨成熟時，我會學習在做決定時更重視新訊息的宏觀模式和未來的可能性以進一步平衡。

我更像「ENFJ」
我是洞察貢獻型的人，首先我會透過對理念及未來可能性的重視，平衡我的決斷風格。當我日趨成熟時，我會學習在做決定時更重視細節和事實以進一步平衡。

務實貢獻型（ESFJ）的工作方式

「眾人拾柴火焰高。」

最新研究顯示，美國成年人務實貢獻型（ESFJ）約占12.3%。他們是關注當下的一群人，具有準確觀察和評估情勢的能力，熱衷於即時為他人提供幫助。他們尤其喜歡務實而直接地為人服務，能迅速輕易地與人建立關係。

務實貢獻型的人關注細節，甚至會記住別人日常生活的一些細節，例如詢問朋友孩子的病情、記得朋友的生日、準備適合朋友口味的晚餐、很快發現朋友剛剪了頭髮、穿上新衣服或身材變瘦了等。務實貢獻型的人面對各種狀況總會自然地充滿人文關懷，同時又講求實際。洞察貢獻型的人在步入中年後，也會發現這種對細節的關注，正是他們提升和成長的方向。

▶ 務實貢獻型做什麼最自然

為他人的成就而高興

務實貢獻型的人對所謂的社會規範、習慣和傳統相當重視，這也是他們用來理解世界的根據。基於這種特徵，他們的決定常基於已被眾人接受的行為和社會責任。對他們來說，恪守規則和傳統非常重要。他們尤其喜歡看見別人取得成就，並由衷地為此感到高興。

以下是一名務實貢獻型的管理人員描述近期完成的一個密集培訓課程：「在完成日常工作的同時，我也完成了我的學習。這次培訓課程為期十八個月，我付出了很大努力。有一天，我收到了這次課程的證書，沒有任何儀式，也沒有公開的慶祝活動。我不喜歡這種無聲無息的方式，感覺非常沮喪，我希望我的努力得到認可。後來，我的某位員工完成同樣的過程，我要求校方把證書寄給我，在開會時，我在眾多同事面前把證書頒給他。透過表揚和肯定為別人慶祝對我來說很重要。」

忠誠度和責任感對務實貢獻型的人來說也很重要。他們會盡責地努力為公司工作，因此如果公司對他們有不公平的待遇，他們會有一種被出賣的感覺。當不

確定或模棱兩可而產生難以準確預測未來狀況時，也會給他們帶來一定的壓力。另外，公司的快速變革和不近人情的管理風格，也會造成務實貢獻型的人一定的困擾。

實際的工作環境是影響務實貢獻型的因素之一。他們喜歡舒適和具有吸引力的工作環境。如果想要表達對他們的欣賞和認可，有形的物品或許更恰當，例如感謝卡或小禮物，因為他們可以將這些物品展示出來給其他人看。

服務社會

務實貢獻型的人往往擔任許多社會角色，活躍於很多社團。他們喜歡提供即時有用的貢獻，經常參與志願工作，承擔社會責任。一名務實貢獻型的人說：「我喜歡參與社區工作，因為我覺得奉獻是一種義務。我在參加的同時也能得到很大的滿足感。我喜歡接觸社會，也喜歡得到他人的肯定。我能對某些重要的事做出貢獻，那種感覺真是太好了。」

對社會的關注使務實貢獻型的人被保健與教育等服務性工作深深吸引。他們會很自然地喜歡能在短期內有效為他人提供實際幫助的工作。從事這些工作時，他們精力充沛，用實際具體的行動使他人受益。

務實貢獻型的人通常渴望從事被傳統接受和認可的職業，或與某位社會成功人士相同的領域。一旦他們對某個職業發展方向一無所知，或覺得這種職業並不是讓人們佩服的職業，他們就會表現出猶豫不定的態度。但諷刺的是，雖然務實貢獻型的人煞費苦心地捍衛廣為接受的社會價值觀，並且在此過程身體力行，但他們往往對自己的個人價值觀體系缺乏足夠的認識與堅持。務實貢獻型的人必須學會在規劃職業的過程中，將社會期望、團體規範與個人偏好區分開來。

一旦認識到兩者的不同，他們就更能接受自己的天性特徵並以此基礎發展，而不是按照別人的期望塑造自我。同時，如此也可以讓他們採取更寬容的態度接受別人，更樂於承擔風險。

樂於助人

務實貢獻型的人總是處於忙碌的狀態，他們將自己的時間安排得相當飽滿，

遊走在不同的角色之間，一週之間便能解決許多實際問題。務實貢獻型的人在工作中通常充滿責任心，值得信賴。他們喜歡把事情安排得井然有序，然後按部就班地實踐安排。一般來說，務實貢獻型的人面對例行制度、結構與時間表，反而會覺得很舒適。

務實貢獻型的人總是平易近人，讓人如沐春風。對於別人的需求，他們總是能洞察入微，甚至感同身受。他們可能喜歡銷售實用產品的工作，希望以直接的方式幫助別人排憂解難。他們對於各種事實瞭如指掌，總是熱衷於幫助或取悅顧客，因此可能喜歡服務客戶的工作。務實貢獻型的人非常看重在工作中與他人交談和互動的機會。

他們有良好的人際關係網絡，總是向別人伸出援手。但是，他們越是不遺餘力地幫助他人，就越是忽略審視自己，去了解、接受與滿足自己的個人需求。當個人需求與價值觀、社會主流價值觀不一致時，他們就更無法好好考慮自己的需求。學會考慮個人需求，並以此基礎兼顧他人的需要，對於務實貢獻型的人來說是重要的一課。

制訂計畫

務實貢獻型的人喜歡按部就班的工作方法。嚴謹的架構和流程能讓他們更有效率地完成工作。他們喜歡處理精確的細節，完成具體任務而不是抽象的工作，擅長觀察和了解別人的需要。

務實貢獻型的人喜歡穩定和可控的工作環境，而非變幻莫測或充滿挑戰的工作環境。他們重視和遵守規則及流程，希望工作期望、方向和任務都是清晰的，並列出具體期限。當這些條件俱足時，他們便可達到甚至超越別人的期望。如果能制訂可行的時間表，工作便能得心應手，而模棱兩可的狀況和不清晰的指令只會讓他們感到沮喪，因為這些會阻礙他們完成工作的進度。以下是一名務實貢獻型的人描述被辦公室政治激怒的情形：「我不喜歡在組織中說服他人接受我的方案。和實際做事相比，花時間說服別人接受我的想法，實在是浪費寶貴時間。」

務實貢獻型的人以任務為中心，處事果斷。因此，他們喜歡能高效完成工作的機會。他們樂意與勤奮可靠的人一起完成工作。對於行政、監督或教練方面的

工作具有濃厚興趣，不僅因為這些工作能讓他們發揮其自然偏好，同時也由於這些工作注重條理和結果。

務實貢獻型的理想工作環境特點

關注個人偏好，便可以更準確地找到讓你感到滿足的工作類型。下方歸納和總結了務實貢獻型的理想工作環境，各位可以看看哪些描述更適合你。身為務實貢獻型的人，我偏愛下列工作環境：

□ 氣氛融洽，大家互相欣賞
□ 團隊合作
□ 有機會用實際的方式幫助他人
□ 有與人接觸的機會
□ 積極正面的回饋
□ 穩定、架構清晰和可控的工作環境
□ 有機會可以實現立竿見影的結果
□ 工作空間讓人覺得輕鬆愉悅
□ 看重團隊需求與價值觀

▸▸ 務實貢獻型有興趣的工作

以下是務實貢獻型的人可能感興趣的工作。這份清單是參照數據進行歸納，數據顯示，務實貢獻型的人從事下述這些行業的機率高於其他行業。這份職業清單依照美國勞工部職涯資訊系統O*NET提供的訊息，歸結出五大類，這些類型的工作對務實貢獻型的人來說充滿了吸引力。O*NET是一個龐大的互動性資料庫，專門提供職業相關訊息，用於探討與研究職業選擇。該系統對工作類型進行了劃分，不僅依據工作本身內容，還包含完成該項工作所需的技能，以及需要接受的教育或培訓。各位可以到該網站瀏覽各式羅列的職業或工作類型。該網站也有關於職業的豐富資訊。最後，我們設立了第六類「其他」，涵蓋了該職涯系統劃分的其他工作類型，這些工作同樣可以吸引務實貢獻型的人。

解讀職業訊息的關鍵

每種職業的編號都包含了一些訊息，幫助各位更容易評估這份職業是否適合自己。

🚲＝綠色經濟職業：與降低化石燃料的使用、減輕汙染、提高能源效率及提升再生能源使用等領域息息相關。

🌼＝有前景、快速成長的職業：經濟層面十分重要的行業，這些行業可能實現經濟長期增長，或因為技術與創新而出現劇烈的變化。

工作能域＝數字編碼（1～5），總結了想要進入此行業須進行的準備（如教育、培訓或經驗傳授）。數字1～5代表所需要的準備由少到多。

職業趣味性＝字母編碼（R、I、A、S、E、C，即：實際、調查、藝術、社會、創業和傳統），代表職業興趣。此部分與美國心理學教授、知名職業指導專家約翰・霍蘭德（John Holland）的職業興趣類型及工作環境（將在第11章仔細描述）一致。

教育、培訓與圖書館

國小教師 🌼4SAC

國中教師 🌼4SA

護理教師與高中教師 5SI

學前、幼兒園與小學特殊教育教師
　　🌼4SA

高中特殊教育教師 🌼4SI

農場與家庭管理顧問 🚲5SRE

幼兒園教師 🌼4SA

高中教師 🌼4SAE

國中特殊教育教師 🌼4SA

醫療保健與技術

脊椎治療師 🌼5SIR

驗光師 5ISR

眼鏡配製技師 🌼3ECR

護理工作人員 5SIR

口腔衛生工作者 🌼3SRC

發聲治療師 🌼5SIA

醫療支援

牙醫助理 ✿3CRS

家庭健康護理 ✿2SR

按摩物理治療師 ✿3SR

辦公室與行政支援

簿記、會計與審計職員 ✿3CE

政府項目資格審查員 3SCE

醫學秘書 ✿2CS

辦公設備操作員 2RC

出納員 ✿2CE

法院書記員 2CER

支援性工作的一線輔人者或經理
　✿3ECS

新開帳戶辦事員 2CES

櫃檯與詢問服務人員 ✿2CES

個人護理與服務

兒童護理工作人員 ✿2SA

空服員 ✿2ESC

娛樂設施工作人員 ✿4SEA

導遊 3EC

健身教練與健身講師 ✿3SRE

理髮師、髮型師與化妝師 3AES

講解員 ✿3SE

其他

以下為可能吸引務實貢獻型的其他工作類型：

廣告與促銷經理 ✿4EAC

校車司機 ✿2RC

教練與指導 5SRE

房地產估價師 ✿4ECR

神職人員 5SEA

食品製作與服務人員 ✿1CRE

建築工人 🌱✿1RC

法院書記官 3CE

宗教活動與教育承辦 4ESC

餐廳、大廳與咖啡店服務生 ✿1ES

口譯與筆譯人員 4AS

貸款顧問 4ESC

苗圃與溫室管理人員 3ERC

旅行社代理人 3EC

懲教人員與獄警 3REC

喪葬承辦 3ESC

法律職員 4CIE

宗教工作人員 3SEC

餐廳服務員與酒吧吧檯助理

1RCS

人力資源經理 4ESC

商品陳列與櫥窗裝飾 2AER

務實貢獻型的技能強項和重要的特點

關注個人偏好，便可以更準確地找到讓你感到滿足的工作類型。下方歸納和總結了務實貢獻型的技能強項和重要的能力，各位可以看看哪些描述更適合你。身為務實貢獻型的人，我具有以下技能強項與重要的能力：

☐ 溝通能力

☐ 合作能力

☐ 對細節和事實的觀察能力

☐ 協調能力

☐ 時間和專案管理的能力

☐ 組織能力

☐ 遵守流程的能力

☐ 透過合作達到目標的能力

☐ 幫助他人的能力

☐ 服務他人的能力

▸ 務實貢獻型的領導者

務實貢獻型的人在擔任領導者有著獨特的優勢。他們擁有自然的領導方式，而身為下屬時，喜歡被他人以獨特的方式領導。

尊重權威

務實貢獻型的人尊重和跟隨被傳統接納的層級式組織結構，熱衷於維持現狀，尊重權威，同時希望別人如此。作為領導，他們善於界定和委派工作，會花

時間研究如何知人善用。他們也非常重視完成任務的時間表和期限，並為下屬提供清楚具體的指導。他們是以身作則的領導者，不會強迫任何人做自己不想做的事情。

營造和保持和諧氣氛

和諧對務實貢獻型的領導來說極為重要。他們會努力確保每個人從事適合自己的工作，並和他們並肩作戰。他們的努力來自其天性，即了解如何為他人提供幫助，以及維護組織之傳統和習慣的能力，例如制訂獎勵機制和舉行慶祝活動等。

為他人提供支持

務實貢獻型的領導者風格非常個人化，同時盡心盡力為大家提供支持。例如，他們不吝於與他人共享訊息，時時留意計畫進度等。他們尤其關注共事者的需要，總是會先對別人取得的成績表示認可，並由衷為對方高興。但在須盡快達成成果時，他們也會根據既定的標準，而不是某個人的需求做出客觀且符合全局利益的決定。

部分務實貢獻型的領導者也許不應該只局限於社會普遍接受的標準，而更應該學習傾聽和理解個人真正的需求，儘管這些需求往往有別於一般社會規範。在涉及性別問題的情形下，上述情況尤其明顯。務實貢獻型的人傾向於根據傳統男性和女性所扮演的角色來做決定，而並不在意實際的情況。然而，一旦他們接受了某種非傳統角色的身分後，也會成為優秀的領導者。

認真完成工作

作為領導者，務實貢獻型的人通常表現沉穩，富有責任感，感覺非常可靠。他們會盡責地推進任務，盡力在規定的時間內完成工作。他們理所當然地認為其他人都會一樣以工作為重，因此當發現事實並非如此時，他們或許會感到驚訝和失望。為了補救他人的失誤或拖延，他們通常會承擔起他人沒有完成的工作，雖然如此會令自己承受巨大壓力，但他們無論如何也不願將期限推遲。

　　至於其他人對下屬員工表現的回饋，務實貢獻型的人經常會將之歸結到自己身上，有時甚至把他人對下屬的批評，當成對自己領導能力的質疑。對他們而言，學習如何進行客觀評估有時也是一種挑戰。

務實貢獻型領導者的特點

　　關注個人偏好，便可以更準確地找到讓你感到滿足的工作類型。下方歸納和總結了務實貢獻型偏好的領導風格，各位可以看看哪些描述更適合你。身為務實貢獻型的領導者，我喜歡：

☐ 尊重權威
☐ 樂於分享訊息或數據
☐ 親力親為，為他人提供必要支援
☐ 以身作則
☐ 密切關注計畫進度
☐ 為取得的成績感到由衷高興
☐ 為下屬提供清楚具體的指導
☐ 營造和保持和諧氣氛
☐ 知人善用
☐ 高度關注計畫時間表和工作期限
☐ 維持現狀

▶ 務實貢獻型的團隊成員

　　身為團隊的一員，務實貢獻型的人希望團隊每個人都能融入，完成良好的團隊氛圍，因為他們天生就願意為他人提供鼓勵和支持。利用出色的溝通技巧，他們會幫助團隊成員和諧共處，贏取共識。他們享受團隊的互動合作。而身為團隊成員，他們運用積極的態度和組織能力協助團隊完成工作。他們的存在會為團隊帶來平衡，因為他們具備任務導向和講求實際的工作方法，有利於工作的完成。另外，他們還會採取從價值觀出發的方法，努力營造洋溢著正面氣氛的工作環

境，肯定所有團隊成員做出的努力。具備這兩大特點使他們可以得心應手地讓團隊中的衝突煙消雲散，推動團隊朝著目標前進。

但是，務實貢獻型的人在解決衝突的過程中，或許會感覺比較掙扎，尤其是當團隊成員有著強烈不同意見時，他們總是希望能夠盡快平息爭端或避免衝突，而不管是否已真正解決爭端或衝突。

當別人不能達到自己的期望時，務實貢獻型的人會感覺沮喪。如果能學會客觀理解和接受他人的價值觀、工作方式，對他們來說無疑大有益處。例如，有些人只有在接近期限時才能激發創作動力並完成高品質工作；另外有些人只是關注眼前，喜歡不時在工作期間停下來休息一下。這些人並不是藐視傳統的工作模式，只是那是他們最適用的自然工作方式。接受個體之間的差異，無疑能極有效地幫助務實貢獻型的人學習如何與不同類型的人合作共事。

務實貢獻型團隊成員的特點

關注個人偏好，便可以更準確地找出讓你感到滿足的工作類型。下方歸納和總結了務實貢獻型偏愛的團隊工作方式，各位可以看看哪些描述更適合你。身為務實貢獻型的團隊成員，我偏愛：

☐ 希望每個成員都能融入團隊，獲得良好的團隊氛圍
☐ 組織與調動資源，從而達成結果
☐ 協助團隊成員和諧共處，贏取共識
☐ 幫助、支持與鼓勵他人
☐ 享受互動合作的感覺
☐ 協助解決團隊成員之間的衝突
☐ 促使團隊朝共同目標邁進
☐ 尊重積極向上、績效優秀的團隊

▶▶ 務實貢獻型的學習風格

務實貢獻型的人在所謂的正規課堂教學環境中表現良好，但學習的訊息必須

是有用的。真實的案例、個人經驗和來自現實世界的範例，都有助於他們對學習內容的理解。他們擅長時間和任務管理，能夠在期限內達到學習目標。在系統化和穩定的學習環境中，能獲得很好的成績。

在學習過程中，對務實貢獻型的人提出明確的方向和期望十分重要，支持、鼓勵和積極的氛圍也同樣重要。他們希望有人監督自己的學習進展。記憶力和對細節的關注是他們在學習中的強項，而他們通常都是努力學習和堅持不懈的好學生。

務實貢獻型的學習風格特點

關注個人偏好，便可以更準確地找到讓你感到滿足的工作類型。下方歸納和總結了務實貢獻型偏好的學習風格，各位可以看看哪些描述更適合你。身為務實貢獻型的人，我偏愛：

☐ 喜歡能實際運用的知識
☐ 需要明確的方向和期望
☐ 借助個人經驗和真實案例的輔助
☐ 在相互支持和鼓勵的積極氣氛中會有很好的表現
☐ 善於管理時間和任務
☐ 系統化和穩定的學習環境
☐ 在設定的期限內完成設定的學習目標
☐ 發揮記憶力和關注細節的能力

性格偏好跟天生傾向可以作為自我評估的出發點。這一部分的內容，也許某些陳述你可能認可，某些則可能不認同。這樣的反應很常見，因為每個人表達自己性格特徵的方式都不同。閱讀整體概要描述也可以成為職涯發展方向的出發點。現在，你需要進一步自我評估，具體方法就是將這些概要陳述和個人生活結合起來。下方的問題可以幫助你將此部分的內容和自己的具體情況連結。在回顧本章內容的過程中不要忘了在腦中想起這些問題：

- 這種性格的所有特徵是否符合我的真實情況？哪些部分符合？哪些部分不符合？

- 是否有哪個部分的描述對我來說尤為重要或關鍵？
- 我可以將哪些訊息具體實踐，從而決定自己的職涯發展方向嗎？
- 我該如何調整自己的職涯發展方向？哪些方面應該強化？又有哪些方面應該弱化？
- 在未來工作中，我想將重心放在哪個方面？

各位可能會在此過程中，想用各種方式標注或強調某些部分，也許是想在書頁的空白部分寫些筆記，或製作一系列索引卡，又或在筆記本認真寫下一些筆記。不論採取什麼方式，問題的關鍵在於這些紀錄必須是能夠真實描述你的目前情況。設想自己的理想工作該是如何，有哪些具體的工作內容？有什麼樣的工作環境？工作中會應用到哪些技能？你期盼以什麼方式領導他人或被他人領導？你希望為團隊做出什麼樣的貢獻？你想要以什麼樣的方式不斷學習與成長。

同時也思考一下自己目前的發展階段。你現在利用哪些方法平衡自己的自然工作方式？你是否正在進入新平衡方式的過渡期？切記，每個人的情況都是獨一無二的。以果斷型和分析型的人為例，這兩種類型的人在溝通時喜歡就事論事。但是，他們還是會或多或少地透過移情作用和他人建立連結。這兩種人如果願意花費時間和精力，透過學習且最終從事人事服務工作，他們的做事方式就有可能與在技術領域獨立工作的同種類型人截然不同。

我的關鍵

現在，各位已經做好準備，將自己的自然偏好和具體情況結合起來了。

> 描述你最想從工作得到什麼。不要單純羅列一系列工作，將重點放在說明自己的個人偏好。
>
> _____
>
> _____

　　了解自己的工作偏好之後，可以直接閱讀「ENFJ」性格類型的介紹。如果你對整合、探索新想法和可能性有興趣，更應如此。如果你已經準備好以評估自己的價值觀、生活方式和局限，繼續完成職業規劃，可以直接跳到第11章。

洞察貢獻型（ENFJ）的工作方式

「三個臭皮匠，勝過一個諸葛亮。」

　　最新研究顯示，美國成年人洞察貢獻型（ENFJ）約占2.5%。他們透過為他人設計各種可能性以平衡和鞏固他們的貢獻型特質。他們善於捕捉他人成長和發展的潛力，並因此扮演導師的角色。這種特質讓他們不再急於必須很快做出決定，從而讓他們能為自我及他人發掘各種個人成長的機會和可能性，因此他們往往扮演堅決的擁護者或老師等角色。

　　由於決策時的想像力和長遠規劃的展望能力，他們最初表現出來的貢獻型工作方式，與務實貢獻型的人有很大不同，然而，務實貢獻型的人在步入中年後，也會發現這種基於願景的決策方式，恰好反映出他們提升和成長的方向。

▶▶ 洞察貢獻型做什麼最自然

支持他人的成長和發展

　　洞察貢獻型的人天生喜歡協助他人成長。利用熱情和遠見，他們善於協助他人探究事情的各種可能性，幫助他人做出決定從而改善並豐富自己的人生。基於此，他們多從事教育、輔導、宗教和精神領域的工作。

　　洞察貢獻型的人特別適合教導他人工作，皆因他們擅長建立和諧的人際關係，發覺他人潛力並追蹤工作進度。所有特點的組合，使他們具有挖掘他人的非凡潛力。不僅如此，他們還善於採用積極、鼓舞人心和以工作為重心的風格來教育和引導別人。以下是一名洞察貢獻型的人所描述：「我喜歡主動為別人提供支援，確保給予他們有益的指導，接著我會主動退居幕後，給予足夠空間，好讓他們自己做出決定。」

發掘可能性

很多洞察貢獻型的人具有創造天賦，腦中充滿各種想法和可能性，並借助不同的方式表達。有些洞察貢獻型的人會成為作家、演員或設計師；也有一些則從事輔導或教導的工作，挖掘更多他人的各種選擇和可能性；還有一些人則成為教師，發揮他們的創造力，以下是一名教師描述他在工作中最喜歡的活動：「我喜歡創造新穎的東西或構思新想法，以吸引孩子們學習的熱情。我會不時對課程和活動做出變化，尋找不同方法滿足所有學生的需要。」

建立和諧的人際關係

對洞察貢獻型的人來說，建立人際關係是重要的課題。他們富有同情心，寬容待人，善於欣賞和理解他人的觀點和個性的差異。他們具有出眾的溝通技巧，善於維繫親密的人際關係，工作環境中不愉快的工作關係則會對他們產生負面影響。他們認為氣氛和士氣是非常重要的工作衡量指標。

洞察貢獻型的人時刻留意並接受各種變革，總是希望能在別人面對不確定的情況時，為他人提供必要的幫助。由於不斷構思新的選擇和可能性，所以無論從事什麼行業，他們都不安分。對他們來說，變革無疑是件好事，因為變革能帶來發展和成長，這也是幫助人發揮潛能的關鍵過程。

組織人員和任務

洞察貢獻型的人經常積極主動參與不同任務，與他人保持密切的溝通。能夠發揮自己的策畫和組織能力對他們來說頗為重要。他們的天性特質是能做出決定並執行。比起務實貢獻型的人，在某種程度上，他們處事更為靈活和隨意。以下是一名洞察貢獻型的人的解釋：「在不得已的情況下，我可以在毫無計畫之下現場組織工作，但我還是喜歡事先安排和組織。幸好我的人際關係網絡比較廣，往往能讓我最終順利完成任務。」

洞察貢獻型的人通常會認為規則和流程是一種限制，所以他們喜歡的工作環境是提供整體方向，而不是具體執行細節，不喜歡被具體規則和流程制約。相比

過於正式或規矩很多的環境，在能由個人進行判斷的工作環境中，他們感到更舒適自在。他們喜歡應對複雜多變的狀況，在面對這些狀況時往往表現得胸有成竹。如果所在的工作環境允許他們以井井有條且富有成效的方式安排任務，他們就會呈現最佳狀態。

　　洞察貢獻型的人通常富有創意，能創新有效地解決問題。他們的強項之一是組織任務，以及動員他人完成計畫。如果所在的工作團隊成員能相互尊重，且所有成員都致力於維護積極友好的環境，就能良好地發揮他們的優勢。不論在什麼環境，他們最關注的還是他人的潛力。如果某個計畫會使成員出現衝突、壓力或限制，他們在計畫執行的過程中就會覺得無所適從。當這種情況發生時，他們首先處理的必然是人的情緒問題及人與人之間的衝突。

獨立面對和處理所有事情

　　也許洞察貢獻型的人經常會有如此感受：許多計畫和可能性都十分有趣，而新的想法也會對他們產生刺激作用，這樣的結果就是他們經常發現自己一不小心就同時身陷太多計畫而不堪重負。他們是不折不扣的理想主義者，有時會對自己和別人產生一些不切實際的期望，再加上他們盡職盡責的態度及滿足他人需要的渴望，常常帶給自己和身邊的人巨大壓力和負擔。

　　對於這一點，如果洞察貢獻型的人能學會以更務實的方式，來平衡他們的貢獻型特質，對他們會有一些幫助。以下是一名洞察貢獻型的人的心得：「我已經五十多歲了，現在才開始意識到我也是有需要的。我一直忙於滿足別人的需求，幫助他人成長，卻從沒有停下來思考過自己。」

洞察貢獻型的理想工作環境特點

　　關注個人偏好，便可以更準確地找到讓你感到滿足的工作類型。下方歸納和總結了洞察貢獻型的理想工作環境，你可以看看哪些描述更適合你。身為洞察貢獻型的人，我偏愛下列工作環境：

☐ 彼此支持和欣賞

☐ 關注多個計畫和可能性

□ 有機會協助他人學習與發展

□ 發揮創意的機會

□ 有進行人事組織與管理的機會

□ 關注未來可能性和潛力

□ 有機會透過通力合作達成目標

□ 建立齊心協力的氛圍，使團隊成員達成共識

□ 關注人的潛力與發展

▶ 洞察貢獻型有興趣的工作

　　以下是洞察貢獻型的人可能感興趣的工作。這份清單是參照數據進行歸納，數據顯示，洞察貢獻型的人從事下述這些行業的機率高於其他行業。這份職業清單依照美國勞工部職涯資訊系統O*NET提供的資訊，歸結了五大類，這些類型的工作對洞察貢獻型的人來說充滿了吸引力。O*NET是一個龐大的互動性資料庫，專門提供職業相關資訊，用於探討與研究職業選擇。該系統對工作類型進行了劃分，不僅依據工作本身內容，還包含完成該項工作所需的技能，以及需要接受的教育或培訓。各位可以到該網站瀏覽各式羅列的職業或工作類型。該網站也有關於職業的豐富資訊。最後，我們設立了第六類「其他」，涵蓋了該職涯系統劃分的其他工作類型，這些工作同樣可以吸引洞察貢獻型的人。

解讀職業訊息的關鍵

　　每種職業的編號都包含了一些訊息，幫助各位更容易評估這份職業是否適合自己。

　　🚲 ＝綠色經濟職業：與降低化石燃料的使用、減輕汙染、提高能源效率及提升再生能源使用等領域息息相關。

　　⚙ ＝有前景、快速成長的職業：經濟層面十分重要的行業，這些行業可能實現經濟長期增長，或因為技術與創新而出現劇烈的變化。

工作能域＝數字編碼（1～5），總結了想要進入此行業須進行的準備（如教育、培訓或經驗傳授）。數字1～5代表所需要的準備由少到多。

職業趣味性＝字母編碼（R、I、A、S、E、C，即：實際、調查、藝術、社會、創業和傳統），代表職業興趣。此部分與美國心理學教授、知名職業指導專家約翰·霍蘭德（John Holland）的職業興趣類型及工作環境（將在第11章仔細描述）一致。

藝術、設計、娛樂、體育與媒體

時裝設計師3AER

插花藝術家2AER

室內設計師 🌼4AE

多媒體藝術家與動畫師 🌼4AI

音樂家與歌手3AE

公關專家 🚲 🌼4EAS

記者與通訊人員 🚲4AEI

人才主管4EA

藝術家3AR

平面設計師 🌼4ARE

口譯與筆譯人員4AS

作曲家與編曲家3AE

製作人與導演4EA

廣播與電視播音員3AES

布景與展覽設計師4AR

作家4AI

社區與社會服務

兒童、家庭與學校社會工作者
　　🚲 🌼4SE

教育、職業、學校顧問 🌼5S

醫療與公共健康社會工作者 🌼5SI

緩刑犯監督官與矯正治療專家4SEC

社會與人力服務助理 🌼3CSE

神職人員5SEA

宗教活動與教育主管4ESC

健康教育工作者 🌼4SE

心理健康與濫用藥物社會工作者
　　🌼5SIA

康復諮商師 🌼4SI

教育、培訓與圖書館

成人藝術教師 🌼4SAE

國小教師 🌼4SAC

健康專業教師 5SI　　　　　　　幼兒園教師 🌼4SA

國中教師 🌼4SA　　　　　　　　高中教師 🌼4SAE

社會學教師 5SIA　　　　　　　　教師助理 🌼3SC

藝術、戲劇與音樂教師 5SA　　　農場和房屋管理顧問 🌿5SRE

輔導員 🌼5SIE　　　　　　　　　圖書管理員 🌼5CSE

學前班教師 🌼3SA　　　　　　　自我進修教育教師 🌼3SAE

特殊教育教師 🌼4SA　　　　　　職業教育教師 4S

醫療保健與技術

脊椎治療師 🌼5SIR　　　　　　　牙醫 🌼5IRS

家庭醫師與一般醫師 🌼5IS　　　執業實習與執業護理師 🌼3SR

自然療法外科醫師 5IS　　　　　婦產科醫師 🌼5ISR

驗光師 5ISR　　　　　　　　　　藥劑師 🌼5ICS

心理醫師 🌼5ISA　　　　　　　　護理師 🌼3SIC

外科醫生 🌼5IRS　　　　　　　　口腔衛生工作者 🌼3SRC

營養學家與飲食專家 🌼5IS　　　內科醫生 🌼5ISR

醫療與臨床實驗室技師 🌼3RIC　護理從業人員 5SIR

職業物理治療師 🌼5SI　　　　　非專科兒科醫生 🌼5IS

物理治療師 🌼5SIR　　　　　　　放射科技術人員 🌼3RS

發聲治療師 🌼5SIA　　　　　　　獸醫 🌼5IR

獸醫技術專家與技師 🌼3RI

生命、自然與社會科學

人類學家與考古學家 5IA　　　　臨床心理學家 🌼5ISA

歷史學家 5I　　　　　　　　　　醫學家 🌼5IRA

學校心理諮商師 🌼5IS　　　　　城市與區域規劃師 🌿🌼5IEA

生物技術人員 🌼4RIC　　　　　　諮商心理學家 🌼5SIA

行業組織心理學家 5IEA　　　　　政治學家 5IAS

社會學家 5IAS

其他

洞察貢獻型的人會對各種管理職位感興趣，包括行政服務；廣告與宣傳；教育管理；餐飲服務；人力資源；市場行銷；醫療保健服務；物業、房地產與社區協會；公共關係；銷售；社會與社區服務；培訓與發展；以及交通領域的管理職位。洞察貢獻型的人同時也會熱衷於一線監督或經理的工作。受個人經歷與興趣的影響，你可能對某個領域的監督與管理職位感興趣。首先可以找出自己感興趣的工作類型，然後在O*NET的「一線監督與管理人員」尋找具體的職業。

洞察貢獻型的人同樣會對銷售工作感興趣，例如廣告銷售代理、櫃檯與出租管理員、展示與產品推廣人員、保險銷售經紀人、零配件銷售人員、房地產銷售經紀人、零售人員、銷售專家、批發與製造、技術和科學產品銷售、證券或金融服務銷售經紀人、旅行社經紀人等。

對於洞察貢獻型的人來說，行政與提供支援服務的相關工作也相當具有吸引力，包括行政秘書與行政助理；檔案管理員；酒店、汽車旅館與渡假場所的櫃檯人員；人力資源助理；保險政策處理職員；法律秘書；辦公職員；採購；櫃檯或服務人員；秘書；接線員。

以下羅列了可能吸引洞察貢獻型的其他工作類型。

演員 2AE	建築師 🚲🌼5AI
預算分析師 🌼4CEI	主廚與行政主廚 🌼3ERA
兒童看護工作者 🌼2SA	法令遵循 🌼4CIR
文案人員 4EA	舞蹈演員 3AR
牙醫助理 🌼3CRS	排版製圖人員 3AIC
編輯 4AEC	理髮師、髮型師與化妝師 3AES
家庭健康護理 🌼2SR	行業安全與健康工程師 🚲4ICR
法官、地方行政長官 5ES	景觀設計師 🚲4AIR
律師 🌼5EI	救生員、滑雪救護隊成員及其他娛
醫療助理 🌼3SCR	樂設施保護人員 🌼1RS
會議與活動規劃師 🌼4ECS	律師助理與法律助理 🌼3CIE
個人財務顧問 🚲🌼4ECS	獵人頭 🌼4ECS

娛樂工作者 ✿4SEA　　　　　　導遊與解說員 ✿3SE

培訓與發展專家 🚲✿4SAC　　　服務生 ✿1SEC

洞察貢獻型的技能強項和重要的特點

關注個人偏好，便可以更準確地找到讓你感到滿足的工作類型。下方歸納和總結了洞察貢獻型的技能強項和重要的能力，各位可以看看哪些描述更適合你。身為洞察貢獻型的人，我具有以下技能強項與重要的能力：

□ 溝通
□ 提出創意
□ 組織
□ 引導
□ 時間管理和任務管理
□ 合作
□ 達成共識
□ 教練
□ 計畫
□ 建立和諧關係

▸▸ 洞察貢獻型的領導者

洞察貢獻型的人在擔任領導角色時有獨特的優勢。他們擁有自然的領導方式，但擔任下屬時，卻喜歡被他人以獨特的方式領導。

良師益友

洞察貢獻型的人喜歡擔任領導者的感覺。身為管理者，他們會充分發揮其遠見、策略性規劃、以任務為重及與別人溝通交往的技巧。他們對自己領導角色的定位是良師也是教練，引導他人發揮潛能。作為領導者，他們非常人性化，以合作的態度領導他人，即使在做計畫和決定的時候，也希望其他人都能參與其中，並有所貢獻。他們是員工自我發展的提倡者，而幫助他人發揮潛能也是工作動力之一。

發揮潛能

洞察貢獻型的人以改變和發展為中心，不斷尋求方法發揮潛能。在工作中，他們果斷且以任務為重，注重於尋找方法完成任務和達到目標。重視任務和關注個人的混合風格，對於領導者來說無疑是非常有效的領導方式之一，這是因為無論偏重哪個方面，都會為團隊帶來衝突和誤解。當然，如何平衡兩種有時是互相牴觸的風格，正是他們面臨的重大挑戰。

倡導

洞察貢獻型的人善於傾聽他人的意見，對團隊的氛圍和士氣具有很高的敏感度。在組織中，他們是以人為本的堅決倡導者和擁護者，會努力促使組織制度更加靈活，包容每個人不同的需要。

達成目標

與其他決斷的人一樣，洞察貢獻型的人以任務為重，喜歡運用自己的組織和協調能力，促使團隊向目標邁進。但與其他決斷者略有不同，他們會花時間確保：藉由員工士氣的角度來判斷自己選擇的方法的合理性。他們透過合作完成任務，對其他策略，如濫用職權、批評或威脅，感到深惡痛絕，亦對捲入任何辦公室政治或權力鬥爭沒有任何興趣，因為這些會給他們帶來巨大壓力。

洞察貢獻型領導者的特點

關注個人偏好，便可以更準確地找到讓你感到滿足的工作類型。下方歸納和總結了洞察貢獻型偏愛的領導風格，各位可以看看哪些描述更適合你。身為洞察貢獻型的領導者，我喜歡：

☐ 親力親為，精誠合作
☐ 不吝於給予支持、鼓勵和積極反饋
☐ 提倡員工自身的成長發展
☐ 組織和協調資源以達到目標
☐ 幫助他人發揮自己的最大潛力

□ 密切留意員工的積極性和士氣
□ 對團隊的氛圍和士氣具有很高的敏感度
□ 透過團隊合作達成目標
□ 在定義職責範圍與分配工作的過程中，充分考慮他人需求
□ 指導與教練
□ 認為改變可以帶來發展

▸▸ 洞察貢獻型的團隊成員

　　洞察貢獻型的人是積極熱心的團隊成員，能運用組織和輔導他人的能力幫助團隊不斷取得進步。他們是新穎想法的構思者，尤其是能提升人員能力及管理效率的想法。協助團隊成員在創新理念和採取行動之間取得平衡，是他們為團隊做出的最大貢獻。

　　在團隊中，積極的互動、合作與和諧的關係對洞察貢獻型的人來說非常重要。他們通常會主動用語言和行動表示對他人的支持，並擅長發掘團隊成員的潛質，鼓勵他人展現最好的一面。他們也會努力確保每個人都有機會做出自己的貢獻，發揮個人所長。他們也重視和希望獲得團隊成員同樣的支持。

　　洞察貢獻型的人會留意和了解團隊中發生的任何人際衝突。由於他們在注重個人價值和表達自身的和諧環境中，具有很高的工作效率，所以會將探討和了解人際衝突視為有用的團隊建設。然而，在具有其他工作方式特質的人眼中，關注人際關係和營造和諧環境的行為似乎毫無必要，甚至認為是明目張膽地干涉別人的工作生活。

洞察貢獻型團隊成員的特點

　　關注個人偏好，便可以更準確地找到讓你感到滿足的工作類型。下方歸納和總結了洞察貢獻型偏愛的團隊工作方式，各位可以看看哪些描述更適合你。身為洞察貢獻型的團隊成員，我偏愛：

□ 積極熱心
□ 熱衷幫助他人成長，實現系統改善
□ 協助團隊不斷進步
□ 重視積極互動、團隊合作與和諧共處
□ 喜歡發揮組織能力，指導他人
□ 主動為團隊成員提供無私支援
□ 構思新穎想法
□ 喜歡與他人進行互動，給予對方認可

▸▸ 洞察貢獻型的學習風格

　　洞察貢獻型的人喜歡正規課堂學習環境中的人際交流，他們會尋求一切與同學討論的可能，並與同學保持密切連結。他們喜歡學習理論方面的知識，尤其是人文科學和社會科學領域。

　　洞察貢獻型的人對老師的教學方式和觀點特別敏感。對於價值觀或觀點不同的老師，他們往往抱有很大成見。他們不但善於向老師學習，也善於從同學身上學習。以下是一位洞察貢獻型的成人教育輔導老師的心聲：「在上成人教育課時，我覺得我所學到的和學員一樣多。我在學習他人都如何處事，了解什麼對他們是最重要的。這種學習的機會是我繼續從事這類工作的重要原因之一。」

　　洞察貢獻型的人擅長時間管理和任務管理，討厭雜亂無章的學習環境，他們通常都是努力學習、堅持不懈的好學生。

洞察貢獻型的學習風格特點

　　關注個人偏好，便可以更準確地找到讓你感到滿足的工作類型。下方歸納與總結了洞察貢獻型偏愛的學習方式，各位可以看看哪些描述更適合你。身為洞察貢獻型的學習者，我偏愛：

☐ 喜歡正規課堂學習環境中人際交流的部分
☐ 對老師的教學方式與觀點特別敏感
☐ 喜歡與人相關的概念和理論
☐ 對價值觀或觀點不同的老師抱有成見
☐ 與形形色色的人交流
☐ 討厭雜亂無章的學習環境
☐ 組織與整理想法
☐ 向老師和同學學習

性格偏好跟天生傾向可以作為自我評估的出發點。這一部分的內容，也許某些陳述你可能認可，某些則可能不認同。這樣的反應很常見，因為每個人表達自己性格特徵的方式都不同。閱讀整體概要描述也可以成為職涯發展方向的出發點。現在，你需要進一步自我評估，具體方法就是將這些概要陳述和個人生活結合起來。下方的問題可以幫助你將此部分的內容和自己的具體情況連結。在回顧本章內容的過程中不要忘了在腦中想起這些問題：

- 這種性格的所有特徵是否符合我的真實情況？哪些部分符合？哪些部分不符合？
- 是否有哪個部分的描述對我來說尤為重要或關鍵？
- 我可以將哪些訊息具體實踐，從而決定自己的職涯發展方向嗎？
- 我該如何調整自己的職涯發展方向？哪些方面應該強化？又有哪些方面應該弱化？
- 在未來工作中，我想將重心放在哪個方面？

各位可能會在此過程中，想用各種方式標注或強調某些部分，也許是想在書頁的空白部分寫些筆記，或製作一系列索引卡，又或在筆記本認真寫下一些筆記。不論採取什麼方式，問題的關鍵在於這些紀錄必須是能夠真實描述你的目前情況。設想自己的理想工作該是如何，有哪些具體的工作內容？有什麼樣的工作環境？工作中會應用到哪些技能？你期盼以什麼方式領導他人或被他人領導？你

希望為團隊做出什麼樣的貢獻？你想要以什麼樣的方式不斷學習與成長。

同時也思考一下自己目前的發展階段。你現在利用哪些方法平衡自己的自然工作方式？你是否正在進入新平衡方式的過渡期？切記，每個人的情況都是獨一無二的。以果斷型和分析型的人為例，這兩種類型的人在溝通時喜歡就事論事。但是，他們還是會或多或少地透過移情作用和他人建立連結。這兩種人如果願意花費時間和精力，透過學習且最終從事人事服務工作，他們的做事方式就有可能與在技術領域獨立工作的同種類型人截然不同。

我的關鍵

現在，各位已經做好準備，將自己的自然偏好和具體情況結合起來了。

> 描述你最想從工作得到什麼。不要單純羅列一系列工作，將重點放在說明自己的個人偏好。
>
> _____
>
> _____

了解自己的工作偏好之後，可以直接閱讀「ESFJ」性格類型的介紹。如果你喜歡以實際的方式幫助他人實現即時需要，更應如此。如果你已經準備好以評估自己的價值觀、生活方式和局限，繼續完成職業規劃，可以直接跳到第11章。

縝密型：專注與穩定

——性格類型：ISFJ和ISTJ

我的工作都與幫助別人解決問題有關。最初，我是一名護理師，後來成為急診室裡的醫務人員。我喜歡應對緊急狀況時迅速產生的結果，以及由此而來的滿足感。在過去二十年裡，我是名警察，調查工作是我最喜歡的工作內容之一，我喜歡領導團隊抽絲剝繭地分析一切線索，偵破案件。

——一名縝密型的人

最新研究顯示，美國成年人縝密型約占25.4%，他們是一群處事非常決斷的人，對調動所有人力並組織各種資源以完成任務的工作具有濃厚的興趣。乍看之下，「ISFJ」類型的人和務實貢獻型的人非常類似，而「ISTJ」則與務實果斷型的人非常接近。但是只要經過仔細分析和比較，就會了解縝密型的內在有鮮明的收集和組織訊息特徵，以及將訊息與過去經驗連結的傾向。這種對內在的關注是「ISFJ」和「ISTJ」類型的首要特色。在朝目標邁進的過程中，他們會不斷關注過往的成功經驗，並被這些經驗引領。這種對實用性的內在關注，以及留意以往經驗的習慣，就是他們的自然工作方式。

縝密型的人對實用性和細節的關注似乎是與生俱來。這方面既是他們理解新訊息的方式，也能讓他們在做出判斷後調整自己的行為。但他們未必會把在內心累積的豐富經驗表現出來，或充分解釋他們決策時所依據的案例和訊息，因此他們通常看起來鎮定、安靜和嚴肅，樂於運用他們的知識和經驗作為指引，理解當前發生的事。由於對內心世界的關注，周圍的人未必能夠清晰了解導致他們採取行動的所有訊息，所以常常會對他們的行為感到吃驚。

縝密型的工作方式

▸▸ 縝密型做什麼最自然

收集訊息

透過吸收和累積訊息、熟記事實細節，以理解周遭發生的事，這是縝密型的

天性。他們理解和解釋世界往往是透過過去經驗，對過去的經驗表現出極大的重視，因此他們通常會成為從事領域的專家。縝密型的人常常能記起很多細節，如數字、名字或日期等。他們竭盡所能地了解周圍世界的重要事情。以下是一名縝密型的人解釋他的學習方法，並描述他對細節的關注：「在課堂中，我一直有非常出色的表現。我會做大量的筆記，抄下老師在黑板上寫下的任何東西，然後自己想辦法補充更多訊息。我非常刻苦且努力地盡可能牢記所有事實和細節，但不失靈活性。我尤其喜歡聽講座，因為能在短時間有效獲取大量訊息。」

　　在眾多類型的工作方式中，各種縝密型的工作方式看起來差異最大，這是因為每位縝密型的人都以非常獨特和自我的方式收集資料和累積經驗。他們只會留意他們認為與自己處境有關的事物，因此他們或許只會搜集且擁有某個主題的大量訊息，而對其他事情卻知之甚少。縝密型的人過濾訊息的標準是對自身重要與否，其他工作類型的人無疑都為此感到頗為驚訝。以下是一名縝密型的人描述其工作經歷：「我從事文化相關工作已經很多年。我曾經管理和協調許多計畫，包括研究、籌款、推廣多元文化、培訓、輔導和策畫等。我有員工管理、制訂政策、執行程序、談判和培訓等許多領域的工作經驗。我對這些工作的興趣，以及關於文化訊息的累積，都成為這項工作的關鍵。」

　　從她的身上我們不難發現，無論她在專業領域參與了什麼具體工作，過去的經驗和工作經歷為她提供了豐富的訊息。縝密型的人往往對從事的領域具有濃厚興趣並具備專長。如果這是你的自然工作方式，你也許想問問自己：「我的專長是什麼？我累積了哪方面的經驗？」以下是一名縝密型的人大致描述他的職業關注：「我的人生裡有很多路可以走。相較而言，其中某些道路我更加喜歡。我會運用我的經驗和閱歷做出正確的選擇。」

重視並組織細節

　　縝密型的人不僅具有很強的記憶細節能力，還擅長組織和推進不同的工作或計畫。他們通常給人嚴苛的印象，因為他們必須確保所有訊息與資料都有準確的高效處理。以下是一名縝密型的人的說法：「我喜歡每隔一段時間就換一間辦公室，如此我就有機會看看有沒有什麼東西需要重新組織和整理。」

　　縝密型的人在選擇行動前總是希望考慮到每個細節和事實。在開始行動前，他們往往需要一段充分理解與重新組織手邊所有訊息的過程。他們會從過去的經驗尋找相關訊息，以對周圍狀況或問題進行評估。或許有些人會覺得他們太小心翼翼、追求精確和條理。但如果想要請人審閱合約、編列預算或處理其他重要文件，他們絕對是不二人選。他們對於訊息的處理有一種與生俱來的小心謹慎，不會放過任何不合理的地方或細節。別期望他們只會單純瀏覽，他們勢必會詳細審閱，一旦縝密型的人要做一件事，他們絕對會一絲不苟。

　　身為縝密型的人，隨著時間的推移，他們累積的豐富知識與實用經驗將可能成為某方面的專家。常常沒有意識到訊息儲備有多麼廣泛且豐富，也可能根本沒當一回事。這種對於細節累積與記憶的專注，值得鼓勵，並應該堅持下去。如果有人對你所擅長的領域感興趣，不妨和他們分享自己的實用知識。在規劃職業的過程中，首先要明確自己總是在不知不覺中搜尋哪方面的訊息，以及時常關注哪個方向。以此基礎思考尋找工作或創業。

　　縝密型的人總是小心謹慎，能在很長的時間內處於專注狀態。這些特徵讓他們能夠得心應手地完成各種專業工作。例如，他們可能覺得，諸如書面資料的糾錯、系統分析與評估、問題診斷或人事與系統管理等工作，會讓他們覺得幹勁十足。種種需要密切關注細節的活動，都會使他們展現標誌般的鉅細靡遺工作特質。

只相信自己了解的事物

　　長久所形成的吸收和整理訊息的習慣，讓縝密型的人有強烈的先後次序感。他們只相信從經驗中獲得的已經證實的事實。他們會仔細認真、持續不斷地組織和累積自己的知識庫。富有經驗的縝密型的人通常會告訴你，在自己的專業領域裡，什麼是可行，什麼是不可行，並找出許多實際的案例和你分享。他們喜歡遵循他們嘗試過且經過驗證是正確的做事方法。因為這種偏好，他們往往被其他人認為不夠靈活，但認真可靠。以下是一名縝密型的描述：「*我不喜歡改變已存在的事物，我喜歡使用現有的方法，完成我想要完成的事。*」

　　出於對過往累積經驗的信賴，縝密型的人會在行動之前，花上一點時間對現

在和過去的狀況進行比較，並在最終決定之前衡量所有相關的事實和細節。他們做決定時頗為小心，但一旦做出決定便會堅持到底，別人很難說服他們放棄或改變自己的決定。無論對人或組織，他們都表現出很高的忠誠度，而且這種忠誠一旦建立，他們就不會輕易背離組織而尋找另外一份工作，即使這份工作並不能滿足自己的個人需要。他們一旦做出承諾，就會變得堅定、富有獻身精神且有所承擔。他們是恪守承諾、履行諾言、堅持不懈的一群人。

循規蹈矩

縝密型的人做事有系統性，願意遵循程序，小心仔細地完成每個步驟。他們尊重並遵從所謂的標準操作流程、條例和規章，並經常主動確保他人也遵守這些標準，因此許多縝密型的人會擔任管理者和監督者的角色。

他們對於「走捷徑」的方式並不感興趣，即使看到他人如此做也通常會持保留意見。他們認為標準流程是經過了驗證並證實可行，因此所有人都應該嚴格遵守。在這方面，他們尤其強調精確和細節，表現出做事非常負責、認真和穩定。對於他們來說，穩定運行的體系和制度，以及工作依照計畫順利進行，是他們感到最滿意的時刻。

縝密型的人工作態度非常認真，當任務目標清晰且漸進有序時，他們感覺最自在。他們喜歡在開始工作前就做好計畫，而不是邊做邊計畫。因此，當他們看不到、想像不到或不能定義最後的結果時，他們經常會猶豫是否應該展開計畫。他們需要坐下來，透徹思考整個專案，而不是倉促起步。一名縝密型的人如描述：「我做事時從來沒有搖擺不定的狀態。猶豫不定的事，一開始就不會動手去做。」

縝密型的人渴望穩定有序，而不是雜亂無章的工作環境，在具備清晰明確的方向和目標的工作環境裡，會有最佳表現，在要求遵守明確規則與流程時，也最為得心應手。他們了解並喜歡權力等級分明的組織，而慣例和傳統則會讓他們感到長久的安全和穩定。他們會竭盡全力地維持系統的存在與穩定，如果事事都可以按部就班有條不紊地推進，他們就會覺得心滿意足。

竭盡全力完成任務

縝密型的人以工作為重，值得信賴。是絕對可以放心交付任務的類型。他們工作也非常勤奮，能按部就班地在規定的期限內完成工作，甚至不放過任何一點微小的細節。他們通常對工作要求的標準也相當高，往往讓他人覺得難以達到。他們具有非常強烈的責任感，認為完成任務和承擔應盡的責任是義不容辭的義務。

如果你屬於縝密型的人，應該尋找可以完成任務或提供實際服務的工作機會。關注細節並盡責落實工作，直至目標圓滿完成，是你與生俱來的特質，所以不妨盡力發揮這方面的優勢。尋找組織與管理計畫或維持系統運行的機會。

也許就是因為承擔了太多責任，他們往往最終難以達到自己設定的標準。同時，由於他們渴望細緻地完成每項任務，因此承受很大壓力。他們應該在接受任務之前，仔細考量隨之而來的責任對他們的影響，這一點至關重要。然而，即使能夠了解這些額外工作會讓他們承受巨大的壓力，他們還是會盡責地承擔。學會如何說「不」，並根據自己的承受能力接受任務，對縝密型的人來說是一個巨大挑戰。

更有甚者，縝密型的人也許會積極承擔整個計畫的責任，而不是只承擔自己職位的責任。他們的責任感有時甚至會讓他們替沒有完成任務的人工作，結果他們往往會完成遠遠超過自己應該負責的工作，進而只為了確保能在規定限期前完成所有任務，讓自己長期處於巨大的壓力中。即使面對如此巨大的壓力，他們也只會在難以忍受和極端困擾的情況下，主動告訴別人這種情況。

身為縝密型的人，你會以任務為導向，總是有條不紊地處理每件事情。你可能熱衷於人事、計畫與資源的管理工作，如果這份管理工作還包含負責細節處理，可能會更吸引你。這種從任務出發並關注實際細節的方式，會讓你在資源管理、推進計畫進度並且最終完成工作的過程中得心應手。

注重實效

縝密型的人非常注重實效。他們喜歡以簡單清晰的方式呈現訊息，亦善於組織人力與物力以達成目標。這種組織能力，與他們強烈的責任感和以工作為重的

特質密不可分，兩者的完美結合讓他們成為確保任務完成的不二人選。他們會用相當務實的方式進行資源分配，妥善組織人力與物力高效地完成工作。

對縝密型的人來說，工作有具體目標，或是產出有形產品或服務時，他們會感到滿足。以下是一名縝密型的人描述其職業滿足感：「我喜歡從事電子領域的工作。當工作完成時，只要按下開關就能馬上看到結果。我也喜歡解決問題，因為必須從頭到尾仔細沿著電路設計圖檢查，以確定究竟是哪裡出了問題。」

一名縝密型的物理課老師就是典型注重實效的例子。他在講授每個原理時，都會提供具體實際的例子或現場示範。他會以播放火車或高空彈跳等等影片，解說生活中的物理原理。他擅長將抽象的原理透過實際的生活場景展現。

縝密型的自然工作方式特點

縝密型的人在運用自然工作方式時具有最好的表現。了解你的不同偏好，就可以更準確地評估什麼工作方式才會讓自己獲得滿足感。以下歸納和總結了縝密型的人的性格特點和工作偏好，各位可以看看哪些描述更適合自己。身為縝密型的人，我在下列方面表現最好：

☐ 組織人力與物力完成工作

☐ 遵循工作流程來完成工作

☐ 系統化地處理任務

☐ 收集和組織訊息，並建立訊息與經驗的連結

☐ 依循有序的工作方法

☐ 穩定運行的體系和制度

☐ 關注過去的可行案例以指引當前計畫

☐ 採取實用方法，強調對細節的關注

☐ 完成指令清晰、安排有序的工作

☐ 成為某個領域的專家

☐ 在開始行動前制訂計畫

☐ 遵循清晰的規定、程序與規則

☐ 接受清晰明確的指示和期望

☐ 尋求長久的安全感和穩定性
☐ 追求精確度
☐ 在相對可預測的環境中工作
☐ 採用經過檢驗證實為正確的方法
☐ 跟進計畫，直至任務完成
☐ 小心翼翼地做出決策
☐ 按部就班地工作

我的關鍵

　　回頭看看縝密型自然工作方式的特點清單，以你勾選出的特點，在下方空白處填上你的個人工作方式摘要。如此有助於明確了解自己想要在工作中從事什麼具體活動，以及什麼樣的工作環境最能與你契合。當然，也可以添加清單中未提及的特點。

我最重要的工作偏好是： ＿＿＿＿＿＿＿＿＿＿＿＿＿＿＿＿＿＿＿＿＿＿＿＿＿＿ ＿＿＿＿＿＿＿＿＿＿＿＿＿＿＿＿＿＿＿＿＿＿＿＿＿＿

縝密型如何減輕工作壓力

　　透過本章前面的內容，已經確定了自己的性格類型如何與偏好的工作活動及工作風格連結起來。考慮一下什麼工作內容和環境會讓縝密型的人感到壓力重重或覺得不適合，這點相當必要。每個人都會在某段時間內從事自己並不喜歡的工作，但如果長時間從事自己沒有興趣的工作，就可能造成工作壓力或不滿情緒。

　　這裡會著重指出縝密型的人可能出現哪些工作壓力。在閱讀的過程中，可以

想想自己目前的工作是否包含了書中的描述。如果是，就須要思考一下，該以哪些方式改變某些工作內容，或採取一些盡可能緩解壓力的辦法。了解工作讓自己產生壓力的要素，可能幫助你明確了解哪些工作選擇不適合自己，然後避開這些工作。

對於縝密型的人來說，充斥著含混不清或毫無頭緒的工作環境讓他們討厭，因為身處這樣的環境中，他們對於什麼工作必須完成、如何完成，以及要達到什麼標準一無所知，並深感不安。雖然縝密型的人總是迫不及待地想要完成目標，並願意為此而努力，但是在這樣的工作環境中，他們會感到無從下手，在捕捉重點時也會覺得茫然若失。如果你屬於縝密型的人，在面對這種工作環境時，可以詢問一下其他人關於操作流程或指導意見，以釐清自己的職責範圍並區分輕重緩急。如果得到的答案是否定，你可以創建自己的體系，將所有需要實現的結果、流程或須優先處理的問題一一羅列出來。完成這些準備工作後，可以交給主管審閱，確保自己的預想及篩選出的優先事項為正確。

縝密型所在的工作環境中，如果其他人對於重要事實與現實狀態置之不理，他們會覺得喘不過氣來。如果他們以過往經驗判斷目前採取的方法不可行，就會感到這是相當艱困的任務。如果他們主動分享的經驗不受理睬，會深受打擊。縝密型的人必須知道，面對總是不切實際幻想未來的人，直截了當地推翻他們的想法並不是最好的解決辦法，須小心謹慎地透過恰到好處的提問，幫助他們了解現實情況。

在縝密型的人眼中，改變就是壓力的導火索。如果這種改變並非預期，或是在他們深思熟慮之前由他人強行賦予，他們就更可能因此備受壓力。某些縝密型的人表示自己會嘗試接受改變原本現實生活的必經之路，或試圖透過有條不紊的安排和井井有條的流程，使自己以更有效的方式應對改變。我們接著會探討更多應對改變的策略。

縝密型的職業和人生發展策略

接下來我們將介紹縝密型的人生，能如何從職涯獲得最大收穫，除了包括改

善職涯規劃的兩個方向，同時也提供了一些實際的建議，幫助讀者更有效地規劃職業發展路徑。另外，也有較為個人客製化的方面。從以上內容與待發展的方面綜合出發，討論可將現有職場表現推向更上一層樓的方式，以及如何實現個人生活的改善，並達到充分的滿足感。

▸▸ 從容面對變化與不確定性

　　縝密型的人在穩定和結構化的環境中感覺舒服，他們也熱衷於保持現狀。過去的經歷會讓他們記憶猶新，他們對於目前的情況也同樣瞭如指掌。在穩定的環境中，這種對過去經歷和當前情況的掌握很有幫助，但在變革環境下，小心謹慎有其缺點。以下是一名縝密型的人的心聲：「對我來說，最大的挑戰就是在訊息缺失的情況下著手新計畫。過去的我常因此裹足不前。現在，我正學著如何在沒有掌握全面訊息的情況下採取行動，並讓事情完成。」

　　縝密型的人在充滿可預見和條理分明的工作環境會覺得如魚得水。對於他們來說，應對改變可能並非易事。面對變化的環境，他們會試圖掌握並了解所有可能產生的影響。他們面對改變的反應有時可能有些遲鈍。如果改變是沒有多加解釋地直接強加在他們身上，他們更是會三思而後行。縝密型的人認為，冒險沒有必要、也沒有建設性。除非有足夠的證據顯示，他們正在進行的努力會轉變成切實的成果，否則，他們通常不會想要站在時代的前端。

　　但是，世界永遠處於變動。縝密型的人如果能培養自己的適應性與靈活性，面對轉變就會有更好的應變。現狀不會一成不變，如果縝密型的人願意承擔風險，或嘗試新穎的做事方法，有時可能因此受益。目前，許多機構都在整合組織結構，並且調整展開業務的方式。環環相扣的管理系統不再像從前一樣條理分明，而在變化層出不窮之際，標準化的操作流程也不再是解決所有問題的靈丹妙藥。

　　如果你是縝密型的人，可能覺得循序漸進、積少成多的提升與改善，比一下子改成新方式更有價值。其他人可能將你維持現狀或逐步改變現狀的方式，看作職涯成功的障礙。他們可能覺得你頑固，對於改變自己的工作方式充滿牴觸，但你其實可能只想利用現有的一切基礎進行改善，而不是一切都從頭開始。

要記住，現狀總會發生改變。不要被動地面對未來。思考一下未來會發生什麼變化，然後在轉變發生之前未雨綢繆。坦然地接受變化，將其視為生活的一部分，然後調整自己適應變化。你必須在此過程跳出自己偏好的循序漸進，承擔巨大的飛躍和風險，使自己為應對未來做好準備。

在轉換職業跑道的階段時，可以將自己具備的技能和累積的經驗一一列出。這樣的起跑方式會讓你更為得心應手地應對職業生涯的轉變。賦予自己這項任務，思考如何透過充滿創意的方式應用自己的技能。可以將自己的職業技能轉換新方向，發現更多職業選擇。你可以向朋友或職業顧問尋求幫助，與他們一起腦力激盪地先列出一系列職業與職涯選擇方案，然後再依照可行性進行篩選。在規劃職業路徑的過程中，各位需要暫時將自己的經驗拋在腦後，然後輕裝上陣、闊步向前。面對不確定性，你不應該採取迴避的態度，而是應該一往直前地面對自己不熟悉的事物。

從容面對變化與不確定性的建議

- 面對正在經歷的改革，思考背後的實際原因。考慮此變革是否會降低工作難度或提高工作效率。尋找此轉變會帶來改善與提升的證據。另外，可以尋找其他公司推行類似改革的先例。

- 盡可能提前掌握訊息。人們開始討論改革時就應該加以留意，即使他們的想法看似不可能。透過提問的方式讓自己了解此變化涉及的範圍和時間安排。盡可能多挖掘一些細節，讓自己對改革的推進方式掌握更多訊息。

- 收集關於新穎想法和未來可能性的訊息。留心與自己專業領域相關的動向與趨勢，同時思考「如果此趨勢成為現實，會產生什麼影響？」。在變化成為事實之前就應該預見，並做好相應的準備工作，而不是被動應對。

- 清楚公司的長遠規劃。確保自己的努力和公司的前進方向一致。如果你尚未進入職場，可以留心觀察基本趨勢與一般性的變化，讓自己為未來做好準備。

▶▶ 理論、想法與模棱兩可

　　身為縝密型的人，你會傾向於將重點放在看得見、摸得著且與自己息息相關的事物。如果所在的工作環境充斥著過多概念、抽象或不確定的東西，可能就會覺得無所適從。許多職業領域都必須在細節和事實構成的世界，以及抽象與可能性之間來回穿梭。例如腦力激盪、策略規劃、計畫開發與規劃等工作的重點，通常都是大膽設想，而不是拘泥於眼前的現狀。各位須學習與自己專業技能相關的理論知識，同時會發現理論通常以非線性且整體全局的方式呈現，而不是依照順序從實踐的角度解釋。

　　縝密型的人會發現，如果能利用已知的框架理解某個理論，會讓他們如釋重負。一名縝密型的人如此解釋自己學習有關地理資訊系統採取的策略：「**在地理資訊系統中，數據檢測的理論讓我覺得一頭霧水，後來，我終於知道此理論和我的關係為何，以及此理論有什麼實際用途，這才終於抓到了頭緒。在我學習某項事物之前，我必須先了解整個過程與程序。一旦清楚了地理資訊系統如何應用，我就能將重點放在數據檢測如何糅合到此流程，從而掌握相關理論。**」

　　縝密型的人可能會發現，要解決概念性、方向不明確或毫無頭緒的問題時，制訂計畫與策略，頗有助益。各位可能在尚未掌握所有事實訊息時，就必須做出決定，也可能在最佳行動方案不甚明朗之前就要採取行動。此時，一定要小心，不要因為沒有周詳的規劃就躊躇不前。

理論、想法與模棱兩可的建議

- 將理論與實際應用及事實訊息連結起來。許多縝密型的人發現，如果他們已經掌握了針對某個話題的詳細訊息，想要理解或建立某個理論的難度就會大大降低。面對抽象事物，你可以將自己已知事物進行組織與分類，從而構建一個更為廣泛和複雜的模型。

- 爭取時間，在參與腦力激盪或策略規劃之前做好計畫。從自己已知的事物入手，然後逐步朝著更為長期和抽象的應用方式與理念前進。

- 一個問題的答案不一定是唯一的。同樣地，認知某個狀況的方式也不是唯一的。想像一下其他人會如何解讀某個環境，思考一下如果從一個截然不

同的視角出發，會如何回答某個問題。這樣的做法有助於發掘不同的思考方式。

- 切記，不要因為沒有找到足夠的事實依據就輕易否定某個理念、觀點或視角。嘗試是否可將這些想法與當下狀況連結。如果你願意，就能幫助他人找到將想法轉變為事實的答案。

▶▶ 把握此時此刻

縝密型的人盡職盡責，總是將工作放在娛樂休閒的前面。如果還有事未完成，他們就會坐立不安。縝密型的人經常承擔很多職責，每天的工作時間都很長，不遺餘力地朝著某個目標努力。他們對自己的要求可能非常嚴格。他們的責任感有時可能讓他們忽略了體能的極限，進而影響自己的身體狀況。他們必須努力才能將工作與生活達到平衡，否則，他們就會覺得疲憊不堪。

有時，可以隔開一段距離審視自己的職責，「停下腳步享受此時此刻」是縝密型的人相當重要的關鍵。你要透過各種方式嘗試暫時將責任感拋之腦後，享受此刻的快樂。或許必須安排一些娛樂活動。一名縝密型的人就是透過以下方式平衡自己的責任感：「我發現在家裡做點事情會讓我心情放鬆。最近，我蓋了一個壁爐。家務事能讓我靜下心思考問題的解決方案，也可以讓我暫時從工作中掙脫出來。」

另一名縝密型的田徑隊教練也採取了相似的方法，讓自己從職責中抽離出來：「我想，從某種意義上來講，教練也是一種工作，但是我覺得和朝氣蓬勃的田徑選手在一起是一件非常愉悅的事情。我的工作目的並不是讓他們脫穎而出。我只是喜歡他們表現出的豪氣，我要做的也只是鼓勵他們，讓他們呈現最佳狀態。對我來說，這種活動很有意義。」

縝密型的兩種類型各自以不同的方式承擔職責。「ISTJ」類型經常認為他們面對鋪天蓋地的工作職責會壓力很大，不堪重負；「ISFJ」類型則似乎會連生活中的職責也面臨重重壓力，包括平衡自己在工作與生活中扮演的角色。「ISFJ」類型的人要注意不能榨乾自己，必須留一些自由的時間與額外的經歷來享受此時此刻，這一點至關重要。

把握此時此刻的建議

- 利用自己敏銳的觀察力和對於細節的重視來專注於此時此刻。抽出時間，利用自己的感官感受此刻的愉悅，可以用心欣賞一幅畫作，可以感受一朵花沁人心脾的芬芳，或放開心胸享用眼前的美食。
- 時不時抽出時間讓自己沉浸在某個興趣、運動或娛樂活動中。考慮研究一個新議題或培養一項新技能。
- 記得休息。如果總是忘記休息，不妨將這一項也寫到工作計畫中。抽出時間關注自己的個人需求。對於此刻的你來說，什麼東西最能讓你興致盎然？什麼東西能讓你幹勁十足？
- 注意照顧自己的身體。鍛鍊身體，好好吃飯，時不時地多加休息。這些習慣能夠改善你的健康狀況，幫助你更享受生活。

我的關鍵

對你而言，從容面對變化與不確定，應對理論、想法與模稜兩可的狀態，以及把握此時此刻，是否具有挑戰？如果是，那麼此處的哪個策略有所幫助並值得一試？

_____

_____

縝密型的職業平衡

縝密型的人生活的能量來源，在於內心世界的反思及對過去經歷的整理。他們不斷地吸收和消化訊息，久而久之，他們的腦海裡就形成了一座豐富的資料庫。因此，他們必須透過對外在世界的關注和採取實際行動，以平衡他們內在關注的特質。平衡有助於將他們的觀察圍繞某個重點，同時也可以幫助他們找到行

動的目的與方向。

一般來說，人們在吸收訊息時通常會採用兩種方式：從價值觀出發和從邏輯分析出發。在性格類型理論中，這兩種方式分別稱為感性（F）和理性（T）。雖然所有人在評估訊息或制訂決策的過程中，都會不時地綜合使用兩種模式，但一定會更傾向其中一種。各位可以參照本書第2章的描述，找出哪種方式讓你感到更自然。

感性和理性兩詞的字面意義不少，不僅僅與如何吸收訊息有關，為了避免歧義，本書中把用感性做決定的人稱為感性縝密型（ISFJ）；把以理性做決定的稱為邏輯縝密型（ISTJ）。

這兩種方式的關注重點不同，但都集中了縝密型的人善於做出選擇和採取行動的特質。在生命中，他們會不斷運用和融合這兩種方式，幫助他們做出決定和選擇行動。久而久之，這種自然的發展歷程讓縝密型的人在決策時更加靈活。

感性縝密型的人在評估訊息時，會很自然地以個人的價值觀為基礎。他們的行動方式與務實貢獻型的人有些類似，關心他人的即時需求，同樣處事親力親為，關心他人，他們從事的工作或所喜歡做的事情也往往比較接近。但切記，對縝密型的人來說，幫助和理解他人的情況只是次要，最重要的是對周圍世界的關注和了解。

隨著時間的推移，感性縝密型的人通常在人生後半段會學著在制訂決策的過程中，融合更多邏輯性因素，當從人性化角度出發評估自己的選擇與行動的同時，也會綜合考慮客觀因素，同時還會更密切地關注自己的行為所帶來的邏輯結果。

邏輯縝密型的人在評估訊息時，會自然地使用邏輯分析的方法。他們的行動方式與務實果斷型的人有些類似，有效地朝預定的實際目標前進，凡事以任務為中心，從事的工作或所喜歡做的事情也往往比較近似。但邏輯縝密型的人認為邏輯分析是次要的，最重要的是對事實和細節的吸收消化。

隨著在生活中不斷成長，邏輯縝密型的人會學著在制訂決策的過程中，更關注現實情況及涉及的相關人員。他們在建立和諧人際關係並了解對方的過程中，會更注重談判與妥協之外的事物，因為他們看待這個世界的視角融入了更柔和的

人性化因素。

　　本章以下的內容將分為兩部分。第一部分為「ISFJ」類型的人量身訂製，第二部分則針對「ISTJ」類型的人。各位可能會發現，先閱讀對自己來說最自然的平衡方式很有幫助。之後，可以再閱讀另一種平衡方式，如此一來，便能知道隨著自己不斷成長和成熟，未來有什麼等著自己。如果你已進入中年，你可能對兩部分都有興趣，因為在人生的這個階段，你可能已經擁有足夠的動力培養自己並不偏好的決策方式。

如何尋找平衡？

我更像「ISFJ」	我更像「ISTJ」
我是感性縝密型的人。首先我會以基於價值觀的決策方式來平衡我對現實事物的關注特質。當我日趨成熟時，我會學習在做決定時更重視邏輯分析以進一步平衡。	我是邏輯縝密型的人，首先我會以邏輯決策方式來平衡我對現實事物的關注特質。當我日趨成熟時，我會學習在做決定時更重視價值觀與人性化考量以進一步平衡。

感性縝密型（ISFJ）的工作方式

　　「不要惹事生非！」

　　最新研究顯示，美國成年人感性縝密型（ISFJ）約占13.8%。感性縝密型的人會以關注人的價值觀，來平衡他們對現實事物的重視，與貢獻型的人很像，他們喜歡與團隊或小組一起努力朝有意義的目標努力，並在不同情況下，為成員提供協調、組織和幫助。感性縝密型的人喜歡尋找一切幫助他人的機會，熱衷於創造積極、互相支持與和諧的環境，並樂在其中。以下是一名感性縝密型的人的說法：「團隊必須經常溝通才能順利完成工作。團隊成員須互相鼓勵，以及得到團隊領導的大力支持才能有效地完成工作。」

感性縝密型的人透過對人性化及價值觀的關注，平衡自己對細節的重視，他們最初表現的縝密型工作方式與邏輯縝密型的人有很大不同。然而，邏輯縝密型的人在步入中年後，會發現這種對細節的重視反映出提升和成長的方向。

▸▸感性縝密型做什麼最自然

幫助他人

感性縝密型的人透過關注他人的需求，平衡自己對經驗的累積和敏銳的觀察能力。他們適合能為他人提供實際幫助的工作，如醫師或護理師。他們會仔細而全面地評估病人的症狀，十分體貼和關心病人。又或者是醫療保健方面的工作，如牙醫、外科醫師、呼吸系統和放射科專家、語言病理學家或治療師。

感性縝密型的人喜歡為滿足他人的日常需求提供及時且實際的幫助，因此他們也許會成為出色的兒童護理工作者、理髮師、出納或向他人提供幫助的社會工作者、輔導員與教師等。以下是一名感性縝密型的人描述自己如何對待他人：「我喜歡和人打交道，尊重別人。把每個人都當成獨特的個體對我來說很重要。每個人為社會做出的貢獻都應該獲得認同和讚賞。」

確保事情進展順利

感性縝密型的人特別喜歡一對一的工作，為他人提供個人化的服務。他們經常充當支援者的角色，如助理或副手等。他們亦擅長組織和管理細節，能妥善安排事情，處理大量細節。他們常在幕後工作，以確保事情和計畫順利進行。以下是一名感性縝密型的人描述自己助理工作的情形：「在仲裁過程中，我會坐在一旁認真傾聽。我有良好的記憶力，能逐字逐句地回憶當事人所說的話，為仲裁提供和分享所有訊息，確保沒有遺漏重要訊息。我也喜歡準備、收集和組織仲裁所需的訊息。必要時，我能很快地找出相關資料，並與仲裁官分享。但我並不想做最前線的仲裁角色。對我來說，在幕後傾聽和收集訊息，為整個仲裁過程提供必要支援讓我感到滿足。」

支援他人

對感性縝密型的人來說，給予和得到正面反饋都十分重要。他們尋找支援他人的機會，也希望別人和他們一樣。他們甘居幕後，傾聽的時間往往多於說話的時間，通常不會提及太多自己的事。如果自身努力沒有得到足夠賞識，他們會覺得別人將自己的付出當成了理所當然之事。也許他們須更積極主動地和他人分享成果，讓自己的成就得到他人的了解和認可。

感性縝密型的人喜歡被需要的感覺，會設法幫助他人解決困難或走出困局，他們是團隊忠實的參與者，但過於在意或太過依靠別人的反饋。他們具有強烈的責任感，因此做決定的依據常是他人的需求，而非自己的需要。學會表達自己的個人需求，同時注意不要讓過多的工作與生活角色拖垮自己，是感性縝密型的一大挑戰。

管理細節

感性縝密型的人做事時喜歡遵循流程並重視細節，享受不同類型的技術或管理職位的工作。他們希望所有流程都公平公正、易於執行。一名在政府部門工作並從事行政文書處理工作的感性縝密型認為，在工作中幫助他人是一件非常有意義的事：「我喜歡幫助客戶處理繼續學習所需的文件，我喜歡讓他們的申請過程盡量清晰簡單。」

感性縝密型的理想工作環境特點

關注個人偏好，便可以更準確地找到讓你感到滿足的工作類型。下方歸納和總結了感性縝密型的理想工作環境，各位可以看看哪些描述更適合你。身為感性縝密型的人，我偏愛下列工作環境：

☐ 系統化和結構化
☐ 明確的工作流程和期望
☐ 氣氛和諧，成員之間相互支持
☐ 有機會管理和處理細節

□有機會為他人提供幫助和支援

□尊重並認可他人的價值觀

□使流程更加實用，讓使用者覺得更便捷

□看重別人的知識與貢獻

□尊重且和善地對待他人

⏵ 感性縝密型有興趣的工作

　　以下是感性縝密型的人可能感興趣的工作。這份清單是參照數據進行歸納，數據顯示，感性縝密型的人從事下述這些行業的機率高於其他行業。這份職業清單依照美國勞工部職涯資訊系統O*NET提供的訊息，歸結出五大類，這些類型的工作對感性縝密型的人來說充滿了吸引力。O*NET是一個龐大的互動性資料庫，專門提供職業相關訊息，用於探討與研究職業選擇。該系統對工作類型進行了劃分，不僅依據工作本身內容，還包含完成該項工作所需的技能，以及需要接受的教育或培訓。各位可以到該網站瀏覽各式羅列的職業或工作類型。該網站也有關於職業的豐富資訊。最後，我們設立了第六類「其他」，涵蓋了該職涯系統劃分的其他工作類型，這些工作同樣可以吸引感性縝密型的人。

解讀職業訊息的關鍵

　　每種職業的編號都包含了一些訊息，幫助各位更容易評估這份職業是否適合自己。

　　🚲＝綠色經濟職業：與降低化石燃料的使用、減輕汙染、提高能源效率及提升再生能源使用等領域息息相關。

　　⚙＝有前景、快速成長的職業：經濟層面十分重要的行業，這些行業可能實現經濟長期增長，或因為技術與創新而出現劇烈的變化。

　　工作能域＝數字編碼（1～5），總結了想要進入此行業須進行的準備（如教育、培訓或經驗傳授）。數字1～5代表所需要的準備由少到多。

職業趣味性＝字母編碼（R、I、A、S、E、C，即：實際、調查、藝術、社會、創業和傳統），代表職業興趣。此部分與美國心理學教授、知名職業指導專家約翰·霍蘭德（John Holland）的職業興趣類型及工作環境（將在第11章仔細描述）一致。

社區與社會服務

神職人員 5SEA

主管、宗教活動與教育 4ESC

健康教育工作者 🌼4SE

醫療與公共健康社會工作者 🌼5SI

教育、培訓與圖書館

檔案管理員 4CI

護理講師與教師 5SI

博物館長 4EC

高中教師 🌼4SAE

國小教師 🌼4SAC

教師助理 🌼3SC

國中教師 🌼4SA

醫療保健與技術

運動員教練 5SRI

健康技術專家與技師 4RI

職業物理治療師 🌼5SI

重症護理 🌼3SIR

執業實習與執業護理師 🌼3SR

驗光師 🌼3ECR

放射科技術人員 🌼3RCS

口腔衛生工作者 🌼3SRC

醫療記錄與健康資訊技師 🌼2CE

牙齒矯正醫師 5IRS

家庭醫師與一般醫師 🌼5IS

護理從業人員 5SIR

發聲治療師 🌼5SIA

外科技師 🌼3RSC

醫療支援

家庭健康護理 🌼2SR

護理助理、護理師與服務人員
　🌼2SRC

按摩治療師 🌼3SR

辦公室與行政支持

簿記、會計與審計職員 ✿3CE

文書處理員與打字員 2CE

工資結算與計時人員 ✿2CE

圖書館助理 ✿3CRS

支援工作者的一線總監或經理

✿3ECS

其他

以下清單包括了可能吸引感性縝密型的其他工作類型。

房地產評估與評審 ✿3CEI

懲教人員與獄警 3REC

藝術家 3AR

歷史學家 5I

傭人與房屋清掃人員 ✿1RC

犯罪鑑識專員 ✿3CRI

房地產評估員 ✿4ECR

牙科實驗室技師 ✿2RIC

漁業與狩獵監督 🌿4RI

醫療資訊學護理師 ✿4SI

音樂家與歌手 3AE

保全 ✿2RCE

校車司機 ✿2RC

電工 🌿✿3RIC

食物準備工作人員 ✿1RC

珠寶商 3RA

樂器演奏家 3AE

官銜審查、摘錄員與搜查員 3CER

臨床護理專家 ✿5ESC

農民與農場主人 🌿3REC

喪葬承辦 3ESC

貸款顧問 4ESC

苗圃與溫室管理人員 3ERC

感性縝密型的技能強項和重要的特點

關注個人偏好，便可以更準確地找到讓你感到滿足的工作類型。下方歸納和總結了感性縝密型的技能強項和重要的能力，各位可以看看哪些描述更適合你。身為感性縝密型的人，我具有以下技能強項與重要的能力：

☐ 行政管理

☐ 關注細節

☐ 完成任務

☐ 組織能力

□溝通能力，特別是傾聽
□協助他人
□支援他人
□時間管理和專案管理能力
□協調
□合作

▶▶ 感性縝密型的領導者

感性縝密型的人在擔任領導者時，會有獨特的優勢，他們擁有自然獨特的領導方式。

支持和協助

身為領導者，感性縝密型的人事事關心，沒有一點架子。他們會致力於營造一個相互支持的環境，讓每個人在和諧的環境完成屬於自己的任務。對於他們來說，必須完成的任務和團隊每個人的需求，兩項同等重要。

甘居幕後，為他人提供支持和協助是感性縝密型的人欣賞的領導方式，提供必要的訊息和支持，而不只是命令，這是他們典型的領導風格。他們會努力確保每個人都得到必要的資源和支持以完成工作。但是，他們往往會基於過去的經驗判斷他人需要什麼，而不是直接詢問當事人。也正因如此，他們也許會誤解他人的需求，所以他們必須重視直接詢問別人需求的方式。

身為領導者的感性縝密型往往能記住一些特別的場景。他們不吝於讚揚他人，會致力於維護組織裡的傳統，尤其是對人表示肯定和讚美的做法。他們希望能透過這些活動鞏固團隊成員相互的連結，提升歸屬感。

遵守規則

感性縝密型的人通常具有強烈的職業操守，遵守規則，同時亦希望其他人也一樣。他們具有高度的責任感，工作認真負責，竭盡全力在規定的時間內完成工作。如果下屬未認真工作、缺乏承擔或不遵守規則，他們便會歸咎於自己。為了

確保完成工作，他們或許會承擔額外的責任，以避免和他人發生衝突。

逃避衝突

感性縝密型的人往往不願意直接與他人發生衝突，因此不會直接表達自己對他人的失望等情緒，但一段時間過後，他們又會為下屬的過差表現而感到沮喪，可能會過度地指責或批判表現差的下屬。諷刺的是，他們也了解對下屬的這種反應無助於解決問題。

面對衝突和不和諧的情況，感性縝密型的人常感到灰心。直面衝突，處理意見不合的狀況，對他們來說十分困難。如何給予下屬直接和及時的反應是他們必須改善之處，因為他們並不了解直接和果斷處理衝突的方式能為工作關係帶來積極的影響。

感性縝密型領導者的特點

關注個人偏好，便可以更準確地找到讓你感到滿足的工作類型。下方歸納和總結了感性縝密型所偏好的領導風格，各位可以看看哪些描述更適合你。身為感性縝密型的領導者，我喜歡：

☐ 致力於營造互相支持的環境

☐ 關注下屬的需要

☐ 不吝於讚美他人，極力維持團隊傳統

☐ 甘居幕後

☐ 遵守規則

☐ 加強團隊成員之間的連結，提升歸屬感

☐ 在規定的時間內完成工作

☐ 確保每個人都得到完成工作必需的資源和支持

☐ 為他人提供支持和協助

☐ 提供支持而不是下達命令

☐ 避免衝突

▶ 感性縝密型的團隊成員

感性縝密型的人非常重視友誼，喜歡與他人共同合作完成任務。身為團隊成員，他們非常忠誠和可靠，能在規定的時間內認真仔細地完成分配給他們的任務。

感性縝密型的人很容易被團隊中的不和諧氣氛影響，不喜歡在充滿競爭的環境中工作。身為團隊中的一員，他們注重團隊目標的達成，而不是關注個人成就。對他們來說，合作是團隊工作的重要元素之一。他們喜歡在幕後為他人提供支援和協助，而不是領導他人。

給予和接受正面回饋對感性縝密型的人來說非常重要。他們天生喜歡在幕後支持他人，但如果自己的成績沒有得到認可，他們會覺得自己所有努力與奉獻都被當成理所當然。他們也並非一定要求單獨讚揚，只要團隊的努力得到認可便很滿足了。如果他們支持的人偶爾給予一些正面反饋，他們會非常感激。

感性縝密型團隊成員的特點

關注個人偏好，便可以更準確地找出讓你感到滿足的工作類型。下方歸納和總結了感性縝密型所偏愛的團隊工作方式，各位可以看看哪些描述更適合你。身為感性縝密型的團隊成員，我偏愛：

☐ 重視團隊成員之間的友誼
☐ 不喜歡充滿競爭的工作環境，不喜歡不和諧的氛圍
☐ 為共同的目標通力合作
☐ 喜歡提供支持和協助
☐ 甘居幕後
☐ 給予積極正面的回饋和支持
☐ 認真仔細，完成交付的任務
☐ 會因為收到的積極回饋而深表感激

▶▶ 感性縝密型的學習風格

感性縝密型不喜歡過於理論、太過抽象或雜亂無章的知識，他們認為能在現實生活應用的務實知識非常有用。他們會不時反思自己的經歷，將眼下的訊息與過去的經驗連結。在這方面，個人經驗和實際的案例無疑對他們特別具有幫助。

他們希望知識或訊息能清晰且循序漸進地展開，沒有遺漏重要的事實和細節，尤其是在某個條理清楚的框架下展現出的事實和細節。他們偏愛系統化的學習環境，清晰的學習目標和指令對他們非常重要，因為這有助於他們設定自己的目標及時間，畢竟這是他們最擅長的工作。

在學習過程中，感性縝密型的人渴望來自他人的支持和鼓勵。對他們來說，導師或輔導員對他們的關心與正面回饋，是學習中很重要的一件事。他們期待自己為了學習所付出的努力都被人們看在眼裡，成為別人讚揚的對象，尤其是一對一的讚揚，讓他們感受到個人關懷的表揚方式，會讓他們更喜歡。

感性縝密型的學習風格特點

關注個人偏好，便可以更準確地找到讓你感到滿足的工作類型。下方歸納和總結了感性縝密型偏愛的學習方式，各位可以看看哪些描述更適合你。身為感性縝密型的人，我偏愛：

☐ 不喜歡太理論、抽象和雜亂的知識
☐ 喜歡清晰和循序漸進展開的知識
☐ 喜歡能在現實中應用的實用知識
☐ 喜歡系統化，相互幫助的學習環境
☐ 建立知識與過去經驗的連結
☐ 希望獲得清晰的學習目標和指令
☐ 個人經歷和實際案例的輔助
☐ 渴望支持和鼓勵，努力得到認同

性格偏好跟天生傾向可以作為自我評估的出發點。這一部分的內容，也許某些陳述你可能認可，某些則可能不認同。這樣的反應很常見，因為每個人表達自

己性格特徵的方式都不同。閱讀整體概要描述也可以成為職涯發展方向的出發點。現在，你需要進一步自我評估，具體方法就是將這些概要陳述和個人生活結合起來。下方的問題可以幫助你將此部分的內容和自己的具體情況連結。在回顧本章內容的過程中不要忘了在腦中想起這些問題：

- 這種性格的所有特徵是否符合我的真實情況？哪些部分符合？哪些部分不符合？
- 是否有哪個部分的描述對我來說尤為重要或關鍵？
- 我可以將哪些訊息具體實踐，從而決定自己的職涯發展方向嗎？
- 我該如何調整自己的職涯發展方向？哪些方面應該強化？又有哪些方面應該弱化？
- 在未來工作中，我想將重心放在哪個方面？

各位可能會在此過程中，想用各種方式標注或強調某些部分，也許是想在書頁的空白部分寫些筆記，或製作一系列索引卡，又或在筆記本認真寫下一些筆記。不論採取什麼方式，問題的關鍵在於這些紀錄必須是能夠真實描述你的目前情況。設想自己的理想工作該是如何，有哪些具體的工作內容？有什麼樣的工作環境？工作中會應用到哪些技能？你期盼以什麼方式領導他人或被他人領導？你希望為團隊做出什麼樣的貢獻？你想要以什麼樣的方式不斷學習與成長。

同時也思考一下自己目前的發展階段。你現在利用哪些方法平衡自己的自然工作方式？你是否正在進入新平衡方式的過渡期？切記，每個人的情況都是獨一無二的。以果斷型和分析型的人為例，這兩種類型的人在溝通時喜歡就事論事。但是，他們還是會或多或少地透過移情作用和他人建立連結。這兩種人如果願意花費時間和精力，透過學習且最終從事人事服務工作，他們的做事方式就有可能與在技術領域獨立工作的同種類型人截然不同。

我的關鍵

現在，各位已經做好準備，將自己的自然偏好和具體情況結合起來了。

> 描述你最想從工作得到什麼。不要單純羅列一系列工作，將重點放在說明自己的個人偏好。
>
> _____
>
> _____

　　了解自己的工作偏好之後，可以直接閱讀「ISTJ」性格類型的介紹。如果你有興趣培養基於邏輯的決策方式，更應如此。如果你已經準備好以評估自己的價值觀、生活方式和局限，來繼續完成職業規劃，可以直接跳到第11章。

邏輯縝密型（ISTJ）的工作方式

「為什麼要白費力氣做同樣的事？」

　　最新研究顯示，美國成年人邏輯縝密型（ISTJ）約占11.6%。他們是果斷理性的一群人，凡事以任務為中心，關注有效率地履行職責和達成目標。他們喜歡因為成就而得到一些小禮物或金錢方面的獎勵，因為這種物質獎勵能為他們帶來安全和穩定感。

　　基於性格特徵，邏輯縝密型的人經常會成為某方面的專家，如某些技術領域，尤其是維護和操作設備與系統的工作，十分擅長察覺和改正不合理的狀況。他們處事獨立認真，在架構清晰、目標明確和不受外界干擾的環境中表現出色。

　　由於他們會以邏輯分析的方法平衡對於細節的重視，所以邏輯縝密型最初表現的工作方式與感性縝密型的人有很大不同。然而，感性縝密型的人在步入中年後，亦會發現這種基於遠景的決策方式，恰好反映了他們提升和成長的方向。

▸▸ 邏輯縝密型做什麼最自然

遵循規則

　　邏輯縝密型的人具有強烈適應規則的願望，並會小心翼翼地遵循。他們希望

能專心地完成工作，透過認真而精確地利用既有規則和流程，盡量有效地完成任務。他們並不抗拒例行或重複的工作，擅長集中精力關注所有細節。在工作過程中，他們不喜歡被打擾，如此便能長時間地專注於工作。他們非常有條理，凡事以任務為中心。時間長且不著邊際的會議、工作制度的缺陷，都是讓他們分心和沮喪的事情。以下是一名強調獨立工作的野外生態考察人員的說法：「我喜歡野外考察工作。我在戶外完成的工作遠比在辦公室完成的更多。在戶外工作時，我不會被電話和會議打擾。路途間，我通常會開始思考計畫並安排下一步應該做什麼。」

精確認真

邏輯縝密型的人處理事實和細節精確而認真，必須負責處理錢財和數據等工作對他們再合適不過了，因此常常在會計師、審計師、銀行家、財務人員、保險代理或採購代理等工作中，發現他們的身影。以下是一名邏輯縝密型的人描述他的工作風格：「我是一個強調細節的人。我會認真仔細思考每件事情，我認為花時間全面透徹理解一件事情很重要。」

邏輯縝密型的人具備強烈的是非觀念，他們希望能以正確而講求效率的方式完成任務，同時更喜歡單槍匹馬。但是，如果他們不確定什麼才是正確的流程，就會尋求別人的指令。一名邏輯縝密型的人如此解釋：「工作中，我喜歡遵循既定流程。如果完成某件事的流程並不是一目了然，我就會希望別人可以給出具體指示。如果沒有人知道具體的流程，我會依靠自己的力量盡可能做出最好的判斷。我會留心自己完成了哪些工作，以及自己的具體做法。最後，我會評估自己的處理方式是不是最好的。」

邏輯分析和決策

邏輯縝密型的人擅長運用邏輯分析能力做出艱難的決定。他們明辨是非，做出的決定通常都能依循原則，並顧及組織整體。他們討厭模棱兩可和模糊的情況，寧願處理瑣碎的事實和細節，也不願面對很多不確定的狀況。

他們喜歡擔任管理者或顧問，常見於不同行業的管理和監督人員。他們處事

可靠，並且認真仔細，值得信賴。他們與人相處時態度誠懇、務實、理性和果斷。他們通常顯得相當獨立，客觀冷靜，有時甚至拒人於千里之外。但他們其實心底也是關心體貼的人，經常是志願者或社區組織的一員，為社會做出自己的貢獻。

　　他們十分擅長運用自己的邏輯分析和留意細節的能力，以發現和糾正工作中的異常狀況。他們具有很好的細節觀察能力，十分強調嚴格的標準，因此總是能發現工作過程細微的差異和分歧。一般來說，正確性和精準性對於邏輯縝密型的人非常重要。

邏輯縝密型的理想工作環境特點

　　關注個人偏好，便可以更精確地找到讓你感到滿足的工作類型。下方歸納和總結了邏輯縝密型的理想工作環境，各位可以看看哪些描述更適合你。身為邏輯縝密型的人，我偏愛下列工作環境：

☐ 穩定、可預測的工作環境
☐ 不被外界干擾，專注於工作
☐ 運用邏輯分析和決策能力的機會
☐ 參與需要精確度和周密計畫的工作
☐ 有機會從事監管或管理工作
☐ 結構清晰，井井有條
☐ 清晰的工作目標和期望
☐ 有獨立工作的機會
☐ 重視工作能力和工作效率

▸▸ 邏輯縝密型有興趣的工作

　　以下是邏輯縝密型的人可能感興趣的工作。這份清單是參照數據進行歸納，數據顯示，邏輯縝密型的人從事下述這些行業的機率高於其他行業。這份職業清單依照美國勞工部職涯資訊系統O*NET提供的訊息，歸結出五大類，這些類型

的工作對邏輯縝密型的人來說充滿了吸引力。O*NET 是一個龐大的互動性資料庫，專門提供職業相關訊息，用於探討與研究職業選擇。該系統對工作類型進行了劃分，不僅依據工作本身內容，還包含完成該項工作所需的技能，以及需要接受的教育或培訓。各位可以到該網站瀏覽各式羅列的職業或工作類型。該網站也有關於職業的豐富資訊。最後，我們設立了第六類「其他」，涵蓋了該職涯系統劃分的其他工作類型，這些工作同樣可以吸引邏輯縝密型的人。

解讀職業訊息的關鍵

每種職業的編號都包含了一些訊息，幫助各位更容易評估這份職業是否適合自己。

🚲＝綠色經濟職業：與降低化石燃料的使用、減輕汙染、提高能源效率及提升再生能源使用等領域息息相關。

🌼＝有前景、快速成長的職業：經濟層面十分重要的行業，這些行業可能實現經濟長期增長，或因為技術與創新而出現劇烈的變化。

工作能域＝數字編碼（1～5），總結了想要進入此行業須進行的準備（如教育、培訓或經驗傳授）。數字1～5代表所需要的準備由少到多。

職業趣味性＝字母編碼（R、I、A、S、E、C，即：實際、調查、藝術、社會、創業和傳統），代表職業興趣。此部分與美國心理學教授、知名職業指導專家約翰・霍蘭德（John Holland）的職業興趣類型及工作環境（將在第11章仔細描述）一致。

商業與金融操作

會計師 🌼4CE	審計師 🌼4CEI
法令遵循 🌼4CIR	成本預算師 🌼4CE
環境評估檢查員 🌼4CIR	財務核查師 4EC
人力資源、培訓與勞工關係專家 　4ESC	信貸主管 🌼3CES
	報稅人員 3CE

採購人員 🌸3CE

房地產評估與評審 🌸3CEI

檢驗員 🌸5IRC

金融分析師 🌱🌸4CIE

保險精算、檢查與調查員 🌸3CE

稅務檢驗、收稅與稅務人員 3CE

預算分析師 🌸4CEI

信貸分析師 🌸4CE

政府物業檢查員與調查員 🌸3CER

物流師 🌸4EC

批發與零售採購人員 🌱🌸3EC

電腦與數學

保險精算師 🌸4CIE

電腦軟體工程師（系統軟體類）

　　🌱🌸4ICR

網路與電腦系統管理員 🌸4IRC

電腦程式人員 4IC

電腦支援服務專家 🌸3RIC

網路系統與資料分析師 🌸3IC

電腦安全專家 🌸4CIR

電腦系統分析師 🌸4ICR

運算研究分析師 🌸5ICE

電腦軟體工程師（應用類）🌸4IRC

資料庫管理人員 🌸4CI

軟體品質工程師與測試人員 4ICR

統計員 5CI

安裝、養護與維修

飛機技師與服務技師 🌸3RCI

電腦、自動提款機與辦公設備維修

　　人員 🌸3RCI

電力傳輸線安裝與維修人員

　　🌱🌸3RIC

維修與養護工作人員（一般業務）

　　🌱🌸3RCI

樂器維修人員與調音師 3RAI

汽車首席技師 🌸3RI

電器與電子產品維修 🌱🌸3RIC

電子家庭娛樂設備安裝與維修人員

　3RC

醫療設備維修人員 🌸3RIC

電信設備安裝與維修 3RIC

電信線路安裝與維修 🌸2RE

生命、自然與社會科學

動物學家 5IR

航太與宇宙學家 🌱4IR

生物化學家與生物物理學家
　🌼5IAR

生物學家 5IR

經濟學家 5ICE

法醫科學家 4IRC

土壤與植物科學家 5IR

化學家 🌿🌼4IRC

食品科學家與技術專家 5IRC

微生物學家 🌼5IR

環境科學家與專家 🌿🌼4IRC

市場研究分析員 🌼4IEC

生物物理技師 🌼4RIC

環境科學與環保技師 🌿🌼4IRC

地質學家 🌿🌼4IR

城市與地區規劃師 🌿🌼5IEA

管理

　　下方清單包含能吸引邏輯縝密型的人的管理工作。各位會發現很多管理職位都對他們有吸引力。邏輯縝密型的人會熱衷於眾多工作類型的一線監督或管理的工作。你可能對某個領域的監督與管理職位感興趣。首先可以找出自己感興趣的工作類型，然後在 O*NET 的「一線監督與管理人員」尋找具體的職業。

行政服務經理 🌼3EC

法令遵循主管 🌿4CER

農民與農場主人 🌿3REC

投資基金經理 4EC

交通運輸、倉儲與配送經理 🌼4EC

薪酬與福利經理 🌼4ECS

工程經理 🌿🌼5ERI

工業生產經理 🌿3EC

採購經理 🌼4EC

臨床研究協調人員 🌼4EIC

施工管理人員 🌿🌼4ERC

一般與營運經理 🌿🌼3ECS

郵政局長與郵件管理者 3ECS

行政長官 🌼5EC

電腦與資訊系統經理 🌼4ECI

財務經理 🌼4CE

物流經理 🌿4EC

財務主管與總監 🌼5CE

其他

　　邏輯縝密型的人也會對工程設計類型的工作感興趣。各位可以多考慮並研究一下，下列是對邏輯縝密型的人具吸引力的工作類型，如航空航太、農業、化學、民事、電腦硬體、電子設備、電器產品、環境、工業、工業安全與健康、材

料、製造機械與石油。

邏輯縝密型的人同樣感興趣的工作包括電器工程、電子設備工程領域的工程技師工作，以及機電工程領域、電子設備工程和工業工程領域的工程技術專家。另外，他們還會傾向建築與民用工程設計領域的工作。

邏輯縝密型的人也會對安裝、營運或維護機械的工作感興趣。他們處理的設備，功能可能十分多元，包括研磨、粉碎、拋光、擠壓、成型與壓製、壓實、磨光、車床加工、模塑、鑄造、製粉與印刷設備。想要了解該類職業的更多資訊，可以在O*NET網站搜尋「操作或維護機器」。邏輯縝密型的人同樣會被運作設備的工作吸引，例如操作工廠與系統設備、印刷設備、廢水與液體廢物處理工廠設備、木工機床安裝、養護，以及天然氣工廠營運、檢查、試驗、分揀、採樣與稱重等工作。

邏輯縝密型的人還會受醫療與健康領域的工作所吸引，例如家庭與全科醫師、內科醫師、醫療與臨床實驗室技術人員、醫療記錄與健康資訊技師、驗光師、牙齒矯正師、藥劑師、手術技師和獸醫。

以下的清單包括可能吸引邏輯縝密型的其他工作類型。

飛機駕駛、副駕駛與飛機技師
　　🌼4RCI
商用飛機駕駛 🌼3RIE
懲教人員與獄警3REC
偵探與刑事調查員 🌼3EI
移民與海關檢查員 🌼4CER
法官、地方法官與地方行政長官 5ES
空軍空服員 2CR
巡警 🌼3REC
警探 🌼3EI
私家偵探與調查員 🌼3EC
輪船船長 🌼3ER
結構性金屬生產人員 🚲3RC

檔案員 4CI
主廚與行政主廚 🌼3ERA
施工與建築檢查員 🚲🌼3RCI
法庭書記員 2CER
電工 🚲🌼3RIC
獄警與清潔工 🌼1RC
救生員、滑雪救護隊成員與其他娛樂設施保護服務工作者 🌼1RS
感化及懲教治療專家 4SEC
保全 🌼2RCE
銷售代理、證券與大宗商品代理人
　　🌼4EC
職業教育教師 4S

邏輯縝密型的技能強項和重要的特點

關注個人偏好，便可以更準確地找到讓你感到滿足的工作類型。下方歸納和總結了邏輯縝密型的技能強項和重要的能力，各位可以看看哪些描述更適合你。身為邏輯縝密型的人，我具有以下技能強項與重要的能力：

☐ 分析
☐ 組織
☐ 對細節的關注
☐ 策畫
☐ 批判性思考
☐ 監管
☐ 決策
☐ 管理
☐ 追求精確
☐ 獨立工作

▶▶ 邏輯縝密型的領導者

邏輯縝密型的人在擔任領導者時，會有獨特的優勢。他們擁有自然獨特的領導方式。

遵守規則

身為領導者，邏輯縝密型的人通常表現出喜歡指手畫腳和專制的一面。他們十分強調遵守規則和流程，對下屬的希望也是如此。他們喜歡在階級分明的組織中工作，強調對權威的尊重。由於通常具有比他人更嚴格的工作標準，所以公開與他人分享期望和標準非常重要。他們喜歡擔任管理者的角色，尤其是在架構分明和結構穩定的組織中。

以任務為重

邏輯縝密型的人重視任務及最終期限，在工作中會清楚界定員工的職責和對員工的期望。他們重視個人獨立性，願意給予下屬獨立發揮的機會，期望他人能良好地完成預定的工作。邏輯縝密型的人希望他人能認真工作，並在規定時間內完成任務。

對邏輯縝密型的領導者來說，最重要的是一切事情均在掌控之內，並能順利有效地按時推進。對於延遲，尤其是因為人為而造成工作延誤時，他們便會失去耐心。

由於以任務為中心與堅持細節的特質，他們通常看起來過於專制，尤其是對於想逃避責任、不願跟進或破壞規則的人更為苛刻。在他們的認知中，領導者是幫助他人更有效地工作。

邏輯縝密型領導者的特點

關注個人偏好，便可以更準確地找到讓你感到滿足的工作類型。下方歸納和總結了邏輯縝密型偏愛的領導風格，各位可以看看哪些描述更適合你。

身為邏輯縝密型的領導者，我喜歡：

☐ 向別人發出指令

☐ 設定高標準的期望

☐ 確保下屬謹慎地完成份內工作

☐ 遵守規則和流程

☐ 注重獨立性，以任務為中心

☐ 順利推進計畫，高效且按時完成

☐ 極力避免工作延誤

☐ 清晰界定崗位職責

☐ 關注細節

☐ 尊重權威

☐ 恪守嚴格的工作標準

▸▸ 邏輯縝密型的團隊成員

　　邏輯縝密型的人是負責任和忠誠的團隊成員。他們以任務為重，喜歡有明確目標的工作。如果每位團隊成員的職責和期望都已清晰界定，他們就會努力朝著自己的目標邁進，確保團隊的目標完成。

　　身為團隊成員，邏輯縝密型的人並沒有太多耐心花時間去界定和建立工作流程。他們更傾向團隊擁有清晰界定的目標、分配具體工作，然後大家在領導者之下，遵照流程完成自己的工作。對邏輯縝密型的人來說，這是完成團隊工作最有效的方式。

　　邏輯縝密型的人對於建立團隊默契和人際關係的工作有些不耐煩。他們不喜歡把時間和精力花在解決衝突和個人問題。他們認為人際衝突會令大家分散注意力，影響手邊工作，所以不應該在工作環境處理。對於其他類型的人來說，他們對工作的過於專注，有時實在令人吃驚。

邏輯縝密型團隊成員的特點

　　關注個人偏好，便可以更準確地找到讓你感到滿足的工作類型。下方歸納和總結了邏輯縝密型偏愛的團隊工作方式，各位可以看看哪些描述更適合你。身為邏輯縝密型的團隊成員，我偏愛：

□ 忠誠負責
□ 希望團隊有善於制訂目標，分配具體工作的領導者
□ 以任務為導向
□ 團隊成員有明確的職責和期望
□ 團隊合作，朝明確的目標努力
□ 不喜歡把時間和精力花在解決衝突和處理個人問題
□ 希望團隊的每個成員都能自覺遵守規則並完成自己的工作
□ 缺乏耐心花時間去界定和建立工作流程

▶ 邏輯縝密型的學習風格

在學習過程中，邏輯縝密型的人希望能仔細地了解關於細節的訊息，並透過有能力的導師以符合邏輯、井井有條的方式展現。他們通常在觀察與體驗的學習中會有很好的表現，對於理論知識或課堂討論則沒有太大興趣，除非這些知識能直接即時實際運用。具體而詳盡的案例有助於他們連結當前的知識與經驗，最重要的是，讓他們將眼下所學的知識與已經掌握的知識串連。

對於工作環境中的學習，邏輯縝密型的人希望這種學習能明確界定學習目標和期望，而所有學習活動和訊息，都應該與目標直接相關。他們會努力地規劃自己的學習時間，完成別人要求的學習目標。

邏輯縝密型的人喜歡詳盡精確的參考資料，他們也非常善於快速發現教學參考資料的錯誤或前後矛盾之處。他們通常會把這些錯誤歸咎於缺乏嚴謹，而對於這些不完美的內容，他們或許會變得態度消極或缺乏投入。他們也非常抗拒缺少系統性、疏於提前準備而講課隨意的老師。對他們來說，在這種狀況下學習，簡直是浪費寶貴的時間和精力。

邏輯縝密型的學習風格特點

關注個人偏好，便可以更準確地找到讓你感到滿足的工作類型。下方歸納和總結了邏輯縝密型偏愛的學習方式，各位可以看看哪些描述更適合你。身為邏輯縝密型的人，我偏愛：

☐ 渴望非常詳盡了解所有細節

☐ 需要時間建立所學與已知知識之間的連結

☐ 希望所學的知識以邏輯有序的方式呈現

☐ 明確的學習目標和期望

☐ 有專業能力的導師

☐ 喜歡詳細精確的參考資料

☐ 透過觀察和實踐學習

☐ 須借助具體而詳盡的案例學習

　　性格偏好跟天生傾向可以作為自我評估的出發點。這一部分的內容，也許某些陳述你可能認可，某些則可能不認同。這樣的反應很常見，因為每個人表達自己性格特徵的方式都不同。閱讀整體概要描述也可以成為職涯發展方向的出發點。現在，你需要進一步自我評估，具體方法就是將這些概要陳述和個人生活結合起來。下方的問題可以幫助你將此部分的內容和自己的具體情況連結。在回顧本章內容的過程中不要忘了在腦中想起這些問題：

- 這種性格的所有特徵是否符合我的真實情況？哪些部分符合？哪些部分不符合？
- 是否有哪個部分的描述對我來說尤為重要或關鍵？
- 我可以將哪些訊息具體實踐，從而決定自己的職涯發展方向嗎？
- 我該如何調整自己的職涯發展方向？哪些方面應該強化？又有哪些方面應該弱化？
- 在未來工作中，我想將重心放在哪個方面？

　　各位可能會在此過程中，想用各種方式標注或強調某些部分，也許是想在書頁的空白部分寫些筆記，或製作一系列索引卡，又或在筆記本認真寫下一些筆記。不論採取什麼方式，問題的關鍵在於這些紀錄必須是能夠真實描述你的目前情況。設想自己的理想工作該是如何，有哪些具體的工作內容？有什麼樣的工作環境？工作中會應用到哪些技能？你期盼以什麼方式領導他人或被他人領導？你希望為團隊做出什麼樣的貢獻？你想要以什麼樣的方式不斷學習與成長。

　　同時也思考一下自己目前的發展階段。你現在利用哪些方法平衡自己的自然工作方式？你是否正在進入新平衡方式的過渡期？切記，每個人的情況都是獨一無二的。以果斷型和分析型的人為例，這兩種類型的人在溝通時喜歡就事論事。但是，他們還是會或多或少地透過移情作用和他人建立連結。這兩種人如果願意花費時間和精力，透過學習且最終從事人事服務工作，他們的做事方式就有可能與在技術領域獨立工作的同種類型人截然不同。

我的關鍵

現在，各位已經做好準備，將自己的自然偏好和具體情況結合起來了。

　　描述你最想從工作得到什麼。不要單純羅列一系列工作，將重點放在說明自己的個人偏好。

_____

_____

　　了解自己的工作偏好之後，可以直接閱讀「ISFJ」性格類型的介紹。如果各位有興趣培養基於價值觀的決策方式，更應如此。如果你已經準備好以評估自己的價值觀、生活方式和局限，繼續完成職業規劃，可以直接跳到第11章。

願景型：解釋與執行

——性格類型：INFJ 和 INTJ

　　身為顧問公司的經理，將工作以高品質的方式完成，是我相當自豪的事。我必須把工作做好，我對客戶和員工有很強的責任感和承諾。

——一名願景型的人

　　最新研究顯示，美國成年人願景型約占3.6%。願景型的人與外界的互動，以果斷堅決為特徵。組織和調配人力與物力，把工作妥善完成，是他們最感興趣的工作內容。感性願景型的人乍看頗像洞察貢獻型，而邏輯願景型的人則與洞察果斷型的人近似。但是，如果只局限於第一印象，可能不會注意到願景型的人對於未來的強烈重視。他們喜歡吸收和消化各種新奇的觀點，從而創造嶄新而獨特的想法；他們可能是理論權威、詩人和未來主義者。這種內斂的重視是指引感性願景型與邏輯願景型的力量。當朝著設定的目標邁進時，他們會關注自己構思的想法和可能性，並不斷被引導前行。這種對願景和想法的重視，是他們自然工作方式最重要的特徵。

　　願景型的人內斂的處事方式直接而主動，對於理解訊息來說，這是完全不同的方式，因此他們具有流暢轉換行為模式和適應思維模式的能力。他們或許覺得沒有必要向別人解釋自己做決定時的想法，因此總是表現出一副鎮定、安靜和嚴肅的面孔，滿足於根據知識作為內在指引，藉以理解身處的狀況。因為沉浸於自己的內心世界，他人往往對他們行動背後的想法難以透徹了解，所以有時難免會覺得他們的行動出乎意料。

願景型的工作方式

▶▶ 願景型做什麼最自然

學習和詮釋

　　願景型的人天生就有這樣的能力：反思掌握的知識，並用新的方式解釋已知訊息，這種內在的靈感是他們人生的嚮導，也是他們始終關注的焦點。他們會不

斷質疑已有的數據或訊息所呈現與組織的模式，進而想出替代現有的思考方式的新模型。對他們來說，沒有什麼事情是一成不變的。他們會對我們認為全然透徹的事物之基本假設產生懷疑，並從全新的視角提出自己的看法。他們善於用很多方式解釋某個相同的問題。由於對想法和可能性的強烈關注，他們始終以未來為導向，並且總是關注變化。因此他們總是站在潮流的最前端，這一點不足為奇。以下是一名願景型的人的說法：「幾十年前，我大學剛畢業，當時我的專業是電腦科學，也是首度有大學開設這門專業科系。之所以選擇電腦科學領域，是因為我看到廣闊的前景。」

對願景型的人來說，學習新知識或將所學應用於實際，永無止境。他們對知識和思想充滿渴望，秉持終身學習的信念。若有人問起他們想要探索的事物或理論，他們會脫口而出說出好幾個。他們喜歡學習和理論創新，用新框架整合各種創意，為已知的訊息尋找新用途。對於他們來說，要完成一件事情，沒有訊息收集和處理過程無疑是不實際，想要加以限制他們的想像更是難以容忍。不斷吸收更多知識，由此探究不同事物之間的可能連結，正是他們所希望的。長期以來，他們或許會陷入如此困境，因為想法太多，很難從中抽身而出，理出頭緒，這正是他們內在衝突的來源，他們總希望盡可能地學習新知，並實踐這些知識。

願景型的人學習時會幹勁十足。如果你是願景型的人，一定要確保自己有機會學習感興趣的知識領域，不一定要拘泥於正規教育。你可能更喜歡閱讀，更喜歡承擔新穎而複雜的任務，可能喜歡跟隨某位家教學習，也可能更喜歡在網路獲取知識。和接觸新理念時源源不斷湧現的興奮感相比，學習方法顯得無關緊要。在選擇職業時，一定要考慮每種選擇可以有什麼學習機會。

創意和組織新想法

願景型的人熱衷於研究、學習和實踐理念的工作，在科學研究與顧問等領域往往不難發現他們的身影，尤其享受學術研究，因此也經常從事教師和教授的工作。

面對各種理論和想法，願景型的人保持自我的獨立性，並以此自我激勵。靈感來的時候，他們會投入全部精力深入了解某些理念並解決複雜的問題。在這個

過程中，他們需要獨處的時間，思索不同事情之間的連結和可能性，尤其是將不同的想法進行整合和整理，以形成理論框架或制訂實施計畫的階段。他們熱衷於智力挑戰，複雜的問題往往能激起他們的鬥志，並透過重新定義問題的原因，或改變問題的描述來解決問題。他們會不斷從一個理論模式跳到另外一個理論模式，或跳出已有的思維框架尋找新的方式。對他們靈感毫無幫助的常規程序只會讓他們厭煩。

願景型的人需要不停接收訊息來刺激自己的思維，喜歡就自己感興趣的領域和他人進行一對一深入交流。在溝通過程中，他們會不斷地使用比喻、象徵和其他抽象的表達方式，努力嘗試將自己的想法用語言表達。有時，他們沒辦法把自己的想法清楚地表達，因為單單用語言無法好好地將他們複雜的思考模式和所考慮到的各種可能性講清楚。

願景型的人不願意自己的思想被設限，一旦接收到新的資訊，他們會馬上開始思考，開始構思新的應用方法或另一種解釋的角度。他們常常批評別人觀點的局限和片面，並花大量時間創造獨特和複雜的理論或解釋方式，所以他們常給人富有個性的印象。同樣地，如果想要控制願景型的人的思想，也是一件困難的事。對於任何用不同理論或框架整合的訊息，他們最終都會依照自己看待世界的方式，決定接受或放棄這些資訊。以下是一名願景型的人描述其教育經歷：「我對日期等細節的訊息絲毫沒有興趣。我喜歡了解某個想法背後隱含的意義，以此更深入了解它。愉悅的學習過程，就是這樣一個接一個的鑽研時刻。我有自己的思維模式，我所學到的東西必須適應此模式。如果出現問題，我會花時間調整思維模式。」

在從不同角度審視某些觀點、整理、深入思考，或尋找不同觀點之間的關聯，願景型的人在這種過程中會專心致志。身為願景型的人，你可以抽出時間透過獨特的方法處理各種想法。尋找工作機會時，盡量選擇可以同時處理理論知識與現實問題的工作。

將想法付諸實踐

願景型的人喜歡採取行動，設法使自己的理念實踐。如果某個想法得不到具

體應用，他們就會在短時間內失去興趣。對他們來說，一個想法要有意義，必須能用於改進或創造更好的事物。而良好的計畫和組織能力是願景型的優勢，也是將理論實際運用的保證。創新理念和對實際運用的關注，為願景型的人提供了源源不斷的動力。

在開始行動之前，願景型的人通常會在心裡制訂出全盤計畫。計畫可能非常複雜而詳細，但不夠細心的旁觀者也許察覺不到其中的細節。他們會花費大量的時間和心血構思、制訂計畫，因此當有人提出異議並修改他們自認為周密的計畫時，他們會覺得很不開心。

願景型的人善於自我激勵，經常表現出充滿活力和正直的一面。他們以結果為導向，履行義務和完成工作時具有高度責任感。他們需要高效優質地完成所交付的工作，對於結果的質量具有很高的要求，稱得上完美主義者。一名願景型的人如此形容是否每次都能在規定的時間內完成工作：「我想是的，我從來沒有一次超出規定的時間完成工作。」

又或者說，他從來沒有想過會超過規定期限完成工作。僅僅在腦海中構建想法和模型，這往往無法讓願景型的人滿足。如果你是願景型的人，找尋機會發揮自己的創造力會讓自己在工作中實現滿足感。發揮創造力可以透過各式各樣的方式，例如管理計畫、制訂流程手冊、寫作、製作藝術品、調整現有體系以提升效率等。

願景型的自然工作方式特點

願景型的人在自然工作時具有最好的表現。了解你的不同偏好，就可以更準確地評估什麼工作方式才會讓自己獲得滿足感。下方歸納和總結了願景型的性格特點和工作偏好，各位可以看看哪些描述更適合你。身為願景型的人，我在下列方面表現最好：

☐ 朝著長期目標努力

☐ 有獨處的時間思考不同事物之間的連結和可能性

☐ 想出能夠重新理解已知事物的新方式

☐ 質疑已知事物的基本假設和前提

- □ 喜歡智力挑戰
- □ 重新定義問題或改變呈現問題的結構
- □ 解決複雜的問題
- □ 用不同方式解釋同一個概念
- □ 關注終身學習
- □ 避免循規蹈矩的工作內容
- □ 學習理論，創建理論
- □ 有機會和他人一對一地深入交流
- □ 為已知的訊息尋找新的應用途徑
- □ 運用比喻、象徵和其他抽象的表達方式
- □ 富有獨立性，善於自我激勵
- □ 創新模式並解決複雜的問題
- □ 透過行動使自己的理念實踐
- □ 發揮計畫和組織能力
- □ 對自己所獲得的知識進行思考和分析
- □ 自我改進以提升並創造更完美的事物

我的關鍵

　　回頭看看願景型自然工作方式的特點清單，以你勾選出的特點，在下方空白處填上你的個人工作方式摘要。如此有助於明確了解自己想要在工作中從事什麼具體活動，以及什麼樣的工作環境最能與你契合。當然，也可以添加清單中未提及的特點。

我最重要的工作偏好是：

願景型如何減輕工作壓力

透過本章前面的內容，已經確定了自己的性格類型如何與偏好的工作活動及工作風格連結起來。考慮一下什麼工作內容和環境會讓願景型的人感到壓力重重或覺得不適合，這點相當必要。每個人都會在某段時間內從事自己並不喜歡的工作，但如果長時間從事自己沒有興趣的工作，就可能造成工作壓力或不滿情緒。

這裡會著重指出願景型的人可能出現哪些工作壓力。在閱讀的過程中，可以想想自己目前的工作是否包含了書中所描述的活動。如果是，就須要思考一下，該以哪些方式改變某些工作內容，或採取一些盡可能緩解壓力的辦法。了解工作讓自己產生壓力的要素，可能幫助你明確了解哪些工作選擇不適合自己，然後避開這些工作。

對於願景型的人來說，工作環境雜亂無章會讓他們覺得有壓力，而雜訊和時不時的打斷更會讓他們厭煩。如果他們的工作從頭到尾都是和他人打交道，完全沒有任何時間靜下來獨立思考，他們就會覺得缺乏滿足感。這樣的工作環境讓他們沒有辦法按照自己喜歡的訊息處理方式集中精力在同一個議題。如果願景型的人必須在這樣的環境工作，就必須想辦法抽出一些時間，確保自己可以獨處，不會被打擾。你可以給別人一些暗示，告訴他們自己在這段時間裡不想分心。如果周圍的工作環境總是雜亂無序，可以在自己的工作範圍內建立起秩序和條理。

處理煩瑣的日常工作也是願景型的人的壓力來源。他們感興趣的是想法和可能性，而不是某個具體情形的事實與細節。日常瑣事須專注於外在世界，意味著他們可能沒有足夠的時間思考更廣闊、更有趣的目標，並且朝著這些目標努力。他們尤其討厭和總是半途而廢或缺乏主見的人合作。因為如果碰上這種情況，他們就要抽出時間為別人差強人意的表現負責。願景型的人會盡力避免因為這種事情浪費時間。當必須處理日常瑣事時，願景型的人可以這樣想：手邊瑣事會對更廣闊的目標帶來幫助。

願景型的人通常會著眼於未來，他們是推動變革的中堅力量。但是，如果把某些變化強加在他們身上，接受時間可能很長，因為他們需要足夠的時間充分評估這些改變帶來的好處，從思考基礎做出判斷。意料之外的事同樣會給願景型的

人帶來壓力，因為他們對於自己要做的事情總是有全盤規劃，不喜歡任何計畫之外的打斷。面對改變，願景型的人想要成為籌劃改變的一分子，希望自己可以參與計畫。他們須確認自己有機會和他人進行溝通，了解對方想讓自己接受什麼改變，如此才能未雨綢繆，做好準備。

願景型的職業和人生發展策略

接下來我們將介紹願景型的人生能如何從職涯獲得最大收穫，除了包括改善職涯規劃的兩個方向，同時也提供了一些實際的建議，幫助讀者更有效地規劃職業發展路徑。另外，也有較為個人客製化的方面。從以上與待發展的方面綜合出發，討論可將現有職場表現推向更上一層樓的方式，以及如何實現個人生活的改善，並達到充分的滿足感。

▸▸ 制訂更靈活的計畫

願景型的人有很強的組合能力，他們一切從大局出發，喜歡創造新的方式將願景轉化為事實。願景型的人喜歡提煉並組織複雜而詳細的計畫。這一點原本是他們的優勢。但是在將面面俱到的計畫付諸實踐的過程中，這種原本的優勢反而會製造緊張的氛圍。願景型的人關注自己的內心世界，邏輯願景型的人相對比較獨立，通常會將自己的計畫執行到盡善盡美的程度才會和別人分享。而面對他們的計畫，其他人理所當然地想要貢獻自己的觀點，有時還會試圖影響並修改他們的計畫。

對於願景型的人來說，一旦計畫已經做好，就很難改變自己的行動路徑。如果別人在已經定好計畫之後，想要加入新的想法，願景型的人採取的處理方式可能是忽略或煞費苦心地從頭再來。前一種方式可能會讓與他們並肩作戰的合作夥伴滿腹怨言，而後一種方式會讓願景型的人本身覺得不舒服。所以願景型的人必須找到其他方法，給予自己足夠的自由，在規劃前進道路的同時兼顧其他人的想法。

中途改變方向意味著必須修改原本考慮周詳的計畫，這可能讓願景型的人產生壓力，如果改變會拖慢他們的腳步或讓他們脫離原本的計畫意圖，他們更會覺

得壓力龐大。這並不是因為他們憎惡改變或抗拒回饋。他們其實總是孜孜不倦地追求精益求精，總會不斷擴大自己計畫的規模。對於他們來說，因為外界影響而被迫思考整個計畫是一件非常困難的事。

我們必須時刻牢記，願景型的人不僅善於反思過去，同時也會關注前進。他們在著手一個計畫之前，通常會事先在腦海將整個行動方案勾勒出來。若計畫開始實施後再進行調整，就會影響他們迫不及待想要完成某件事情的心情，因為重新思考與規劃會占去他們相當多的時間和精力，會讓他們原本已經精心計畫好的進程放緩或改變方向。

同樣地，願景型的人不喜歡在計畫結束之前中途放棄。他們希望親眼見證計畫圓滿地畫上句號。一名願景型的人解釋：「如果我在某計畫還未完成時就開始另一項新計畫，常常會覺得很不安。我喜歡跟進一項計畫直至完結，而不喜歡讓事情懸而不決。我很享受完成計畫的成就感。」

一般來說，願景型的人可以同時從事好幾項工作並做到遊刃有餘。但如果須負責的事情太多，他們可能覺得有些吃力。願景型的人總會全力以赴地承擔起自己的職責，所以在決定挑起什麼重擔之前，他們須小心翼翼地選擇。作為願景型的人，計畫和完成任務是他們擅長的事，他們可以利用這些優勢更有效地實現目標。有時，他們則必須退後一步，讓自己的計畫加入靈活和可變性。在某些情況下，按照既定的時間表以一定的方式完成一項計畫不一定是完全可行的，但是改變計畫也許會讓他們覺得有壓力。所以願景型的人須讓自己的計畫包含一定的靈活度，如此才能留有喘息的空間，透過調整，適應外界的改變與回饋，這一點至關重要。

許多人都認為職涯的成功同時包含了事先規劃和處理意料之外的事。意外的工作機會可能從天而降，或者，就是因為陰差陽錯，某個學習機會應運而生。身為願景型的人，你所面臨的挑戰就是增強計畫的靈活度，並且對不斷改變的環境做出更好的反應，才能盡力利用突如其來的機會。這並不意味著你必須將自己的願景拋諸腦後，因為規劃長期目標和願景恰好是你的長處。你可以反其道而行，想想如何利用靈活度嘗試不同的方案和想法，幫助自己提煉自己的願景，將願景變成事實。

設定更靈活的計畫的建議

- 首先，一定要了解他人會對你的計畫有所貢獻，並且也希望有所貢獻。只有理解這一點，才能在設定規劃時考慮各種偶然性。可以在計畫還沒有完全成形的階段就公開分享。雖然可能讓你有些不安，但能讓你了解別人的想法，了解他人的反應方式。

- 如果你必須以相當緊繃的時程同時兼顧多項計畫，靈活變通就會變得更困難。你須抽出時間，接受靈活度，並且努力避免缺乏靈活的情況。

- 接受自己的計畫不會是一成不變。為意外變化留出額外的應對時間。在考慮職業時，一定要注意觀察，對出現的每個機會都做出反應。

- 在執行計畫時定期地進行評估，並不斷徵求他人的回應。面對外界變化要願意調整，甚至改變自己的計畫。

▸▸ 處理細節與日常瑣事

願景型的人會覺得完成日常瑣事相當困難，如果日常工作與長期目標的實現毫無關聯，他們厭煩的情緒就會更加強烈。因為日常事務原本就已經一清二楚，所以當中沒有任何在行動之前進行思考或做出決策的機會。如果將工作中能夠激勵人心的部分拿掉，願景型的人就會覺得了無生趣。他們必須有整理想法與可能性的機會，否則他們就會覺得被壓得透不過氣。

願景型的人會覺得日常文件工作和細節的行政工作尤其讓人覺得不舒服。以下是一名願景型的人描述他最不喜歡的工作：「我不喜歡行政管理的工作，因為細節會減緩我的工作速度，使我根本沒時間關注我喜歡的概念化工作。」

對願景型的人來說，如果他們對必須處理的日常工作和細節不熟悉，或必須完成細節工作才能進入專案比較有趣的部分時，他們就會覺得更加難受。如果他們須面對的新任務不僅是日常性，而且非常強調細節，就會因為太多自己平時不會關注的小細節而覺得疲憊，被細節纏住。他們會覺得自己無力勝任這類工作。

許多願景型的人都會將日常瑣事分派給其他人，從而避免上述情況的發生。這種策略確實可以讓問題迎刃而解，但並不是永遠的靈丹妙藥，因為總會有必須處理日常瑣事的時候，別無選擇。

處理細節與日常瑣事的建議

- 如果須長時間關注細節或處理日常瑣事，可以時不時地休息一下。雖然願景型的人喜歡長時間集中精力從事一件事，但如果做的事是他們不喜歡的，他們就會感受到壓力。所以可以在足夠長的時間完成一定的工作量，但請確保在這項工作耗盡精力之前，讓自己休息一下。

- 牢記自己的願景。當知道完成手邊的任務是實現長期目標的必經之路，就會更有幹勁完成一些瑣碎而細節的任務。

- 將任務拆分成不同部分，或將所有負責的步驟流程寫下來，然後按照自己的流程說明按部就班地完成任務。如此就能避免全神留意或記憶細節和次序。

- 盡量挑選這樣的工作：能將處理日常瑣事或細節所需的時間控制在最低。如果你必須完成這種工作，可以分成不同的環節處理，而不是試著一次完成所有的細節工作。

關注當下

　　由於願景型的人關注未來，總是迫不及待地想要完成手邊的任務，所以他們可能沒辦法停下腳步把握當下的機遇。一旦遇上靈感爆發，願景型的人會完全沉浸在某項計畫，甚至會忘記吃飯、忘記鍛鍊身體，記不起來要好好休息一下。一旦陷入這種循環，願景型的人可能一直感覺身心俱疲，甚至健康情況也會受到影響。除此之外，如果一直要求他們使用引以為傲的創意與思考能力來創造源源不斷的想法，也可能讓他們覺得忙不過來，無法專心。

　　對願景型的人來說，也許最艱難的發展階段就是如何關注自己當下的環境。他們需要在把握靈感的同時，兼顧自己的體能需求與極限。願景型的人很容易榨乾自己，必須避免一味地遵從別人的期望。如果願景型的人無法找到重新提起幹勁的方法，他們可能會熱情衰退，筋疲力盡。以下是一名願景型的人的說法：「幾年前，我總會榨乾自己，這是一個很嚴重的問題，我總是連續好幾天加班，或連續幾週不休息。我總是過分投入，竭盡全力地完成自己的任務。現在，我會下意識地增加娛樂時間，縮短工作時間。」

許多願景型的人會在中年後下意識地更關注外在世界。他們在關注未來的同時也會留意當下的環境和需求，更注意實際層面。身為願景型的人，如果無法照顧自己的身體問題和健康需求，就無法長久地維持最佳狀態。

在進行職業規劃時，你可能因為一心想完成自己的規劃或設想未來而忽略突如其來的機會，忘記活在當下的道理。你可能發現，將長期願景拆分成更實際、更關注當下的行動是一件困難的事，因為你可能過於關注未來，而忽略了當下的快樂。

關注當下的建議

- 關注自己身體的基本需求，包括健康的飲食、充足的睡眠和規律的鍛鍊。願景型的人能越早意識到自己的體能極限正在接受挑戰，就越能減少身體上的疲憊，並且減少因此患病的可能。
- 學會停下腳步，來「品味玫瑰的芬芳」，抽出時間感受當下環境和感官體驗，從事一些休閒活動，尤其是那些需要用心觀察周圍環境的活動。
- 抽出時間專注於自己的各種成績，而不是把全部精力都放在必須完成的事項。取得成績時一定要慶祝！
- 在進行職業規劃的過程中，將自己部分精力放在審視周遭世界，尋找意料之外的機會。時不時在不經周詳思考的情況下嘗試一些新事情。

我的關鍵

對你而言，讓自己的規劃更加靈活、處理細節與日常瑣事，以及關注此時此刻，是否具有挑戰？如果是，那麼此處的哪個策略有所幫助並值得一試？

願景型的職業平衡

願景型的人會透過反思與整合理念而獲得能量。他們善於反思自己的經歷並將其歸類，他們會不斷吸收、創造不同的想法並將其連結起來。隨著時間的推移，他們的思維模式會更豐富而詳盡。他們必須在內在決策和外在行動之間尋找一種平衡。思考周詳的決策過程會幫助願景型的人整理自己的靈感，排出先後順序，選擇要深化哪個或哪些。否則，他們就會因為大量想法和可能性而感到無所適從。

一般來說，願景型的人在評估訊息時通常採用兩種方式：基於價值觀的方式和基於邏輯的方式。在性格類型理論中，這兩種方式分別稱為感性（F）和理性（T）。雖然每個人在分析和決策時都會綜合使用感性與邏輯的方式，但總會傾向其中一種。各位可以參照本書第2章的描述找出哪種方式是感到更自然的方式。

感性和邏輯兩詞的字面擁有很多含義，不僅僅與如何吸收訊息有關，所以為了避免歧義，本書將感性偏好作為決策方式的願景型，稱為感性願景型（INFJ）；而以邏輯分析作為決策方式的願景型，稱為邏輯願景型（INTJ）。

上述兩種方式有不同的關注，但每種方式都能充分發揮願景型的人決策和採取行動的能力。在發展過程中，願景型的人會逐漸融合兩種方式，以完善自己做決定和選擇行動的過程。隨著時間的推移，這種平衡的發展使他們在做決定時更具靈活。

感性願景型的人在評估訊息時，自然而然會以自己或他人的價值作為基礎。他們的行為方式和洞察貢獻型的人非常相近，非常個性化，善於發現和激發他人的潛能，以及關心他人，從事的工作類型和內容也有很多類似之處。但切記，感性願景型對理解他人狀況並提供幫助的關注程度並不如對周圍環境的重視。

邏輯願景型的人在評估訊息時，會自然用邏輯分析的方式。他們的行為方式與洞察果斷型的人非常相似，都是以任務為中心，為了長期目標而高效工作，從事的工作類型和內容也有很多相似的地方。但切記，比起對邏輯分析的關注，邏輯願景型更重視吸收和理解不同理念從而創造多種可能性。

本章以下的內容將分為兩部分。第一部分為「INFJ」類型的人量身訂製，第

二部分則針對「INTJ」類型的人。各位可能會發現，先閱讀對自己來說最自然的平衡方式很有幫助。之後，可以再閱讀另一種平衡方式，如此一來，便能知道隨著自己不斷成長和成熟，未來有什麼在等待自己。如果你已進入中年，你可能對兩部分都有興趣，因為在人生的這個階段，你可能已經擁有足夠的動力培養自己並不偏好的決策方式。

如何尋找平衡？

我更像「INFJ」	我更像「INTJ」
我是感性願景型的人。首先我會透過以價值觀為基礎的決策方式，平衡我對不同理念的強烈關注。當我日趨成熟時，我會學習在做決定時更關注邏輯分析以進一步平衡。	我是邏輯願景型的人。首先我會透過以邏輯分析為基礎的決策方式，平衡我對不同理念的強烈關注。當我日趨成熟時，我會學習在做決定時更關注個人價值觀以進一步平衡。

感性願景型（INFJ）的工作方式

「看到事物表象之下更多的東西。」

最新研究顯示，美國成年人感性願景型（INFJ）約占1.5%。他們重視能夠創造和實施一切來協助他人的工作或活動。他們以個人化的方式關心他人，喜歡與人合作共事，尤其喜歡在關注長遠目標的團隊工作。他們擅長了解、欣賞和利用他人的特殊天賦和技能，也善於挖掘他人具有的潛力，尤其喜歡參與能為他人帶來積極影響的工作。他們組織有序，喜歡全程參與具有複雜性和高難度的計畫。

感性願景型的人會在「對不同理念的關注」和「以價值觀為基礎的決策方式」中尋找平衡，所以他們最初表現的工作方式與邏輯願景型的人有很大不同。然而，邏輯願景型的人在步入中年後，亦會發現以價值觀為基礎的決策方式，恰好反映了他們提升和成長的方向。

▶ 感性願景型做什麼最自然

以理念服務於人及人本價值觀

感性願景型的人在特別留意他人的價值觀時最自在，他們同時對發生在不同人身上的可能性傾注了極大關注，喜歡看到不同個體朝著同一目標並肩作戰。對感性願景型的人來說，和諧的人際關係非常重要，他們會盡力設法安撫意見不同的人的情緒，或改變工作的組織結構滿足大家的需求。他們熱衷於能夠在團隊中對進程施加影響的工作職位，例如人力資源管理或團隊發展等。以下是一名感性願景型描述自己理解人的差異：「我喜歡接觸和了解人的差異，並為此感到興奮，原因很多，包括我的個人價值觀、我的生活閱歷、對他人有益、能為我的孩子帶來更美好的世界，甚至對人類整體都有好處。」

在她的描述中，這些原因很簡單地流露出來。理念、價值觀和結果之間的連結，是感性願景型的人生活和工作的主要重點。

建立人、價值觀及理念之間的連結

感性願景型的人通常具有很好的人際溝通能力。太過理性和冷淡的工作環境會讓他們感到不自在。對他們來說，每個人都能獲得參與感和認同感非常重要。他們會仔細傾聽他人的意見，絲毫不吝於為他人提供肯定和支持，確保每個人都能感覺到被人認可。以下是一名願景型的人描述其工作團隊：「看到他人發掘自身新的潛能，並將其運用到工作和生活中，無疑是一件很開心的事。我經常在部門舉辦培訓班，同事常因為從中獲取知識而對我十分感激。協助他人進行自我發現與提升，並得到他們的感謝和欣賞，對我而言是非常有價值的事。」

感性願景型的人享受被他人肯定和欣賞的感覺，在相互支持和互助的工作環境中往往有很好的表現。在尋找稱心如意的工作時，互相支持和鼓勵的工作環境是重要考量因素。一名願景型的人曾如此想像：「如果可以，我想從零開始建立新的人力資源部，我會建立具有創造性、促進員工成長的人力資源制度。」

感性願景型的人能在短時間內對人物或形勢做出準確的判斷。他們會感覺到

語言的細微差別，對身體語言也很敏感。他們也許不能為自己的判斷給出合乎邏輯的原因，但他們深信這些判斷並據此展開行動。即使別人勸說他們放棄，他們還是會相信和堅持自己的判斷。

實踐價值觀

感性願景型的人重視能挑戰智慧且富意義的工作。他們喜歡與人共事，也喜歡能幫助他人的工作，例如心理學家、教師、法律顧問或諮商等，又或是宗教或精神領域的工作。他們對人際關係和個人經歷具有非常好的洞察力，喜歡與他人一對一互動或在團隊裡與人共事，例如教師或團隊合作者。在花費許多精力促進團隊融合或滿足他人多樣需求的背後，他們也需要在每天繁忙的工作結束後，有安靜不被打擾的自我反思空間和時間，以獲取新生的能量。在過於客觀理性的工作環境中，他們會覺得難以忍受。以下是一名感性願景型的人的形容：「我覺得與喜歡挑剔和總是批評他人的人共事是一件很累的事。」

對感性願景型的人來說工作的意義和目的非常重要。他們會受到能夠透過直接行動以實現自己價值觀的工作所激勵和指引。對於他們來說，仔細思考自己的價值觀，並以此指導自己的職業生涯規劃是重要的過程。他們的生活目標通常都是和他人有關，會透過協助他人發展、幫助別人學會寬容或更理解他人等方式來表現。如果不能在工作中找到強烈的目標感，他們會變得非常散漫。

感性願景型的人擁有個人化的解讀訊息方式，形成自己獨特和個性化的視角。但他們同樣也很看重尋找共同之處，或建立適當的社會規範。對於自己的這些觀點，與他人相關的部分也都十分樂於與人分享，但完全屬於個人特質的部分則不在分享之列。一名感性願景型如此描述：「對我來說，工作很重要的一點就是與擁有相同價值觀的人共事。我希望每個人都能喜歡自己的工作，並希望出色地完成自己的任務。這點對我來說，甚至比具體的工作更重要。」

將願景變為現實

感性願景型的人身處在能發揮自己構思概念的能力，以及概念得以實行的環境中，往往具有很好的工作效率。工作中，他們願意遵守規則和制度，認為規則

和制度有助於人們清晰了解工作的期望。但是，他們極排斥限制和阻礙個人成長的規則和制度。

感性願景型的人對自己有很高的要求。他們希望對自己啟動的計畫負責到底，如果不能自始至終，他們將會很快失去專注力。他們會合理調配所需的資源，以便將高度複雜的任務管理得井然有序。另外，感性願景型的人還會細心考量不同人的需求，為他們分配合適的工作職位。

感性願景型的人會因為打擾而分心，因此他們需要足夠的時間和空間掌握工作進展，並在此基礎做好規劃。在必須攻克高度複雜而意義重大的問題或計畫時，他們往往會高度集中精力，全力以赴，堅持不懈地向目標邁進。但同時因為過於關注和努力滿足他人的需要，經常使自己疲憊不堪。

盡情表達自我

感性願景型的人重視人際關係，非常善於發覺不同人或事情的積極影響和潛力。某種程度上，他們可以說是浪漫主義或理想主義者，因此自我表達對他們來說相當重要。他們渴望真誠的人際關係，所以能很快了解他人虛偽或不真誠的地方。一名感性願景型的人如此描述：「我更希望腳踏實地做好，而不是說得好聽。」

他們也許會透過寫作或藝術創作等方式，表達自己理想主義且充滿希望的觀點。他們的作品往往充滿意象和比喻的元素，充滿了人文關懷。

感性願景型的理想工作環境特點

關注個人偏好，便可以更準確地找到讓你感到滿足的工作類型。下方歸納和總結了感性願景型的理想工作環境，各位可以看看哪些描述更適合你。身為感性願景型的人，我偏愛下列工作環境：

☐ 相互支持與肯定
☐ 有構想和實施理念的機會
☐ 通力合作
☐ 會重視他人成長和發展的環境

□ 概念化的工作，有學習和發展的空間與機會
□ 組織安排和跟進計畫，善始善終
□ 從價值觀出發
□ 工作有意義，為崇高的目標服務
□ 積極滿足所有相關人員的需求

▸▸ 感性願景型有興趣的工作

以下是感性願景型的人可能感興趣的工作。這份清單是參照數據進行歸納，數據顯示，感性願景型的人從事下述這些行業的機率高於其他行業。這份職業清單依照美國勞工部職涯資訊系統O*NET提供的訊息，歸結出五大類，這些類型的工作對感性願景型的人來說充滿了吸引力。O*NET是一個龐大的互動性資料庫，專門提供職業相關訊息，用於探討與研究職業選擇。該系統對工作類型進行了劃分，不僅依據工作本身內容，還包含完成該項工作所需的技能，以及需要接受的教育或培訓。各位可以到該網站瀏覽各式羅列的職業或工作類型。該網站也有關於職業的豐富資訊。最後，我們設立了第六類「其他」，涵蓋了該職涯系統劃分的其他工作類型，這些工作同樣可以吸引感性願景型的人。

解讀職業訊息的關鍵

每種職業的編號都包含了一些訊息，幫助各位更容易評估這份職業是否適合自己。

🐾＝綠色經濟職業：與降低化石燃料的使用、減輕汙染、提高能源效率及提升再生能源使用等領域息息相關。

🌸＝有前景、快速成長的職業：經濟層面十分重要的行業，這些行業可能實現經濟長期增長，或因為技術與創新而出現劇烈的變化。

工作能域＝數字編碼（1～5），總結了想要進入此行業須進行的準備（如教育、培訓或經驗傳授）。數字1～5代表所需的準備由少到多。

> **職業趣味性**＝字母編碼（R、I、A、S、E、C，即：實際、調查、藝術、社會、創業和傳統），代表職業興趣。此部分與美國心理學教授、知名職業指導專家約翰・霍蘭德（John Holland）的職業興趣類型及工作環境（將在第11章仔細描述）一致。

社區與社會服務

兒童、家庭與學校社會工作者　4SE

醫療與公共健康社會工作者 5SI

感化和懲教治療專家 4SEC

神職人員 5SEA

健康教育工作者 4SE

社會與個人服務助理人員 3CSE

教育、職業教育與學校顧問 5S

心理健康顧問 5SIA

康復顧問 4SI

宗教活動與宗教教育者 4ESC

心理健康與藥物濫用社會工作者 5SIA

教育、培訓與圖書館

成人文化教師與講師 4SAE

圖書管理員 5CSE

高中教師 4SAE

職業教育老師 4S

幼兒園教師 4SA

學前班教師 3SA

教師助理 3SC

教學協調員 5SIE

國中教師 4SA

特殊教育老師 4SA

國小教師 4SAC

圖書館技術員 4CSE

自我進修教育教師 3SAE

醫療保健與技術

牙醫 5IRS

醫療與臨床實驗室技術人員 4IRC

家庭醫師與一般醫師 5IS

兒科醫師 5IS

精神科醫師 5ISA

藥劑技術員 🌼3CR

護理師 🌼3SIC

獸醫技師與技術員 🌼3RI

內科醫師 🌼5ISR

藥劑師 🌼5ICS

放射科技師 🌼3RS

外科醫師 🌼5IRS

飲食專家與營養學家 🌼5IS

婦產科醫師 🌼5ISR

物理治療師 🌼5SIR

呼吸治療師 🌼3SIR

獸醫 🌼5IR

生命、物理與社會科學

動物學家 5IR

生物物理技師 🌼4RIC

化學家 🌿🌼4IRC

諮商心理學家 🌼5SIA

環境科學與環保技師 🌿🌼4IRC

微生物學家 🌼5IR

生物化學家與生物物理學家
　　🌼5IAR

生物學家 5IR

臨床心理學家 🌼5ISA

經濟學家 5ICE

食品科學家與技術專家 5IRC

城市與地區規劃師 🌿🌼5IEA

辦公室與行政

簿記、會計與審計職員 🌼3CE

客服代表 🌿🌼2ESC

執行秘書與行政助理 🌼3CE

酒店、汽車旅館與度假村櫃檯接待
　　人員 🌼2CES

保險保單處理人員 2CE

醫療秘書 🌼2CS

採購人員 3CE

秘書 🌼2CE

電腦操作人員 3CR

資料輸入人員 2CRE

檔案員 3CRE

人力資源助理 🌼3CES

法律秘書 🌼3CE

辦公室文職 🌼2CER

櫃檯與服務詢問人員 🌼2CES

總機接線員 2CES

文字處理人員與打字員 2CE

其他

感性願景型的人也會對工程設計類型的工作感興趣。各位可以仔細考慮並研究一下，下列為對感性願景型的人具吸引力的工作，包括航空航太、生物化學、電子設備、電器產品、環境、材料與石油。

感性願景型的人會對形形色色的管理職位感興趣，包括行政服務、薪酬與福利、教育管理、人力資源、醫療保健服務、人際關係、社會與社區服務、培訓與發展領域的管理職位。感性願景型的人會熱衷於眾多工作類型的一線監督或管理的工作。你可能對某個領域的監督與管理職位感興趣。首先可以找出自己感興趣的工作類型，然後在O*NET的「一線監督與管理人員」尋找具體的職業。

如果你是感性願景型的人，又帶有創意的激情，就可以考慮一系列職業，包括建築師、編輯、平面設計師、室內設計師、多媒體藝術家與動畫師、製片人與導演、記者與通訊人員、技術作家、作家與作者、廚師、髮型師、理髮師和彩妝師。

以下工作清單包括可能吸引感性願景型的其他工作類型。

會計 🌼4CE	預算分析師 🌼4CEI
薪酬、福利與工作分析專家 🌼4CE	電腦與資訊科學家 🌼5IRC
電腦系統分析員 🌼4ICR	櫃檯與店員 🌼1CE
財務檢查師 4EC	律師 🌼5EI
管理分析員 🌼4IEC	會議與活動規劃師 🌼4ECS
網路系統和資訊傳輸分析師 🌼3IC	律師助理和法律助理 🌼3ICE
房地產仲介 🌼3EC	培訓與發展專家 🚲🌼4SAC
服務生 🌼1SEC	電話行銷人員 2EC
精算師 🌼4CIE	兒童看護工作者 🌼2SA
法令遵循 🌼4CIR	電腦軟體工程師 🚲🌼4ICR
餐廳廚師 🌼2RE	資料庫管理員 🌼4CI
景觀與綠化工作者 🌼1RC	救生員、滑雪救護隊成員或其他娛
醫療助理 🌼3SCR	樂設施保護服務工作者 🌼1RS
營運研究分析師 🌼5ICE	軍事指揮和控制中心指揮官 2CR

零售人員 🌼2EC　　　　　　　公共關係專家 🚴🌼4EAS

　　　　　　　　　　　　　　　旅遊代理 3EC

感性願景型的技能強項和重要的特點

　　關注個人偏好，便可以更準確地找到讓你感到滿足的工作類型。下方歸納和總結了感性願景型的技能強項和重要能力，各位可以看看哪些描述更適合你。身為感性願景型的人，我具有以下技能強項與重要的能力：

☐ 合作

☐ 引導

☐ 溝通

☐ 組織

☐ 創新

☐ 計畫

☐ 推進任務

☐ 達成一致

☐ 支持他人

☐ 培訓輔導

▶▶ 感性願景型的領導者

　　感性願景型的人在擔任領導者時，會有獨特的優勢。他們擁有自然獨特的領導方式。

提升下屬潛力

　　感性願景型的人提倡發展和提升人的潛力，對下屬或服務的對象尤其關心。作為領導者，他們非常注重人際關係，致力於營造和諧和高效的工作團隊。他們會努力了解如何鼓勵與認可他人。他們希望建立團隊流程、規範或期望，在這個過程中會考慮到所有相關人員的需求。

兼顧不同群體的利益

感性願景型的人會同時關注個人、團隊和組織的需要，這種包容力讓所有團體相關的觀點和需求都會得到尊重和認可。關注多元需求是感性願景型領導者的一項天賦，但同時也不可避免地為他們帶來了潛在的壓力，因為這並非一件容易的事。

會避免以權壓人

感性願景型的人並不喜歡所謂的政治和權力等事物，對於權位既不看重也不追求。他們是以身作則的領導者，是富於包容和合作的領導者，其領導職位大多是接受安排，而不是自己爭取。以下是一名感性願景型的人解釋為什麼同事會踴躍推舉他當主管：「我沒有申請這個主管職位，同事們推薦了我。他們認為我可以在熟練管理的同時，兼顧不同人的需要。」

感性願景型領導者的特點

關注個人偏好，便可以更準確地找到讓你感到滿足的工作類型。下方歸納和總結了感性願景型偏好的領導風格，各位可以看看哪些描述更適合你。

身為感性願景型的領導者，我喜歡：

☐ 提倡發展、提升下屬潛力

☐ 設想讓員工受益的目標，並為之努力

☐ 致力於營造和諧高效的工作團隊

☐ 關注人際關係

☐ 避免以權壓人

☐ 以身作則

☐ 包容不同群體的利益

☐ 包容與合作

☐ 積極主動地支持別人

☐ 激勵、啟迪與認可他人，而非命令別人

☐ 看到別人的需要

▶ 感性願景型的團隊成員

感性願景型的人讓人覺得溫暖，因為他們在團隊總是積極主動、默默為團隊成員提供支持。他們天生就喜歡團隊的概念，視合作為完成工作的最有效方式。身為團隊合作的熱心支持者，他們承擔和完成的工作遠比他們應該完成的多出許多。在對他人做出回饋時，感性願景型的人通常會在提供改進建議之前，認真表達他們對他人的欣賞和認可。這也是他們接受回饋時喜歡的方式。如果回饋只是合理的改進或批評，而沒有包含欣賞的成分，會讓他們難以接受。他們性格寬容、態度積極，面對他人的不關心或冷淡，會盡量不流露出太強烈的反應或不高興的表情，雖然心裡或許有些難過。在充滿人際衝突的工作環境中，他們的工作效率會大打折扣。

感性願景型的人擅長從不同的角度理解不同的狀況，善於將不同的人團結起來，尋找利益共同點，在團隊中通常扮演調解或安慰他人的角色，為團隊帶來凡事皆可解決的積極氛圍。

感性願景型團隊成員的特點

關注個人偏好，便可以更準確地找出讓你感到滿足的工作類型。下方歸納和總結了感性願景型所偏愛的團隊工作方式，各位可以看看哪些描述更適合你。身為感性願景型的團隊成員，我偏愛：

☐ 讓人感到溫暖，包容度強，總是抱持正面積極的態度
☐ 在充滿人際衝突的工作環境中，工作效率會大打折扣
☐ 承擔和完成的工作通常遠比分內工作多
☐ 從不同的角度去理解不同的狀況
☐ 善於將不同的人團結起來，尋找利益共同點
☐ 認真表達他們對他人的欣賞和認可
☐ 在團隊中扮演調解或安慰他人的角色
☐ 面對他人的不關心或冷淡會盡量不流露出太強烈的反應

▸▸ 感性願景型的學習風格

　　感性願景型的人喜歡研究不同觀點，喜歡在互相支持、尊重個性的環境中與同學交流不同的觀點。他們對概念性的課程具有濃厚興趣，善於吸收與整合訊息，積極探索各式不同的理念運用方式。在收集到足夠的訊息之後，他們需要獨處的安靜時間和空間，對這些訊息和想法進行研究和整合，並形成自己的想法，然後積極尋找全新途徑來實踐這些想法。對於冰冷的事實和細節等數據之類的東西，他們則絲毫沒有興趣。

　　不論是在學習或私人交往中，感性願景型的人都渴望與老師建立良好的個人關係。在學習過程中，他們希望老師能扮演導師、教練和領隊等多種角色。感性願景型的人對學習環境有很高的要求和期望，學習態度一絲不苟，富有毅力，願意主動追求高強度和富挑戰性的知識。他們討厭雜亂無章的學習環境和方法，學習非常富有條理性，同時非常專注。

感性願景型的學習風格特點

　　關注個人偏好，便可以更準確地找到讓你感到滿足的工作類型。下方歸納和總結了感性願景型偏好的學習方式，各位可以看看哪些描述更適合你。
身為感性願景型的人，我偏愛：
☐ 與別人討論並交換想法
☐ 渴望與老師建立良好的個人關係
☐ 相互支持與鼓勵的學習環境
☐ 希望老師能扮演導師、教練和引領者的角色
☐ 對學習環境具有很高的要求和期望
☐ 尋找運用理念和想法的新途徑，從而幫助身邊的人
☐ 有時間靜下心整理自己的想法並建立連結
☐ 不喜歡雜亂無章的學習環境，喜歡學習富有條理性，集中專注
☐ 喜歡真誠隨和的老師

　　性格偏好跟天生傾向可以作為自我評估的出發點。這一部分的內容，也許某

些陳述你可能認可，某些則可能不認同。這樣的反應很常見，因為每個人表達自己性格特徵的方式都不同。閱讀整體概要描述也可以成為職涯發展方向的出發點。現在，你需要進一步自我評估，具體方法就是將這些概要陳述和個人生活結合起來。下方的問題可以幫助你將此部分的內容和自己的具體情況連結。在回顧本章內容的過程中不要忘了在腦中想起這些問題：

- 這種性格的所有特徵是否符合我的真實情況？哪些部分符合？哪些部分不符合？
- 是否有哪個部分的描述對我來說尤為重要或關鍵？
- 我可以將哪些訊息具體實踐，從而決定自己的職涯發展方向嗎？
- 我該如何調整自己的職涯發展方向？哪些方面應該強化？又有哪些方面應該弱化？
- 在未來工作中，我想將重心放在哪方面？

各位可能會在此過程中，想用各種方式標注或強調某些部分，也許是想在書頁的空白部分寫些筆記，或製作一系列索引卡，又或在筆記本認真寫下一些筆記。不論採取什麼方式，問題的關鍵在於這些紀錄必須是能夠真實描述你的目前情況。設想自己的理想工作該是如何，有哪些具體的工作內容？有什麼樣的工作環境？工作中會應用到哪些技能？你期盼以什麼方式領導他人或被他人領導？你希望為團隊做出什麼樣的貢獻？你想要以什麼樣的方式不斷學習與成長。

同時也思考一下自己目前的發展階段。你現在利用哪些方法平衡自己的自然工作方式？你是否正在進入新平衡方式的過渡期？切記，每個人的情況都是獨一無二的。以果斷型和分析型的人為例，這兩種類型的人在溝通時喜歡就事論事。但是，他們還是會或多或少地透過移情作用和他人建立連結。這兩種人如果願意花費時間和精力，透過學習且最終從事人事服務工作，他們的做事方式就有可能與在技術領域獨立工作的同種類型人截然不同。

我的關鍵

現在，各位已經做好準備，將自己的自然偏好和具體情況結合起來了。

> 　　描述你最想從工作得到什麼。不要單純羅列一系列工作，將重點放在説明自己的個人偏好。
>
> _____
>
> _____

　　了解自己的工作偏好之後，可以直接閱讀「INTJ」性格類型的介紹。如果各位有興趣培養基於邏輯的決策方式，更應如此。如果你已經準備好以評估自己的價值觀、生活方式和局限，繼續完成職業規劃的過程，可以直接跳到第11章。

邏輯願景型（INTJ）的工作方式

「畫面遠勝於語言。」

　　最新研究顯示，美國成年人邏輯願景型（INTJ）約占2.1%。他們相信邏輯分析，並不自覺地利用這種方法衡量不同的想法和概念，從而選擇最便捷的方式解決問題或提升系統運行效率。他們以未來和目標為導向，喜歡創造和運用複雜的模型等工具，思考整體系統，尤其喜歡接手和完成複雜且涉及範圍廣的大型計畫。因為邏輯願景型的人會在對邏輯推理和決策時，尋找外在與內心理念的平衡，所以最初表現的工作方式與感性願景型的人有很大不同。然而，感性願景型的人在步入中年後，亦會發現這種以邏輯為基礎的決策方式，恰好反映了他們提升和成長的方向。

▶▶ 邏輯願景型做什麼最自然

創造新理論、評估不同想法

　　邏輯願景型的人喜歡構思新的概念，並利用邏輯分析的方式對不同概念和想法進行測試，因此科學、數學、語言學和醫學等領域對他們具有很強的吸引力。他們是獨立思考和小心謹慎的決策者。一旦做出決定和計畫，他們就會為了在最

終期限前完成目標而全力以赴。

　　邏輯願景型的人通常在獲得新訊息後，用多種方式研究訊息以了解其局限，然後決定是否採用。他們對任何事情都會提出質疑，對於在實際應用時出現局限或與內在理解不一致的訊息，往往會毫不猶豫地放棄或選擇性地採納。當不同想法或概念出現時，他們會先質疑而不是輕易接納。其他人也許會認為這種方式疑心太重、過於挑剔或主觀，但邏輯願景型的人並非表面那麼吹毛求疵，他們的內心還是會保持開放的心態，願意接納他們認為也許有用的任何想法和建議。

解決複雜問題

　　對邏輯願景型的人來說，為他們的想法尋找能實際應用的機會非常重要。他們對於須解決複雜和高難度問題的工作具有濃厚的興趣，對解決問題的各個環節均十分擅長，如構思、測試、制訂計畫和實施等。他們天生就會強烈追求提升自己的知識、理解力和洞察力。他們厭惡低下的工作效率，如果出現此情形，他們會快速行動以提升工作流程的效率，排除使計畫或團隊效率變得低下的瓶頸。如果工作中甚少有機會能發揮解決複雜問題、系統改進或達成長期目標的能力，他們在工作時就會變得非常散漫、缺乏動力。以下是一名邏輯願景型的人的說法：「在接受比較複雜的問題或計畫時，我喜歡因為成功解決問題或管理計畫而受到獎勵。充滿變化、複雜的問題是我強而有力的激勵來源。」

　　邏輯願景型的人喜歡透過計畫和執行滿足自己的控制慾望，正如一名邏輯願景型的人所說：「不是你控制世界，就是世界控制你。」

　　邏輯願景型的人在設定目標或計畫開始之前，喜歡花一點時間思考整個計畫。他們享受設定流程、制訂策略，為計畫從頭到尾進行概念化包裝的一系列過程。在此過程中，他們內心往往會經過激烈而複雜的思考。他們會盡力想像一切可能發生的問題，制訂備選流程，甚至是替代計畫。

執行計畫

　　一旦在腦海從頭到尾整理好相關的流程後，邏輯願景型的人就能充分發揮自己擅長組織資源和執行計畫的能力了。當計畫制訂完成時，他們便會立即投入到

執行工作，實現最初的願景。他們善於制訂達成長遠目標的可行計畫，而不只是停留在空想。在此過程，他們需要一個封閉、安靜、不受打擾的空間及足夠的時間，專心致志地完成整個構思。

　　邏輯願景型的人透過編製一些圖表或流程圖，為計畫進行註解，說明整個計畫的流程。雖然他們並不是嚴格地依照順序展開工作，但他們確實必須看到流程中的邏輯順序。例如，編寫電腦程式、電腦系統分析、開發通訊系統等工作，就是讓他們能以邏輯順序進行設計和規劃的工作類型。在宏觀理解整個體系和流程以及制訂具體計畫和執行細節兩種層面上，他們能維持合理的平衡。儘管如此，他們對於概念和可能性的重視，還是不可避免地讓他們錯失一些事實和細節。

邏輯願景型的理想工作環境特點

　　關注個人偏好，便可以更準確地找到讓你感到滿足的工作類型。下方歸納和總結了邏輯願景型的理想工作環境，各位可以看看哪些描述更適合你。身為邏輯願景型的人，我偏愛下列工作環境：

☐ 構思並實施理念和想法的機會
☐ 運用邏輯分析能力
☐ 強調個人獨立性
☐ 工作牽涉模型構建或系統的改進等
☐ 對出色的工作能力和業績有所獎勵
☐ 有機會解決複雜的問題
☐ 與具專業能力的人共事
☐ 具有邏輯性、井然有序
☐ 有靜下來的時間可以構思與規劃

▶ 邏輯願景型有興趣的工作

　　以下是邏輯願景型的人可能感興趣的工作。這份清單是參照數據進行歸納，數據顯示，邏輯願景型的人從事下述這些行業的機率高於其他行業。這份職業清

單依照美國勞工部職涯資訊系統O*NET提供的訊息，歸結出五大類，這些類型的工作對邏輯願景型的人來說充滿了吸引力。O*NET是一個龐大的互動性資料庫，專門提供職業相關訊息，用於探討與研究職業選擇。該系統對工作類型進行了劃分，不僅依據工作本身內容，還包含完成該項工作所需的技能，以及需要接受的教育或培訓。各位可以到該網站瀏覽各式羅列的職業或工作類型。該網站也有關於職業的豐富資訊。最後，我們設立了第六類「其他」，涵蓋了該職涯系統劃分的其他工作類型，這些工作同樣可以吸引邏輯願景型的人。

解讀職業訊息的關鍵

每種職業的編號都包含了一些訊息，幫助各位更容易評估這份職業是否適合自己。

＝綠色經濟職業：與降低化石燃料的使用、減輕汙染、提高能源效率及提升再生能源使用等領域息息相關。

＝有前景、快速成長的職業：經濟層面十分重要的行業，這些行業可能實現經濟長期增長，或因為技術與創新而出現劇烈的變化。

工作能域＝數字編碼（1～5），總結了想要進入此行業須進行的準備（如教育、培訓或經驗傳授）。數字1～5代表所需要的準備由少到多。

職業趣味性＝字母編碼（R、I、A、S、E、C，即：實際、調查、藝術、社會、創業和傳統），代表職業興趣。此部分與美國心理學教授、知名職業指導專家約翰‧霍蘭德（John Holland）的職業興趣類型及工作環境（將在第11章仔細描述）一致。

商業與金融操作

會計師 4CE	審計師 4CEI
法令遵循 4CIR	信貸分析師 4CE
保險承銷商 4CEI	個人財務顧問 4ECS
培訓與發展專家 4SAC	房地產評估與評審 4ECR
預算分析師 4CEI	成本估算師 4CE

財務分析師 🚲🌼4CIE

物流師 🌼4EC

報稅人員 3CE

批發與零售採購人員 🚲🌼3EC

驗屍官 🌼5IRC

教育、培訓與圖書館

成人文學教師與講師 🌼4SAE

化學教師 5SIR

博物館長 4EC

教學協調員 🌼5SIE

圖書館技術人員 🌼4CSE

特殊教育老師 🌼4SA

生物科學教師 5SI

電腦科學教師 5SIC

環境科學教師 5SIA

圖書管理員 🌼5CSE

數學教師 5SIA

職業教育老師 4S

醫療保健與技術

心血管技術專家與技術人員 🌼3RIS

飲食專家與營養學家 🌼5IS

內科醫生 🌼5ISR

醫療與臨床實驗室技師 🌼3IRC

神經學家 🌼5ISR

病理學家 🌼5IR

藥劑師 🌼5ICS

精神科醫師 🌼5ISA

呼吸治療師 🌼3SIR

獸醫 🌼5IR

牙醫 🌼5IRS

家庭醫師與一般醫師 🌼5IS

執業實習與執業護理師 🌼3SR

醫療與臨床實驗室技術人員
🌼4IRC

婦產科醫師 🌼5ISR

物理治療師 🌼5SIR

兒科醫師 🌼5IS

外科醫師 🌼5IRS

放射科技師 🌼3RS

獸醫技師與技術人員 🌼3RI

生命、物理與社會科學

考古學家 5IA

生物化學家與生物物理學家
🌼5IAR

化學家 🚲🌼4IRC

生物科技技師 ✿4RIC

經濟學家 5ICE

法醫科學家 4IRC

醫療科學家 ✿5IRA

環境科學與環保技師 ☘✿4IRC

遺傳學家 5IAR

微生物學家 ✿5IR

城市與地區規劃師 ☘✿5IEA

天文學家 5IAR

諮商心理學家 ✿5SIA

環境科學家與專家 ☘✿4IRC

地質學家 ☘✿4IR

土壤與植物科學家 5IR

食品科學家與技術專家 5IRC

工業組織心理學家 5IEA

管理

下方清單包含能吸引邏輯願景型的人的管理工作。各位會發現很多管理職位都對他們有吸引力。邏輯願景型的人會熱衷於眾多工作類型的一線監督或管理的工作。你可能對某個領域的監督與管理職位感興趣。首先可以找出自己感興趣的工作類型，然後在O*NET的「一線監督與管理人員」尋找具體的職業。

執行長 ✿5EC

財務管理人員 ✿4CE

醫療保健服務經理 ✿5ECS

採購經理 ✿4EC

財務主管與總監 ✿5CE

工程經理 ☘✿5ERI

市場行銷經理 ☘✿4EC

公共關係經理 ✿4EA

銷售經理 ✿4EC

教育管理者 ✿4SEC

工業生產管理人員 ☘3EC

物業、房地產與社區管理者 ✿3EC

交通運輸、倉儲與配送經理 ✿4EC

電腦與資訊系統管理人員 ✿4ECI

人力資源經理 4ESC

自然科學經理 ☘✿5EI

社會與社團服務經理 4ES

培訓和發展經理 4ES

其他

邏輯願景型的人也會對工程類型的工作感興趣。如有興趣，可以考慮並研究下列工作，例如航空航太、生物、化學、民事、電腦硬體、電子設備、電器產品、環境、工業、工業安全與健康、材料、機械與石油。

如果你是有創意激情的邏輯願景型的人，可以考慮下列職業，如建築師、編輯、平面設計師、髮型師、理髮師和彩妝師；室內設計師、多媒體藝術家與動畫師；作家、作者；記者、通訊人員；製片人、導演；主廚、廚師等。

邏輯願景型的人也會被幫助他人的職業吸引，包括教育、職業教育與學校顧問；健康教育者；心理健康顧問；感化和懲戒專家；康復顧問；社會服務助理；職員。以下清單包括可能吸引邏輯願景型的其他工作類型。

精算師 🌣4CIE

商業情報分析師4CI

電腦安全專家 🌣4CIR

電腦系統分析員 🌣4ICR

電器與電子產品維修人員

　　🚴🌣3RIC

獄警與清潔員 🌣1RC

律師 🌣5EI

軍事指揮和控制中心指揮官 2CR

營運研究分析師 🌣5ICE

技術與自然產品銷售代表

　　🚴🌣4EC

資料專家5CI

航線飛行員、聯合飛行員、飛行技

　師 🌣4RCI

電腦軟體工程師 🌣4IRC

資料庫管理員 🌣4CI

資訊分析員 🌣3CI

法官、治安法官、地方行政長官

　5ES

醫療與公共健康社會工作者 🌣5SI

網路系統和資料傳輸分析師 🌣3IC

公共關係專家 🚴🌣4EAS

保全 🌣2RCE

電信線路安裝與維修人員 🌣2RE

邏輯願景型的技能強項和重要的特點

關注個人偏好，便可以更準確地找到讓你感到滿足的工作類型。下方歸納和總結了邏輯願景型的技能強項和重要能力，各位可以看看哪些描述更適合你。身為邏輯願景型的人，我具有以下技能強項與重要的能力：

☐ 創造

☐ 組織

☐ 批判性思維

☐ 計畫

□ 評論
□ 解決問題
□ 邏輯分析
□ 推進計畫
□ 評估
□ 實施

▶ 邏輯願景型的領導者

　　邏輯願景型的人在擔任領導者時，會有獨特的優勢。他們擁有自然獨特的領導方式。

策略規劃

　　邏輯願景型的人天生就是很好的策略規劃者，因為他們以未來和變化為中心，努力追求長期目標。但或許他們常過度關注未來，而忽略眼前，對當下發生的小問題無暇顧及。他們常透過複雜和抽象的理論模型、圖表與他人分享自己的願景。他們須學習如何將抽象的願景具體化，從而獲得注重實際的人的理解和認同。不過，將願景具體化的過程，對邏輯願景型的人來說或許是一件極其枯燥的事，所以他們與重視且留意細節的人共事能得到互補。

強調能力和表現

　　邏輯願景型的人極為注重下屬的能力和表現。在他們心目中，領導的職位和權力遠不及員工的能力重要。他們自己常主動學習和實施新理念或新想法，對下屬也抱著同樣的期望，因此當發現下屬缺乏他認為應該具備的思考和行動的獨立性時，他們會覺得很驚訝，因為他們認為這是理所當然。一名邏輯願景型的人說道：「我不喜歡對他人的行動負責，我也不能保證我會這樣做。」

　　他們尊重表現出前瞻性和判斷力的人。在開始執行某項計畫之前，和他人分享自己的理念，聽取別人的想法和建議對他們來說很重要，因為一旦確定了前進

的方向，他們的焦點就不再是討論想法、獲得他人認同等議題，他們並不善於用語言準確描述心目中的計畫和策略。

結果導向

在實施願景的過程中，邏輯願景型的人通常會完全沉浸於工作中，一切以工作為重，時刻提醒自己截止日期。這是他們的優勢，但也會構成一些溝通上的問題。邏輯願景型的人總是關注任務和結果，其他人可能因此覺得過於客觀或有所保留。一名邏輯願景型的領導者在形容這種狀況時提及這類誤解，他人總認為他們操控一切，無法坦誠相待。

「我不想成為大家都無法理解的人。我制訂出複雜的計畫，有時沒有時間向所有人解釋。當他人嘗試要和我討論下一步或行動方案時，我承認我通常只給出一些經過深思熟慮的決定或步驟。」

這位領導者意識到他制訂計畫時，必須更早獲得別人的回饋，因為他發覺一旦計畫成形後，就很難再向別人解釋背後的原因，他也沒有耐心這樣做。他還發現應該更常與人分享想法，並對計畫調整持開放的心態，即使這個過程會減緩他的進度。因為如果不那樣做，執行計畫的團隊成員會因此缺乏責任感和主動意識。

邏輯願景型領導者的特點

關注個人偏好，便可以更準確地找到讓你感到滿足的工作類型。下方歸納和總結了邏輯願景型偏愛的領導風格，各位可以看看哪些描述更適合你。
身為邏輯願景型的領導者，我喜歡：
☐ 善於進行策略規劃
☐ 與具有獨立思想和行動力的人共事
☐ 關注未來
☐ 憑藉遠見領導下屬
☐ 制訂長遠目標並努力完成
☐ 專注於複雜的計畫

□ 與能力出眾、富有責任感的人共事
□ 設計時間表，實現目標
□ 學習和實施新想法或新理念
□ 嚴肅而專注
□ 以完成任務為重，避免一切不必要的溝通

邏輯願景型的團隊成員

　　邏輯願景型的人並不是天生就認可團隊合作，無論是想法或行動層面，他們總能表現高度的獨立性。但在構思計畫的最初階段，他們喜歡從他人獲取訊息，或透過討論尋求別人的建議。當計畫制訂完畢，團隊合力朝著既定的目標努力工作時，他們也會了解團隊合作的價值。不過，一旦有了明確的目標，對於任何阻礙工作完成，或阻擾投入時間和精力的一切事物，他們都會表現出不耐煩的態度。

　　他們不善於給予他人正面回饋。他們往往會在內心做自我評價，並希望別人也是如此。一般來說，他們的溝通方式直率、直擊要害，並帶有說教的成分。對他們來說，小團體的談話和構建和諧的人際關係並不是一件容易的事。

　　邏輯願景型的人無論對自己或周遭的人，都有很高的期望。如果沒有達到期望標準，對自己和他人均會毫不留情地批評。因為溝通方式的問題，他們往往會留下傲慢或冷淡的印象。以下是一名邏輯願景型的人描述他在工作遇到的最大挑戰：「我須與許多人保持聯絡、建立信任，對我來說這方面有些困難，因為我崇尚獨立，自己管好自己的事。我也不擅長小團體的聊天談話，在我和別人聊天時，往往都是前幾分鐘或許還能談談天氣，接下來我就不知道該說什麼好了。」

邏輯願景型的團隊成員特點

　　關注個人偏好，便可以更準確地找到讓你感到滿足的工作類型。下方歸納和總結了邏輯願景型偏愛的團隊工作方式，各位可以看看哪些描述更適合你。身為邏輯願景型的團隊成員，我偏愛：

☐ 天性不善於給予積極正面回饋

☐ 對自己的工作在內心做自我評價，對他人也是如此

☐ 一旦計畫制訂完畢進入實施階段，也能了解和認識團隊的價值

☐ 不擅長小團體的談話、建立和諧的人際關係

☐ 樂於看到團隊專注地朝設定目標邁進

☐ 對於任何阻礙工作完成、需要投入時間和精力的額外事情感覺很不耐煩

☐ 對自己及周圍的人抱有很高的期望

☐ 自我批評或直率地批評他人

▶▶ 邏輯願景型的學習風格

　　邏輯願景型的人願意尋找一切可能的機會學習新理論與新想法。他們的思維具系統性，在學習細節之前須對學習內容有宏觀層面的認知。對於獲得的新訊息和新知識，他們須花時間思考，以便整理和綜合分析。他們具有獨立性，認為自己閱讀或聽講座是吸收知識的好方式。在學習過程中，他們態度認真，非常專注，對自己有很高的要求和期望，會努力完成預定的學習目標。

　　在接受（或摒棄）任何訊息或知識之前，這些富有批判精神的思考者會發揮他們質疑和挑戰的天性，以明確了解訊息或知識是否正確及有用。他們喜歡辯論，在辯論過程中非常富有批判性，表現鎮定而冷靜。可能有些人覺得辯論並不是一件舒服的事，但對邏輯願景型的人來說，這是驗證和探索新知識的最佳邏輯練習。他們喜歡跟隨能力出眾、知識淵博的老師學習。在決定投入時間和精力學習之前，他們往往會對課程和師資進行充分調查。

邏輯願景型的學習風格特點

　　關注個人偏好，便可以更準確地找到讓你感到滿足的工作類型。下方歸納和總結了邏輯願景型偏愛的學習方式，各位可以看看哪些描述更適合你。身為邏輯願景型的人，我偏愛：

☐ 尋找一切學習新理論的機會
☐ 喜歡辯論、質疑和挑戰
☐ 很自然地為自己設定很高的要求和標準，並且努力完成目標
☐ 接受或摒棄任何訊息和知識之前，需要明確知道它們是否正確及有用
☐ 重視系統化的思維過程
☐ 需要獨立地將訊息、數據等資料整理和消化的時間
☐ 在進入細節的學習之前，須對學習內容有一定宏觀層面的認知
☐ 喜歡能力出眾、知識淵博的老師

　　性格偏好跟天生傾向可以作為自我評估的出發點。這一部分的內容，也許某些陳述你可能認可，某些則可能不認同。這樣的反應很常見，因為每個人表達自己性格特徵的方式都不同。閱讀整體概要描述也可以成為職涯發展方向的出發點。現在，你需要進一步自我評估，具體方法就是將這些概要陳述和個人生活結合起來。下方的問題可以幫助你將此部分的內容和自己的具體情況連結。在回顧本章內容的過程中不要忘了在腦中想起這些問題：

- 這種性格的所有特徵是否符合我的真實情況？哪些部分符合？哪些部分不符合？
- 是否有哪個部分的描述對我來說尤為重要或關鍵？
- 我可以將哪些訊息具體實踐，從而決定自己的職涯發展方向嗎？
- 我該如何調整自己的職涯發展方向？哪些方面應該強化？又有哪些方面應該弱化？
- 在未來工作中，我想將重心放在哪個方面？

　　各位可能會在此過程中，想用各種方式標注或強調某些部分，也許是想在書頁的空白部分寫些筆記，或製作一系列索引卡，又或在筆記本認真寫下一些筆記。不論採取什麼方式，問題的關鍵在於這些紀錄必須是能夠真實描述你的目前情況。設想自己的理想工作該是如何，有哪些具體的工作內容？有什麼樣的工作環境？工作中會應用到哪些技能？你期盼以什麼方式領導他人或被他人領導？你希望為團隊做出什麼樣的貢獻？你想要以什麼樣的方式不斷學習與成長。

同時也思考一下自己目前的發展階段。你現在利用哪些方法平衡自己的自然工作方式？你是否正在進入新平衡方式的過渡期？切記，每個人的情況都是獨一無二的。以果斷型和分析型的人為例，這兩種類型的人在溝通時喜歡就事論事。但是，他們還是會或多或少地透過移情作用和他人建立連結。這兩種人如果願意花費時間和精力，透過學習且最終從事人事服務工作，他們的做事方式就有可能與在技術領域獨立工作的同種類型人截然不同。

我的關鍵

現在，各位已經做好準備，將自己的自然偏好和具體情況結合起來了。

> 描述你最想從工作得到什麼。不要單純羅列一系列工作，將重點放在說明自己的個人偏好。
>
> _____
>
> _____

了解自己的工作偏好之後，可以直接閱讀「INFJ」性格類型的介紹。如果各位有興趣培養基於價值觀的決策方式，更應如此。如果你已經準備好以評估自己的價值觀、生活方式和局限，繼續完成職業規劃，可以直接跳到第11章。

分析型：審視與評估

—— 性格類型：ISTP 和 INTP

我從事安全方面的工作，這份工作提供了充足的自主權和解決難題的機會，這兩者正是我最在意的。我喜歡探究問題中發生的不同狀況，而我的工作就是解決問題。我喜歡與人一對一地討論和工作，透過不斷問問題找到解決問題的方案。

——一名分析型的人

最新研究顯示，美國成年人分析型約占8.7%。分析型的人通常用開放和探索的方式處理問題。他們喜歡解決問題或構思不同的想法。務實分析型（ISTP）與邏輯反應型的人乍看非常近似，而洞察分析型（INTP）則與邏輯探索型很接近。但只要經過仔細分析和比較，就會明白分析型的人偏好以理解和運用邏輯來闡釋世界。對邏輯分析的內在關注是指引務實分析型和洞察分析型人的力量。在解決問題或探索新理念時，他們會持續關注邏輯思考，並受邏輯思考的指引往前行。內斂地檢視和評估周圍所發生的事情是他們的自然工作方式。

對於分析型的人來說，邏輯分析是他們的天性，總是在生活中不自覺地隨時運用。這是他們的決策方式之一，並使他們根據周圍狀況順利調整自己的行動。他們並不總是向他人說明理性思考的步驟，或解釋行動的原因。邏輯分析對他們而言，是理解世界和進行決策的內在指引。他們內斂的性格，導致我們對他們行為背後的思考步驟缺乏必要的了解，因此通常覺得他們的行動出乎意料。

分析型的工作方式

▶▶ 分析型做什麼最自然

善用邏輯分析

不管選擇什麼類型的工作，分析型的人最注重的是工作能否為他們提供進行邏輯分析的機會。他們渴望理解事情的進展及背後的原因，並在採取行動前看到決定和行動背後的邏輯性。一名分析型的人如此描述他在生活中慣於使用邏輯分

析的習慣，以至於每件事對他來說都像處理問題一樣：「我常常發現自己總是透過邏輯分析的方法問自己一些問題，對周圍狀況不自覺地做出類似的反應：出了什麼問題？我需要什麼訊息？可以做些什麼？各種選擇會產生什麼結果？我應該怎麼做？」

對分析型的人來說，合乎邏輯的結論建立在原則、經驗和知識之上。他們看到、聽到、讀到、摸到和經歷的任何事情，都會經過他們的檢驗和評估。他們不會不加判斷地接受訊息或指令。他們在必須做出判斷的工作中，具有良好的表現，例如律師、法官、調查官和分析人員等。一名分析型的護理師最喜歡的工作是評估人體工學設計，因為她喜歡仔細分析各因素並做出判斷：「某些狀況往往會讓我從問題出發，理性地評估、提供建議，然後轉到另一個問題。我也喜歡自由和多樣性，這都是在經歷各式計畫與項目後得到的。」

對於分析型的人來說，有機會評估訊息是他們能否實現滿足感的關鍵。因此，在評估就業選擇時，應該尋求一些能同時提供新穎而有趣的環境，以及能透過邏輯分析進行決策的職位。在分析型的人眼中，如果能借助分析解決現實世界的問題與狀況，就會創造無法用言語形容的滿足感。因此，分析型的人可以利用自己另闢蹊徑和觸類旁通的思考方式，跳脫傳統思考模式的局限，尋找充滿創造性的解決方案有效地解決各種問題。對於分析型的人來說，尋求讓問題迎刃而解的辦法，會讓他們覺得自己的工作充滿挑戰，並全心投入。

專注和自我審視

分析型的人會很自然地評價自己和他人的表現。他們慣於為自己設定很高的要求和標準，因此當同事工作能力不強時，他們會很沮喪。

對自我工作方式的重視，是促使分析型的人不斷調整自己行為的動力。一名分析型的人發現自己幾乎不需要外在的回饋或激勵：「我在想如果我是老闆，我一定會開除自己，我知道聽起來有些奇怪，但這正是改變自己的暗示。」

因為對自己的表現有很強的自我關注，分析型的人並不會被他人反面的評價影響。尤其是對於懷疑自身能力的評論，這種情況就更加明顯。他們如果承認自己表現不好，早就是自我批評了。如果他們認為自己表現還不錯，他們會完全忽

視或盡可能減少那些與自我評價不相符的負面回饋所造成的影響。

適應、跟隨潮流

雖然分析型的人把邏輯思考作為內在思考和決策的指引，但這並不意味他們處事時不會使用公開和靈活的方式。他們不獨斷，總是比較安靜、離群，甚至冷淡，具有很強的適應性和好奇心。雖然他們確實喜歡解決問題的成就感，但在行動過程中也許會拖延決策時間，因為他們總是躍躍欲試地想要嘗試所有可行方案。

分析型的人熱衷於提出解決問題的各種方法和理念，並樂於由他人完成專案計畫、方案執行、計畫跟進等細節。比起執行已經選定的方案，他們對想出解決方案的過程更感興趣。一名分析型的人如此描述：「當有問題須解決時，我的腦海會自動對解決方法進行測試或評估。在選擇的過程中，其實我有時甚至會忘記問題本身，好像問題已經得到解決。我發現我必須記下解決方案，確保我並非迫不及待地轉移到其他問題上，而將實施解決方案拋諸腦後。」

為了保持對工作的興趣，從事多變的工作或計畫對分析型的人非常重要。他們生性喜歡處理不常見的新問題，以及處理結果未知的狀況，因為可以運用和挑戰自己的思考能力。以下是一名分析型的人的說法：「從事重複勞動或例行公事時，我會覺得厭倦。我必須做一些不同的工作。其實當我對工作瞭如指掌時，我會變得不自在，會覺得工作的幹勁一落千丈，同時還會變得自大且昏昏欲睡。這就暗示我要做些不同的事。」

獨立工作

分析型的人喜歡獨立按照自己的節奏和步驟解決問題。對他們來說，獨立、靈活和控制權非常重要。在工作流程如教條般地已經設定好的環境中，他們會感到被束縛，通常需要為他們提供透徹思考問題的時間和空間。以下是一名分析型的人的說法：「我喜歡沒有職責描述的工作。當計畫逐步推進且手邊遇到問題時，我可以清楚界定我必須做什麼。」

分析型的人喜歡自發行動、靈活處理問題，因此他們往往覺得所謂的規則和

流程對於行動自由是莫大的限制。為了期待的結果，他們也許會對規則抱持寬容的態度，但如果規則妨礙了行動，他們則會毫不猶豫地突破或超越規則。自己決定行動方向對他們來說是一件重要的事。長時間的重複工作往往讓他們失去積極性。一名分析型的人以指南針與地圖解釋他需要獨立行動的自由：「如果我要去一個地方，我需要的只是一個指南針，讓我對方向有大概的判斷，我能依此選擇最簡潔的道路，繞過一些不必要的障礙。我不喜歡跟著地圖走，因為地圖的路線都是設定好的。當然地圖上的道路有時會有作用，但會讓我失去靈活繞過不必要的路線而開闢新道路的自由。」

分析型的人對於與他人並肩作戰並非深惡痛絕，但他們更追求單槍匹馬的自由與獨立。他們通常傾向在工作與私人生活之間設置一目了然的界限，不喜歡和同事促膝長談，或任何形式的維繫職場人際關係的活動。對他們來說，推銷自己並不是一件容易的事，因為分析型的人認為，重複一些顯而易見的事會讓自己頭痛不已。邏輯分析是他們與生俱來的處事方式，但在其他人眼中可能顯得有些憤世嫉俗。雖然分析型的人會不由自主地流露懷疑一切的態度，但他們的本意通常並不是拒人於千里之外或咄咄逼人，如果他人因此有負面觀點，他們反而會一頭霧水。

分析型的人在選擇工作時，一定要繞開這樣的機構或工作環境：需要長期專注於一成不變的規則與日常瑣事，並且需要遵守固定營運流程，這樣的工作環境會讓他們覺得無所適從，不僅會感覺壓抑，也會覺得無法從工作取得任何收穫。你應該尋找的是能夠獨立工作的機會，當然，如果工作環境充滿變化和活力，就更好了。

分析型的自然工作方式特點

分析型的人在運用自然工作方式時具有最好的表現。了解你的不同偏好，就可以更準確地評估什麼工作方式才會讓自己獲得滿足感。以下歸納和總結了分析型的性格特點和工作偏好，各位可以看看哪些描述更適合自己。身為分析型的人，我在下列方面表現最好：

☐ 處理問題時使用邏輯分析的方式，秉持客觀的角度
☐ 設定自己的工作節奏和程序
☐ 有透徹思考問題的時間和空間
☐ 與有能力的同事共事
☐ 有觀察和思考問題的時間
☐ 不吝批評他人，發現他人的缺點
☐ 避免例行公事的工作任務或環境
☐ 用開放和靈活的方式收集訊息
☐ 獨立自主的工作機會
☐ 處理不同以往的問題和狀況
☐ 追求自我設定的高標準
☐ 工作中不需要自我推銷來獲得他人的認可
☐ 承擔多變的工作和任務
☐ 提出想法或構思解決問題的方案
☐ 避免辦公室政治
☐ 讓他人承擔決策、執行和跟進
☐ 遠離職場的人際關係互動
☐ 審視決策和行動是否符合邏輯
☐ 不自覺地採取行動
☐ 自己監管自己的工作

我的關鍵

　　回頭看看分析型自然工作方式的特點清單，以你勾選出的特點，在下方空白處填上你的個人工作方式摘要。如此有助於明確了解自己想要在工作中從事什麼具體活動，以及什麼樣的工作環境最能與你契合。當然，也可以添加清單中未提及的特點。

我最重要的工作偏好是：

_____

_____

分析型如何減輕工作壓力

透過本章前面的內容，已經確定了自己的性格類型如何與偏好的工作活動及工作風格連結起來。考慮一下什麼工作內容和環境會讓分析型的人感到壓力重重或覺得不適合，這點相當必要。每個人都會在某段時間內從事自己並不喜歡的工作，但如果長時間從事自己沒有興趣的工作，就可能造成工作壓力或不滿情緒。

這裡會著重指出分析型的人可能出現哪些工作壓力。在閱讀的過程中，可以想想自己目前的工作是否包含了書中的描述。如果是，就須要思考一下，該以哪些方式改變某些工作內容，或採取一些盡可能緩解壓力的辦法。了解工作讓自己產生壓力的要素，可能幫助你明確了解哪些工作選擇不適合自己，然後避開這些工作。

對分析型的人來說，如果所在的工作環境充滿了一成不變的框架，就會覺得壓力大。如果這些框架在他們眼中根本沒有存在的意義，就更會覺得壓力無法忍受，因為這樣的環境原本就和分析型偏好的靈活而獨立的工作方式格格不入。如果你遺憾地發現自己恰好身陷這樣的困境中，可能必須想辦法盡量利用規定中的彈性，或在必須挑戰規定之前就繞道而行（這樣的做法可能讓他人有意見）。如果你碰上了這樣的局面，可以與相關人員溝通協商，在自己的職責範圍內爭取一定的自主權。同時，也可以積極尋找結構中已有的靈活性。

和能力不足、缺乏邏輯或過度情緒化的人共事，同樣會讓分析型的人感受到壓力。另外，每天都被嚴格監督，或每天大部分的時間都要和他人打交道，也是讓分析型厭煩的事。這會讓分析型的人因此沒有時間獨立地評估情況，並以此基礎獨立行動，而這正是分析型偏好的工作方式中不可或缺的部分。如果你恰好是

分析型的人，首先請確保自己每天都有獨處的時間與空間獨立工作，這對提升工作滿足感十分重要。某些分析型的人寧願另謀高就，也不願忍受能力有限的同事或在工作自主權妥協。所以在選擇工作時，須明確工作本身的性質，以及需要互動的程度，同時也須考慮組織內部的條例有多少，對員工的管控程度如何。

一般來說，分析型的人處事變通，對於改變持開明的態度，但如果有人將沒有邏輯或不合理的改變強加在他們身上，就會讓他們感受到壓力。如果某項改變會限制他們的自由，或會增加毫無必要的規定，分析型的人就會表現出矛盾情緒。短期之內，分析型的人會將這種考慮不周或缺乏邏輯的改變視而不見，這是某種形式的應對，但絕對不是真正的長久之計。面對這種情形，你應該抽出一些時間，決定面對改變應該做出什麼反應。你可能不由自主地想要直接抒發己見，有時甚至會顯得有些吹毛求疵。但切記，這種回饋方式不會給你帶來任何好處。你需要更積極的態度，這意味著要先思考發生改變的原因，同時積極尋找是否有證據可以證明這樣的改變並不是一無是處。如果你認為自己可以影響改變的過程，那麼以一種講求技巧且具有建設性的方式，指出改變本身是否存在著不一致或缺陷。

分析型的職業和人生發展策略

接下來我們將介紹分析型的人生，能如何從職涯獲得最大收穫，除了包括改善職涯規劃的兩個方向，同時也提供了一些實際的建議，幫助讀者更有效地規劃職業發展路徑。另外，也有較為個人客製化的方面。從以上內容與待發展的方面綜合出發，找出可將現有職場表現推向更上一層樓的方式，以及如何實現個人生活的改善，並達到充分的滿足感。

▸▸ 與他人建立連結並營造和諧氣氛

由於分析型的人關注邏輯分析，因此對他們來說，比起與他人保持和諧關係，批評他人是一件更簡單的事。在分析型的眼中，和他人促膝長談、分享自己的人生經歷、支持他人、給予積極回饋，並不是什麼重要的事，他們在這方面的

想法恰好和自己的同事截然不同。如果對方過度關注個人經歷或滿懷期待地想要獲得積極回饋，分析型的人就會覺得不勝其煩。

分析型的人有一種與生俱來的不拘小節。在他們看來，循規蹈矩的社交慣例和凡事以邏輯分析為導向的思維方式格格不入，所以他們認定這些繁文縟節沒有任何實際價值。到醫院探望病人、寫感謝卡、打電話保持連結、社交活動或工作場合的慶功活動等，都會令他們避之唯恐不及，如果在這些場合打交道的對象是同事，就會讓他們覺得無所適從，因為對於分析型的人來說，工作和私人生活是完全分開的。他們不喜歡寒暄，碰上這樣的場合他們會覺得渾身不自在。所以在工作的社交活動中，他們總是想要躲起來，不想引起別人的注意。他們天生不喜歡與人結交，也不能如魚得水地和他人分享自己的想法。其實光是讓分析型的人想著如何推銷自己，就會讓他們覺得不舒服。

分析型的人不願花費必要的時間與精力，和別人分享自己複雜的邏輯思考過程。對於自己的決定，他們也不想給予任何解釋。他們的焦點永遠都落在自己負責的任務上，而不是與自己並肩作戰的同事身上。因此，他們與人溝通的時候總是速戰速決，過於客觀，顯得有些不近人情。他們這種以邏輯分析為導向的處事態度，會讓他人覺得過於冷漠無情。

對分析型的人來說，情感是思想的阻礙。如果在工作中接觸到一些情緒化的狀況，他們會覺得無所適從。他們回應的方式可能是想盡辦法抽身。讓分析型的人給出積極回饋而非批評是一件困難的事。他們總是一眼看到問題所在，然後不由自主地指出，卻很容易對別人的優點視而不見。一旦他們認為某些事情是顯而易見，他們就不會進行任何說明或解釋，因為他們只會覺得厭煩。由於這些特徵，想要從分析型的人得到回饋並非簡單的事。

分析型的人通常會在內心對自己的工作表現進行自我評估，對他人的支持或回饋顯得不在乎。更重要的是，他們會自動假設別人亦如此。因此在意識到他人需要周圍的支持和鼓勵時，他們往往很驚訝。一名分析型的人如此描述：「我覺得自己在給予他人正面回饋時，好像是在對明顯的事誇大其詞。人們應自己確認工作是否好好地完成了，而不是由他人指出。我總覺得誇獎別人感覺很虛偽或另有所圖。」

分析型的人並不是很好的評論家。如果在自我評價之前就收到他人的負面回

饋，他們會覺得不公平。如果這種負面回饋沒有證據支持，這種感覺會更強烈。要分析型的人接受不合邏輯或沒有經過深思熟慮的結論，是一件痛苦的事。以下是一名分析型的人的說法：「當我突然被批評時，我會覺得很受傷。尤其是批評的事我根本沒有想過，或批評毫無根據時，這種感覺更加強烈。」

與他人建立連結並營造和諧氣氛的建議

- 不要假設每個人都和你一樣，絲毫不在乎外界的回饋或評價。嘗試給予對方正面的回饋。在談話過程中，使用一些流露情緒的表達方式。如果某人談到了讓人難過的經歷，可以簡單地說句鼓勵的話，能做到這一點對經營人際關係來說至關重要。

- 在表示異議或提出其他觀點之前，首先要讓對方看到，你有注意聆聽並試圖理解對方的看法。這樣做會讓對方認真傾聽你想要表達的觀點。

- 在表達自己的負面觀點或反對別人提出的觀點之前，首先應該給予一些正面回應，並歸納一下自己贊同的部分。克制自己想批評的衝動，時刻銘記這樣的溝通方式會讓別人不自在。

- 培養自己寒暄或閒聊的能力。這些溝通技巧能幫助你更容易與人相處。可以多想幾個雙方都感興趣的話題，同時也可以預先設定幾個不會讓別人覺得不妥的問題。

▸▸ 跟進工作

分析型的人喜歡解決問題，但他們通常不喜歡跟進、延續。在某項計畫或工作正式開始後，他們寧願將自己的邏輯思維方式轉移到解決新問題上，而不是跟進解決方案的實施和執行。遺憾的是，在現實生活中，只有少數工作能從一個概念轉移到另一個概念的階段時無須跟進。他們應該學習如何在思維跳躍到下一個任務前，認真執行和貫徹解決前一個問題，雖然對他們來說，這個過程並不有趣，也不能激勵他們。正如一名分析型的人的解釋：「一旦我想出解決方案，我會很快對問題失去興趣。我討厭組織和執行解決方案時的所有細節。我總是擔心我會忘記一些重要的細節。」

　　跟進工作對實現成果有至關重要的作用，某些分析型的人會讓其他人完成這個須發揮組織與溝通能力的部分。但如果條件不允許，分析型的人可以制訂一些策略，保證工作順利進行。

跟進工作的建議

- 為自己設定一個期限。你必須知道自己有「期限來臨時才開始工作」的傾向。因此盡量多預留一些時間，在最終期限前把工作完成。
- 使用時間與任務管理的方法，但綜合使用兩種方法時，一定要保證採取的方法不要充滿規則，否則會顯得綁手綁腳。但是，你可以想辦法規劃自己該如何完成目標。將想要的方案寫下來，然後排列出優先順序。規劃自己的時間。當完成某項任務或計畫時，獎勵自己。
- 與他人協商跟進工作的事情，如此就會有開始新計畫或接受新挑戰的機會。努力尋找啟動、評估新計畫而非執行計畫的工作角色。
- 制訂並遵循一步步地執行計畫。在計畫執行過程中，對之前擬定的解決方案進行改善，如此能讓你持續保持對計畫的興趣。

▸▸ 採取私人方式

　　很多人在工作場合都非常注重經營人際關係，尋求合作、建立共識。基於價值觀，同事之間可以分享個人訊息，甚至情感方面的事，從而利於發展同事之間的個人關係。但在分析型的人看來，這些私人層面的互動會降低工作效率，完全沒有任何必要。分析型的人可能覺得，在工作場合透露個人訊息不太合適。

　　同樣地，在決策過程中，分析型的人傾向採取客觀的立場。他們會依靠邏輯分析，然後制訂出條理清晰的決策要素。分析型的人認為，這種決策方式不僅講求效率，也兼具公平性。但是，其他人可能採取不同的互動與決策方式。隨著分析型的人不斷成熟，他們必須學會調整自己的處事方式，照顧他人的角度與觀點。在決策時，除了要依靠邏輯思考，還須考慮決定會給相關人員造成什麼影響，這點至關重要。如果你在決策過程中同時兼顧了人情與邏輯，其他人會更容易擁護並接受你的決策。

分析型的人通常會發現，在他人分享個人訊息時，應該表現出關懷，並更積極地做出反應，這是非常必要，且能幫助他們建立更融洽而高效的工作關係。分析型的人可以透過認可與讚賞他人，來與他人誠心修好。如果你是分析型的人，你會發現在尋求升職機會或利用人際關係尋找新工作機會時，平時這些苦心經營都可以發揮作用。也許你喜歡依照工作能力判斷他人的價值，但其他人可能覺得，人際交往能力是僱用某人或提升某人的關鍵條件。

採取私人方式的建議

- 抽出時間認真分析每個可選的工作職位會為私人生活帶來什麼影響，會給你與家人或朋友之間的互動帶來什麼變化。

- 決策過程中，詢問身邊的人，不同的決定會給他們造成什麼影響。認真聆聽其他人的觀點，同時告訴對方，你了解並認可他們的觀點與工作方式。雖然你可能覺得這樣做無關緊要，甚至擔心會有些虛情假意，但有些人非常看重這種認可。如果對他們的觀點置若罔聞，他們很可能反抗或抵觸你的決策。

- 在討論決策的過程中，不要一切從邏輯分析出發，否定別人的感受。無論是情緒或個人觀點，都應該將其視為真實可信的訊息。切記，對於某些人來說，這種訊息對於決策與行動方式有至關重要的意義。

- 在自己的邏輯決策模式中，好好地融入人性化和個人因素，做決策的考慮要素一定要包括「會對他人造成什麼影響」。

我的關鍵

對你來說，與他人建立連結並構建和諧的氛圍、跟進工作，以及採取私人方式，是否具有挑戰性？如果是，那麼此處的哪個策略有所幫助並值得一試？

_____

_____

分析型的職業平衡

在工作中，分析型的人因為專注內心思考和分析，而感到精力充沛。他們通常會不斷使用邏輯分析的方法，組織數據或訊息並評估進程。他們必須透過吸收訊息與實際行動，以平衡他們內在關注的特徵。如果缺乏新訊息，他們的邏輯分析會缺乏遠見和洞察力。而為了獲得訊息，分析型的人會透過提問方式構思出不同的可能。在這個過程中，他們通常會採取靈活和充滿好奇心的方式。

一般來說，人們在吸收訊息時通常會採用兩種方式：關注現實細節和展望未來可能的發展。在性格類型理論中，兩種方式分別被稱為實感（S）和直覺（N）。雖然所有人都會綜合使用兩種方式，但總會偏好其中一種。各位可以參照本書第2章的描述，找出哪種方式讓你感到更自然。

實感和直覺兩詞在字面上有很多含義，不僅僅與如何吸收訊息有關，所以為了避免歧義，本書將透過實感獲取訊息的分析型，稱為務實分析型（ISTP），而透過直覺獲取訊息的分析型，稱為洞察分析型（INTP）。

務實分析型的人在行動和做決定時，很自然地會關注眼前的事實、細節和實際運用。他們首先關注當下的結果，而不是漸進的系統變革。而洞察分析型的人，則很自然會以未來發展和可能性來吸收訊息，並以此平衡他們透過邏輯思考做出的決策。兩種方式關注的重點不同，但都有助於分析型的人有效利用邏輯分析的方法做出決定。隨著時間的推移，分析型的人會綜合使用並完善兩種方式，幫助自己收集訊息與應對周圍的世界。這種水到渠成的進步讓分析型的人面對自己專注的事情時，處事方式可以更加靈活多變。

務實分析型的人透過重視收集事實和細節，來理解和處理當下發生的狀況。他們的風格與邏輯反應型的人比較類似，都是行動至上主義者，具備很強的環境適應能力，在處事時也採用同樣方式主動解決問題，從事的工作類型和內容也有很多類似之處。但切記，對務實分析型的人來說，無論如何，對行動力和解決問題的關注，總是比不上他們對邏輯分析的重視。

洞察分析型的人重視抽象的理念和可能性，以幫助他們分析理論和整合理念。他們的行為與邏輯探索型的人比較類似，都是在理念和可能性的基礎主動創

新，處事時也用開放的方式看待一切可能性，從事的工作類型和內容也有很多類似的地方。但切記，對洞察分析型的人來說，對於發現和探索創新的關注總是比不上他們對邏輯分析的重視。

　　本章以下的內容將分為兩部分。第一部分為「ISTP」類型的人量身訂製，第二部分則針對「INTP」類型的人。各位可能會發現，先閱讀對自己來說最自然的平衡方式很有幫助。之後，可以再閱讀另一種平衡方式，如此一來，便能知道隨著自己不斷成長和成熟，未來有什麼等著自己。如果你已進入中年，你可能對兩部分都有興趣，因為在人生的這個階段，你可能已經擁有足夠的動力培養自己並不偏好的決策方式。

如何尋找平衡？

我更像「ISTP」	我更像「INTP」
我是務實分析型的人。首先我會以實際數據支持自己的決策結果。當我日趨成熟時，我會學習更重視新訊息中包含的模式與可能性。	我是洞察分析型的人。我會用相關觀點與理念制訂自己的邏輯決策。當我日趨成熟時，我會學習更重視實際情況與細節。

務實分析型（ISTP）的工作方式

「切中要點。」

　　最新研究顯示，美國成年人務實分析型（ISTP）約占5.4%。他們熱衷於尋找和解決問題。他們喜歡處理當下的問題，在分析細節和具體問題時尤為投入。務實分析型的人喜歡三思而後行，在行動前仔細考量。他們的記憶力通常很好，喜歡借鏡過去的經驗，以幫助他們解決當前的問題或處理當前的狀況。務實分析型的人擅長即興發揮或處理突發狀況。他們獨立、靈活，以即時和實用的態度運用自己的分析能力。對他們來說，一份具吸引力的工作必須能讓他們親身實踐，並能運用他們對精確度的把握和技術方面的專業知識。

務實分析型的人以務實和對細節的關注，來平衡他們邏輯分析的天性，所以他們最初表現的分析型工作方式與洞察分析型有很大不同。然而，洞察分析型的人在步入中年後，亦會發現這種對細節的關注，反映了他們提升和成長的方向。

▶ 務實分析型做什麼最自然

關注細節

務實分析型的人透過對周圍事實的關注，來平衡他們內在邏輯分析的風格。和他們外向的同伴邏輯反應型一樣，他們喜歡在工作中處理細節，解決現實的問題。務實分析型的人常在不自覺中，累積大量有關現實的數據和訊息，因為這些數據和訊息在每天的工作中都可能用到。一名分析型的人如此描述：「我很擅長記憶一些細微的小事，因此同事們給了我『資料庫』的綽號。當辦公室的同事想知道過去的瑣碎細節或小事時，他們第一個就會想到問我。」

務實分析型的人擅長使用邏輯分析能力和對現實的關注，來對事實和細節進行整合，因此訊息和數據整理的工作，如會計、經濟、銀行業和證券業等領域往往很適合他們。

解決問題

務實分析型的人渴望了解「如何發生」及「為何發生」之類的問題，因此對強調現實和實際運用的科技應用領域有濃厚興趣，如電腦程式、分析、軟體設計與開發等技術領域，包括電子產品、電器和醫療技術等。身為解決問題的能手，他們非常善於利用資源，適應力極強，往往能應用手邊現有的東西讓問題迎刃而解，或繞過前面的障礙。對於務實分析型的人來說，如果理論沒有實用價值，他們會對這樣的理論不屑一顧或缺乏興趣。

務實分析型的人喜歡看到解決實際問題後的具體結果，而不是在模稜兩可的狀況下為一個抽象的目標努力。一般來說，他們並不喜歡設定目標，但如果被要求，他們設定的目標也會是短期和務實。即使如此，他們也不會為了達到目標而制訂詳細的行動計畫，而是等待適當的時機。他們傾向於避免設定長期目標和計

畫，認為此過程與實際狀況相差太遠。一名務實分析型的人說：「我喜歡研究和收集資料，但我不喜歡只是坐在辦公桌前分析這些資料，例如，利用某個模型整合資料或試圖建立訊息與某個理論之間的連結。同樣地，我不喜歡董事會的工作，因為我總是必須構想未來五或十年會發生什麼事。我喜歡直接面對看得到和實際經歷的事。」

培養靈活的身體技能

務實分析型的人喜歡親自動手的工作。由於他們適應周圍環境的需求和能力，他們須培養和掌握不同的身體技能來操控、修理和維護儀器，如機械工、技工、操作人員、建築人員或修理人員之類的工作。他們擅長使用手邊的材料確保工具和儀器正常運轉。同時，他們善於即興發揮。正是掌握了這些身體技能，某些務實分析型的人能夠成為出色的手工藝人或工匠。

參加刺激性的工作

務實分析型的人喜歡冒險，有時會刻意尋找挑戰體力，甚至充滿危險的活動。他們以行動為導向，在緊急狀況下往往能鎮定自若。他們通常在交付期限逼近時具有很高的工作效率，尤其在必須對危急狀況做出即時反應時，表現尤為出色，如緊急醫療事故技術人員、消防員或警察等。以下是一名務實分析型的人描述他最喜歡的火車站工作，另外，也提醒大家注意，他之所以會捨棄這份自己喜歡的工作，正是因為這份工作充滿了規矩，而且沒有看重員工的工作能力。

「我負責確保所有火車在正確軌道上行駛。這個工作就像一盤巨大複雜的棋局，所有棋子都隨時以不同的速度、朝不同的方向前進。我喜歡看到所有火車都按時在自己的軌道上運行。我喜歡控制現實世界中的火車和軌道路線。每天我都會主動解決各種問題，這些問題的組合就好像一個複雜和充滿邏輯的謎團。但是最終我辭職了，因為我所在的公司管理上有太多教條，例如員工的晉升是基於資歷和服務年限，而不是能力。我實在不明白，為什麼比我早進公司一個月的人（甚至早一天），永遠會被優先考慮提拔或給予新的工作機會。」

在工作時，務實分析型的人會尋找一切能發揮主動及發掘工作樂趣的機會。

他們不喜歡整天閒坐著，他們喜歡腳踏實地工作的充實感，並尋找可能的捷徑。一名務實分析型的人曾經如此驕傲地描述自己的「懶」：「我覺得花費最少的精力、高效率地完成最大工作量，是一個巨大的挑戰。」

其實，這種好玩但可行的工作方式往往被他人誤認為懶惰或缺乏積極。對務實分析型的人而言，這是他們完成工作的理想方式。

務實分析型的理想工作環境特點

關注個人偏好，便可以更準確地找到讓你感到滿足的工作類型。下方歸納和總結了務實分析型的理想工作環境，各位可以看看哪些描述更適合你。身為務實分析型的人，我偏愛下列工作環境：

☐ 親自動手或戶外工作
☐ 應對緊迫的時間期限
☐ 關注解決具體問題
☐ 面對危機做出即時反應，無懼冒險
☐ 擁有獨立自主的權限
☐ 積極主動
☐ 豐富多彩的活動和工作內容
☐ 有趣和好玩
☐ 體力挑戰

▸▸ 務實分析型有興趣的工作

以下是務實分析型的人可能感興趣的工作。這份清單是參照數據進行歸納，數據顯示，務實分析型的人從事下述這些行業的機率高於其他行業。這份職業清單依照美國勞工部職涯資訊系統O*NET提供的訊息，歸結出五大類，這些類型的工作對務實分析型的人來說充滿了吸引力。O*NET是一個龐大的互動性資料庫，專門提供職業相關訊息，用於探討與研究職業選擇。該系統對工作類型進行了劃分，不僅依據工作本身內容，還包含完成該項工作所需的技能，以及需要接

受的教育或培訓。各位可以到該網站瀏覽各式羅列的職業或工作類型。該網站也有關於職業的豐富資訊。最後，我們設立了第六類「其他」，涵蓋了該職涯系統劃分的其他工作類型，這些工作同樣可以吸引務實分析型的人。

解讀職業訊息的關鍵

每種職業的編號都包含了一些訊息，幫助各位更容易評估這份職業是否適合自己。

🚲＝綠色經濟職業：與降低化石燃料的使用、減輕汙染、提高能源效率及提升再生能源使用等領域息息相關。

🌼＝有前景、快速成長的職業：經濟層面十分重要的行業，這些行業可能實現經濟長期增長，或因為技術與創新而出現劇烈的變化。

工作能域＝數字編碼（1～5），總結了想要進入此行業須進行的準備（如教育、培訓或經驗傳授）。數字1～5代表所需要的準備由少到多。

職業趣味性＝字母編碼（R、I、A、S、E、C，即：實際、調查、藝術、社會、創業和傳統），代表職業興趣。此部分與美國心理學教授、知名職業指導專家約翰‧霍蘭德（John Holland）的職業興趣類型及工作環境（將在第11章仔細描述）一致。

建築與工程設計

航太工程師 🚲🌼4IR	農業工程師 4IRE
土木工程師 🚲🌼4RIC	電腦硬體工程師 🌼4IRC
電氣工程技師 🚲3RIC	電氣工程師 🚲🌼4IR
電子工程技師 🚲3RIC	電子工程師 🚲🌼4IR
環境工程師 🚲🌼4RIC	工業工程師 🚲🌼4ICE
勞工安全與衛生管理師 🚲4ICR	機械工程師 🚲🌼4IRC
石油工程師 4IRC	產品安全工程師 4IRC
調查員 🌼4RCI	

電腦與數學

精算師 🌼4CIE

電腦程式人員 4IC

電腦軟體工程師（應用程式類）
　🌼4ICR

電腦軟體工程師（系統軟體類）
　🌿🌼4ICR

電腦支援服務專家 🌼3RIC

網路與電腦系統管理員 🌼4IRC

運算研究分析師 🌼5ICE

軟體品管工程師和測試師 4ICR

電信專家 🌼4IC

安裝、維護與維修

電腦、自動提款機與辦公設備維修
　人員 🌼3RCI

電器與電子產品維修人員
　🌿🌼3RIC

電子家庭娛樂設備安裝與維修人員
　3RC

電力傳輸線路安裝與維修人員
　🌿🌼3RIC

海上摩托車技師 3RCI

維護與維修工作人員 🌿🌼3RIC

樂器維修人員與調音師 3RAI

機車技師 3R

電子通訊線路安裝與維修人員
　🌼2RE

電子通訊設備安裝與維修人員 3RIC

生命、物理與社會科學

化學家 🌿🌼4IRC

經濟學家 5ICE

環境科學家與專家 🌿🌼4IRC

食品科學家與技術專家 5IRC

法醫科學家 4IRC

護林員 4RIE

地質學家 🌿🌼4IR

公園自然學家 4SRA

土壤與植物科學家 5IR

保護服務

懲教人員與獄警 3REC

消防員 🌼2RS

情報分析員 🌼3CI

巡警 🌼3REC

市政消防員 🌼3RSE

保全 🌼2RCE

刑事調查員與特務 🌼4EI

森林消防員 🌼2RS

救生員、滑雪救護隊成員與其他娛
　　樂設施保護服務工作者 🌼1RS

警探 🌼3EI

私家偵探與調查員 🌼3EC

管理

　　務實分析型的人會對某些管理職位感興趣，薪酬與福利、施工、農民與農場主人、軍事官員特殊任務與戰術行動。務實分析型的人會熱衷於眾多工作類型的一線監督或管理的工作。你可能對某個領域的監督與管理職位感興趣。首先可以找出自己感興趣的工作類型，然後在O*NET的「一線監督與管理人員」尋找具體的職業。

空中交通管制員 3EC

視聽組合專家 5CRS

預算分析師 🌼4CEI

細木與板凳木匠 🌼3RC

木匠 🌼2RCI

商業與工業設計師 🍃🌼4AER

電腦操作人員 3CR

建築工人 🍃🌼1RC

櫃檯與店員 🌼1CE

信用分析師 🌼4CE

急救醫療技術人員和護理人員
　　🌼3SIR

食品料理機操作人員與護理員 2RC

保險理賠評估師（車險）3CRE

航線飛行員、聯合飛行員與飛行技
　　師 🌼4RCI

審計員 🌼4CEI

校車司機 🌼2RC

攝影機操作師、電視、影片與動畫
　　3RA

教練與球探 5SRE

客機駕駛 🌼3RIE

電腦控制機臺操作人員 🍃2RC

餐廳廚師 🌼2RE

工藝美術師 2ARE

口腔衛生工作者 🌼3SRC

檔案管理員 3CRE

液化氣工廠操作人員 3RC

景觀與綠化工作者 🌼1RC

機車工程師 🍂2RC

傭人與家政清潔人員 🌼1RC

空軍空服員 2CR

多媒體藝術家與動畫師 🌼4AI

零件推銷員 2ECR

藥劑師 🌼3CR

貴金屬工作人員 3RA

船長 🌼3ER

外科技師 🌼3RSC

車輛操作員 🌼3ECR

職業教育教師 4S

獸醫 🌼5IR

貨物、儲貨或物料搬運工人 🍂🌼2R

貸款官員 🌼3CES

後勤人員 🌼4EC

醫療與臨床實驗室技師 🌼3IRC

定型與鑄造工人 🌼2RC

驗光師 5ISR

工資與考勤人員 🌼2CE

攝影師 3AR

採購人員 🌼3CE

金屬結構製作人員與裝配工人 🍂3RC

報稅人員 3CE

務實分析型的技能強項和重要的特點

　　關注個人偏好，便可以更準確地找到讓你感到滿足的工作類型。下方歸納和總結了務實分析型的技能強項和重要能力，各位可以看看哪些描述更適合你。身為務實分析型的人，我具有以下技能強項與重要的能力：

☐ 邏輯分析能力
☐ 維護工具或儀器
☐ 即興發揮
☐ 技術領域的專業知識
☐ 解決問題
☐ 操作工具或儀器
☐ 訊息和數據整合及處理
☐ 適應能力
☐ 對精確度的把握
☐ 關注細節

▸ 務實分析型的領導者

務實分析型的人在擔任領導者時，會有獨特的優勢。他們擁有自然獨特的領導方式。

以身作則

務實分析型的人通常表現沉穩，對任何事情都不流露出興奮。身為領導者，他們寧願透過行動而不是語言表達自己，即使是言談之間，他們也只是力求簡短而精確具體的表述。他們喜歡以身作則，少說多做，對於自己的成績總是輕描淡寫。大多數務實分析型的人都不拘小節，平易近人，但很少花費時間建立或經營人際關係。

解決眼前的問題

務實分析型的人喜歡應對危急狀況，因此對於能接觸和處理多種不同問題的管理者角色充滿興趣。同時，比起必須具備很強的政治敏感度或宣傳自己理念的領導職位，他們反而更喜歡身為具有獨立自主行動權的領導者。他們討厭開會，尤其是時間冗長又沒有實質內容的會議。他們認為這實在浪費時間，因此往往對反覆綿長的會議討論過程顯露出不耐煩的神色。

在面對問題時，務實分析型的人通常會發現不止一種的解決問題方法。他們認為這些方案統統具有可行性，希望藉此給予下屬一定的自主權，讓他們選擇自認最合適的方案。但正是由於這一點，往往會讓人覺得他們態度含糊。正如一名務實分析型說：「我經常聽見員工說我不果斷，但我寧願稱之為靈活。我可以看到很多達到目標的方法，而且我認為在解決問題時，至少應該準備兩種不同但能達到同樣目標的解決方案。」

務實分析型的人不喜歡花費過多時間和精力完成一件事情，因此他們往往會尋找最簡捷的方式完成工作。他們喜歡尋找或創造捷徑，或繞道而行，追求在短時間內讓問題迎刃而解，哪怕是投機取巧會有損長遠解決方案的形成，只是他們認為忽略當前的問題而考慮將來是很難接受的做法。在結構嚴謹和傳統的組織中，維持現狀和穩定是他們的主要領導工作，但身在其中無疑會讓他們感到極為厭倦。

　　身為領導者，務實分析型的人關注眼前並以任務為導向，這般領導風格無疑會帶給他人一定的壓力和挫折感。他們有時完全不會考慮別人的建議或心情，對他們來說，這些因素比起工作結果都屬於次要。

展現專業能力

　　對分析型的人來說，專業能力是領導者最關鍵的因素。在他們眼中，領導之所以能夠發號施令，並不是單純因為他們職位和權力。他們認為，領導者必須透過實現目標展現能力，想要贏得下屬的尊重，就一定要能夠展現令人尊敬的工作能力。

　　務實分析型的人認為，領導者一定要能表現出解決問題和迅速反應的能力。務實分析型的領導面對狀況時，一般會直接採取行動，而不僅僅停在討論。他們可能不會抽出時間對任務加以解釋，有些事情可能選擇親自進行。以下是一名分析型的人的說法：「我在分配工作時常遇到麻煩。我只是想決定我必須要做什麼，因為自己解決自己的問題對我來說很重要。我不願意解釋任何事或分配工作，但如果我不這樣做，進度會被推遲，這是不可接受的。」

務實分析型領導者的特點

　　關注個人偏好，便可以更準確地找到讓你感到滿足的工作類型。下方歸納和總結了務實分析型所偏好的領導風格，各位可以看看哪些描述更適合你。身為務實分析型的領導者，我喜歡：

☐ 始終保持安靜和冷靜
☐ 獨立行動
☐ 允許他人獨立行動
☐ 行動，而不是無休止的討論
☐ 專注於高效、立即和實用的事物
☐ 簡短精確而具體的表述
☐ 解決眼前和具體的問題
☐ 尋找最簡捷的方式完成工作

□ 善於適應與靈活處理眼前的問題
□ 追求迅速行動，而不是長期策略規劃
□ 希望別人在工作中能展現出能力與效率

務實分析型的團隊成員

　　務實分析型的人十分注重獨立性，相較於其他性格類型的人，他們不太喜歡團隊合作的工作方式。在團隊裡，他們喜歡做好分內之事，獨立完成任務，從而為團隊增添價值。只要他們的獨立自主能力得到團隊成員的欣賞和認可，就能為團隊發揮很大的貢獻。

　　在沒有參與到解決問題的過程之前，務實分析型的人通常會化身為旁觀者，在一旁觀察和分析問題，客觀檢查和評估訊息。對於與自我評估相反的回饋，他們往往選擇忽視或最小化，因此大多時候他們總是被誤認為冷漠和離群。

　　對於在工作期間處理和解決人際關係，務實分析型的人缺乏必要的耐心，因為他們覺得這些跟工作沒有太大關係，理解和處理這些問題無疑是浪費時間。同樣地，他們不喜歡旨在討論細節的規劃、達成一致或建立和諧關係的會議。他們喜歡直接採取行動，而不是針對問題進行討論。

務實分析型團隊成員的特點

　　關注個人偏好，便可以更準確地找到讓你感到滿足的工作類型。下方歸納和總結了務實分析型所偏愛的團隊工作方式，各位可以看看哪些描述更適合你。身為務實分析型的團隊成員，我偏愛：
□ 希望個人成就得到認可
□ 用自己的方式完成工作
□ 喜歡獨立完成清晰具體的任務
□ 被誤認為冷漠和不合群
□ 處理和解決人際問題時不耐煩
□ 參與工作之前先作為旁觀者仔細觀察和分析

□在可以直接採取行動時，對細節討論反感
□認為經營人際關係或引導大家達成意見一致有損效率

▸▸ 務實分析型的學習風格

　　務實分析型的人會不斷地運用審視和評估能力體驗這個世界，並喜歡透過反覆嘗試來測試這種能力。他們討厭遵照說明書或指令，喜歡親自動手，以符合邏輯的方式嘗試和不斷糾正錯誤。對他們來說，學習是一個尋求樂趣、充滿靈活性和親自動手的過程。

　　正如在工作過程，他們會覺得教條和老套的學習流程是莫大的限制，甚至嚴謹的教室空間布置，對他們來說也是一件難以忍受的事。他們不斷尋找機會解決真正的問題，並在其中運用所學的知識。他們喜歡將資訊或數據以有序並符合邏輯的方式整合，喜歡學習的知識和技能可以實際運用在工作中。如果教材有錯誤，他們往往很快就會發現並指正。他們對知識淵博的老師表現出極大的尊重。以下是一名務實分析型的生物學家的說法：「我覺得依照課本生硬的學習是一件困難的事。我在學校時，學習表現很糟糕，筆記總是丟三落四，也不喜歡好好閱讀課本。現在，我大多數時間都是透過動手學習。例如，最近我買了一個全球定位系統，我會到野外不斷嘗試，理解它的運作。我也會確實閱讀說明書，但是是能直接解決問題的說明書。」

務實分析型的學習風格特點

　　關注個人偏好，便可以更準確地找到讓你感到滿足的工作類型。下方歸納和總結了務實分析型所偏好的學習方式，各位可以看看哪些描述更適合你。身為務實分析型的人，我偏愛：
□親自動手
□渴望了解理論與實際的連結
□使用邏輯分析的方式不斷嘗試和糾正錯誤

☐ 喜歡解決實際問題、馬上應用所學
☐ 喜歡具體知識而不是抽象的概念
☐ 資訊或數據有序而符合邏輯
☐ 覺得教條和老套的學習方式是一種限制
☐ 學習過程充滿樂趣和實際動手

性格偏好跟天生傾向可以作為自我評估的出發點。這一部分的內容，也許某些陳述你可能認可，某些則可能不認同。這樣的反應很常見，因為每個人表達自己性格特徵的方式都不同。閱讀整體概要描述也可以成為職涯發展方向的出發點。現在，你需要進一步自我評估，具體方法就是將這些概要陳述和個人生活結合起來。下方的問題可以幫助你將此部分的內容和自己的具體情況連結。在回顧本章內容的過程中不要忘了在腦中想起這些問題：

- 這種性格的所有特徵是否符合我的真實情況？哪些部分符合？哪些部分不符合？
- 是否有哪個部分的描述對我來說尤為重要或關鍵？
- 我可以將哪些訊息具體實踐，從而決定自己的職涯發展方向嗎？
- 我該如何調整自己的職涯發展方向？哪些方面應該強化？又有哪些方面應該弱化？
- 在未來工作中，我想將重心放在哪個方面？

各位可能會在此過程中，想用各種方式標注或強調某些部分，也許是想在書頁的空白部分寫些筆記，或製作一系列索引卡，又或在筆記本認真寫下一些筆記。不論採取什麼方式，問題的關鍵在於這些紀錄必須是能夠真實描述你的目前情況。設想自己的理想工作該是如何，有哪些具體的工作內容？有什麼樣的工作環境？工作中會應用到哪些技能？你期盼以什麼方式領導他人或被他人領導？你希望為團隊做出什麼樣的貢獻？你想要以什麼樣的方式不斷學習與成長。

同時也思考一下自己目前的發展階段。你現在利用哪些方法平衡自己的自然工作方式？你是否正在進入新平衡方式的過渡期？切記，每個人的情況都是獨一

無二的。以果斷型和分析型的人為例，這兩種類型的人在溝通時喜歡就事論事。但是，他們還是會或多或少地透過移情作用和他人建立連結。這兩種人如果願意花費時間和精力，透過學習且最終從事人事服務工作，他們的做事方式就有可能與在技術領域獨立工作的同種類型人截然不同。

我的關鍵

現在，各位已經做好準備，將自己的自然偏好和具體情況結合起來了。

> 描述你最想從工作得到什麼。不要單純羅列一系列工作，將重點放在說明自己的個人偏好。
>
> _____
>
> _____

了解自己的工作偏好之後，可以直接閱讀「INTP」性格類型的介紹。如果各位有興趣培養基於邏輯的決策方式，更應如此。如果你已經準備好以評估自己的價值觀、生活方式和局限，繼續完成職業規劃，可以直接跳到第11章。

洞察分析型（INTP）的工作方式

「明白了嗎？」

最新研究顯示，美國成年人洞察分析型（INTP）約占約3.3%。他們熱衷於獨立分析和解決複雜的問題，喜歡利用獨處的時間深入分析和評估不同的構想和理念。

洞察分析型的人依據對概念、抽象理論和系統的重視，來平衡他們邏輯分析的本性，他們最初表現出來的分析型工作方式與務實分析型有很大不同。然而，務實分析型在步入中年後，也許會發現洞察分析型的特點正好反映了他們提升和成長的方向。

▸ 洞察分析型做什麼最自然

分析概念和理論模型

洞察分析型的人對於構思嶄新且合乎邏輯的解決問題架構非常感興趣，並以此探索各種可能性和尋找解決問題的創新方案。他們喜歡鑽研理論性的概念，並於其中獲取知識和洞察力，幫助他們客觀地理解身處的世界。他們慣於質疑任何事情，從而進行必要的改進和提升。他們常提出不尋常的解決問題方案，過程中往往伴隨新理論的產生和發展，因此在需要深厚理論知識的職業中，如科技創新領域，往往不難發現他們的身影，高新技術似乎對他們具有特別的吸引力。

利用抽象理論、構建理論模型及運用創新方法解決複雜的問題，是最能激勵洞察分析型的事情。當好奇心被激發時，他們熱衷於深入鑽研理解問題或感興趣的領域。一名從事績效顧問的分析型的人如此描述他的工作：「當我在尋找提升績效的方法時，我通常從製作流程圖和工作步驟的整體框架開始。我覺得只看局部過程或對局部系統加以改善十分困難。任何事物在一定程度上都是相互連結。」

洞察分析型的人喜歡學習和整合來自不同領域的理念，因此他們往往會成為科學家或研究人員，或從事研究與開發的工作。很多人也會成為抽象理論的教師，講授具有很強理論性的課程，如高等數學等。一名洞察分析型的人如此描述：「我最喜歡的工作就是促使別人思考。我喜歡和別人詳細探討工作的流程，當別人從中獲得啟發時，我覺得很有成就感。我也常從團隊的其他人身上學習到知識。」

長遠思考

洞察分析型的人喜歡以策略的眼光對待抽象的可能性。他們通常會深入思考和整合不同的理念。他們天生喜歡關注決策的長遠影響和行動的結果。他們會主動汲取新想法，但不是盲目接受，而是抱持懷疑的態度，不斷尋找證據證實或否定。為了長遠的目標而對現有流程做出改進或制訂新系統，這對他們而言是一種刺激或動力，因此他們也許會成為很好的策略規劃和管理者。以下是一名洞察分

析型的人描述她為何熱衷於尋找擁有長遠影響的解決方案：「我喜歡關注未來，並確保解決方案不同於常規方法。最好的解決方法往往在短期之內看起來不切實際，因為它會對既定規則提出挑戰，但從長期來看，很多創新的解決方案，將推動企業的成功。」

創新，而不是執行

跟進計畫和執行對洞察分析型的吸引力，遠不如計畫啟動時的概念規劃階段。雖然他們也許有長期的概念化目標，但在制訂實施行動的具體計畫時，他們往往難免失策。比起制訂行動計畫，洞察分析型的人其實也許更喜歡調整、修正、潤飾和拓展計畫或方案。如此一來，他們便可能冒犯以結果為導向、習慣等待指令的人。一名洞察分析型的人如此說：「如果工作環境更完美，一旦我有了大致的解決問題計畫，我會放手讓他人關注計畫的執行及執行中的細節和實際狀況。我更希望構思另一個模型或解決下一個難題。比起結果，我更喜歡分析過程。」

洞察分析型的理想工作環境特點

關注個人偏好，便可以更準確地找到讓你感到滿足的工作類型。下方歸納和總結了洞察分析型的理想工作環境，各位可以看看哪些描述更適合你。身為洞察分析型的人，我偏愛下列工作環境：

☐ 重視理念、理論和系統
☐ 努力制訂、改進或提升制度或流程
☐ 獨立工作的環境
☐ 跳脫傳統思考模式
☐ 關注新技術發展的領域
☐ 有機會獨處，從而深入分析並評估各種想法
☐ 委任他人跟進細節
☐ 工作安排有序，關注計畫初期階段，而非後續跟進
☐ 秉持開放的態度，尋找充滿創意的解決方式

▶ 洞察分析型有興趣的工作

　　以下是洞察分析型的人可能感興趣的工作。這份清單是參照數據進行歸納，數據顯示，洞察分析型的人從事下述這些行業的機率高於其他行業。這份職業清單依照美國勞工部職涯資訊系統O*NET提供的訊息，歸結出五大類，這些類型的工作對洞察分析型的人來說充滿了吸引力。O*NET是一個龐大的互動性資料庫，專門提供職業相關訊息，用於探討與研究職業選擇。該系統對工作類型進行了劃分，不僅依據工作本身內容，還包含完成該項工作所需的技能，以及需要接受的教育或培訓。各位可以到該網站瀏覽各式羅列的職業或工作類型。該網站也有關於職業的豐富資訊。最後，我們設立了第六類「其他」，涵蓋了該職涯系統劃分的其他工作類型，這些工作同樣可以吸引洞察分析型的人。

解讀職業訊息的關鍵

　　每種職業的編號都包含了一些訊息，幫助各位更容易評估這份職業是否適合自己。

　　🚲＝綠色經濟職業：與降低化石燃料的使用、減輕汙染、提高能源效率及提升再生能源使用等領域息息相關。

　　⚙＝有前景、快速成長的職業：經濟層面十分重要的行業，這些行業可能實現經濟長期增長，或因為技術與創新而出現劇烈的變化。

　　工作能域＝數字編碼（1～5），總結了想要進入此行業須進行的準備（如教育、培訓或經驗傳授）。數字1～5代表所需要的準備由少到多。

　　職業趣味性＝字母編碼（R、I、A、S、E、C，即：實際、調查、藝術、社會、創業和傳統），代表職業興趣。此部分與美國心理學教授、知名職業指導專家約翰・霍蘭德（John Holland）的職業興趣類型及工作環境（將在第11章仔細描述）一致。

藝術、設計、娛樂、體育與媒體

演員2AE　　　　　　　　　　　　　　美術指導4AE

導演（舞臺表演、電影、電視與廣播）4EA

編輯 4AEC

電影與影片剪輯師 3AEI

藝術家 3AR

平面設計師 🌼4ARE

室內設計師 🌼4AE

口譯與筆譯人員 4AS

多媒體藝術家與動畫師 🌼4AI

作曲家與編曲家 3AE

音樂家與歌手 3AE

攝影師 3AR

詩人與作詞家 4AI

製作人與導演 4EA

公關專家 🍃🌼4EAS

作家 4AI

商業與金融操作

藝術家、藝人與運動員的經紀人 4ES

法令遵循 🌼4CIR

成本預算師 🌼4CE

信貸分析師 🌼4CE

財務分析師 🍃🌼4CIE

財務核查師 🌼4EC

保險承銷商 🌼4CEI

管理分析師 🌼4IEC

培訓與發展專家 🍃🌼4SAC

物流師 🌼4EC

採購人員 🍃3CER

電腦與數學

精算師 🌼4CIE

商業情報分析師 4CI

電腦與資訊科學家 🌼5IRC

電腦程式人員 4IC

電腦安全專家 🌼4CIR

電腦支援服務專家 🌼3RIC

電腦軟體工程師（系統軟體類）🍃🌼4ICR

資料庫管理人員 🌼4CI

網路與電腦系統管理人員 🌼4IRC

電腦軟體工程師（應用類）🌼4IRC

運算研究分析師 🌼5ICE

電腦系統分析師 🌼4ICR

網站管理人員 3CEI

數學家 5ICA

網頁開發人員 3CIR

網路系統與資料傳輸分析師 🌼3IC

統計學家 5CI

生命、物理與社會科學

人類學家 5IA	考古學家 5IRA
天文學家 5IAR	生物化學家與生物物理學家 🌼5IAR
生物物理技師 🌼4RIC	生物學家 5IR
化學家 🍃🌼4IRC	諮商心理學家 🌼5SIA
經濟學家 5ICE	環境科學家與專家 🍃🌼4IRC
食品科學家與技術專家 5IRC	遺傳學家 5IAR
地質學家 🍃🌼4IR	歷史學家 5I
工業組織心理學家 5IEA	市場研究分析員 🌼4IEC
醫療科學家 🌼5IRA	微生物學家 🌼5IR
物理學家 5IR	社會學家 5IAS
土壤與植物科學家 5IR	城市與地區規劃師 🍃🌼5IEA

管理

下方清單包含能吸引洞察分析型的人的管理工作。各位會發現很多管理職位都對他們有吸引力。洞察分析型的人會熱衷於眾多工作類型的一線監督或管理的工作。你可能對某個領域的監督與管理職位感興趣。首先可以找出自己感興趣的工作類型，然後在O*NET的「一線監督與管理人員」尋找具體的職業。

行政服務經理 🌼3EC	薪酬與福利經理 🌼4ECS
電腦與資訊系統經理 🌼4ECI	財務經理 🌼4CE
人力資源經理 4ESC	工業生產管理人員 🍃3EC
投資基金經理 4EC	物業經理 🌼3ECS
市場行銷經理 🍃🌼4EC	自然科學經理 🍃🌼5EI
物業、房地產與社區協會經理 🌼3EC	公共關係經理 🌼4EA
	社會與社區服務經理 4ES
採購經理 🌼4EC	交通運輸、倉儲與配送經理 🌼4EC

其他

洞察分析型的人也會對工程設計類的工作感興趣。各位可以考慮研究一下此領域，以下是對洞察分析型具吸引力的工作類型，如航空航太、生物化學、民事、電腦硬體、電子設備、電器產品、環境、工業、工業安全與衛生、材料、製造機械與石油。洞察分析型的人同樣也會對電子設備工程技師工作感興趣，也會被工程設計領域的管理職位吸引。

洞察分析型的人也傾向教育和諮商領域的職位，包括教育行政人員、成人文學教師與講師、教學協調人員、圖書管理員、圖書館工作人員、哲學與宗教教師、高中教師、自我發展教育教師、神職人員、健康教育者、醫療與公共健康社會工作者及心理健康顧問。

洞察分析型的人也會被醫療領域的工作吸引，如醫療與健康服務經理、家醫科醫師、內科醫師、醫療與臨床實驗室技術人員、神經學家、職業物理治療師、兒科醫師、精神科醫師、外科醫生與獸醫。

以下清單包括可能吸引洞察分析型的其他工作類型。

仲裁、調停與調解人員 4SE	建築師 5AI
酒吧吧檯 2ECR	木匠 2RCI
廚師 3ERA	電腦、自動提款機與辦公設備維修人員 3RCI
櫃檯與店員 1CE	
桌上出版 3AIC	刑事調查員與特務 4EI
電工 3RIC	電器與電子設備維修人員 3RIC
律師 5EI	景觀與綠化工作者 1RC
空軍空服員 2CR	救生員、滑雪救護隊成員及其他娛樂設施保護服務工作者 1RS
警探 3EI	
調查員 4RCI	律師助理和法律助理 3CIE
旅行代理人 3EC	私家偵探與調查員 3EC
通訊設備安裝與維修人員 3RIC	服務生 1SEC

洞察分析型的技能強項和重要的特點

關注個人偏好，便可以更準確地找到讓你感到滿足的工作類型。下方歸納和總結了洞察分析型的技能強項和重要能力，各位可以看看哪些描述更適合你。身為洞察分析型的人，我具有以下技能強項與重要的能力：

☐ 建立概念模型

☐ 長遠的策略性思考

☐ 提煉理論

☐ 推斷

☐ 創造

☐ 創新

☐ 解決問題

☐ 啟動計畫

☐ 評估

☐ 設計

▸ 洞察分析型的領導者

洞察分析型的人在擔任領導者時，會有獨特的優勢。他們擁有自然獨特的領導方式。

關注將來

因為凡事以未來為導向，創造和分享他們對於未來的遠景是洞察分析型的主要領導風格。他們看重個人的獨立行動能力，所以作為領導者，他們常給予下屬很大的自主決定權。他們討厭糾纏於日常細節，亦不會給下屬提供十分清晰的指令。比起具體細微的事實、細節或應用等環節，他們更熱衷於使用宏觀的分析圖表等工具與他人分享想法。他們對直接監管缺乏興趣，因為他們自己本身喜歡獨立工作，因此也希望他人可以如此。

著眼大局

　　洞察分析型的人總是喜歡將很多想法融入自己的邏輯模型中，通常會制訂全方位的策略以改善流程或體系。對他們來說，向他人闡釋心目中的遠景以及形成展望的基礎和具體細節，無疑是一件枯燥的事，如果必須解釋自己的思路，他們會覺得不耐煩。這種情緒大多來源於以下兩種溝通中產生的誤會：其一是他們給出的宏觀概念省略了很多具體環節，以至於他人根本無法看懂；另一方面他們運用了太多複雜的技術概念，以至於他人難以理解。諷刺的是，他們卻擅長使用精確的表達以協助他人形成新想法，但在此過程中，針對被協助者的不同背景需要提供多少訊息，或提供什麼程度的訊息，對他們而言是一個難題。

各司其職

　　洞察分析型的人也許會自己完成任務或解決問題，而不是分配工作，特別是在對他人的技能和能力不確定的情況下。一名洞察分析型的人如此形容她解決問題的傾向：「當某員工有問題向我請教時，我的第一個反應就是快速分析，想出解決問題的方案。當我覺得某件事的解決方案一目了然時，會不忍心看到他人在尋找答案時的掙扎。但是，一旦我給出解決問題的方案時，又會馬上意識到如此的作法可能會使得他人永遠學不會如何自己解決問題。身為領導者，我的目標之一是學會退後一步，指導而不是幫助他人解決問題。」

洞察分析型領導者的特點

　　關注個人偏好，便可以更準確地找到讓你感到滿足的工作類型。下方歸納和總結了洞察分析型偏愛的領導風格，各位可以看看哪些描述更適合你。

身為洞察分析型的領導者，我喜歡：

☐ 改善系統與流程

☐ 關注未來

☐ 不用關注具體事實、細節或具體應用

☐ 讓他人決定如何執行

☐ 不直接監管他人
☐ 展開行動而不是大量談論
☐ 獨立工作
☐ 不會被日常細節糾纏
☐ 借助宏觀的分析圖表等工具表達想法
☐ 使用精確的語言幫助他人構思新想法
☐ 自己動手而不是將任務分配給別人

▶ 洞察分析型的團隊成員

　　洞察分析型的人個性獨立，很難適應團隊的工作氛圍，除非團隊能給予他們充分自由行動的權力和空間。他們不喜歡，甚至逃避人際衝突，面對衝突時更希望衝突自動消失而不是自己解決。當必須解決衝突時，他們會發揮自己的一貫做法，用冷靜客觀的方式，很少受情感的影響，運用邏輯方式分析利害。

　　在團隊中，洞察分析型的人總會想出具有革新意義的想法，制訂團隊應該如何為未來做好準備的遠大願景。他們通常會對某些想法或可選方案，毫無保留地發表自己的反對意見，也總會輕而易舉地發現別人的想法和方案的不足之處。如果他們過於依靠自己的分析能力，就會被誤認為不近人情。

洞察分析型團隊成員的特點

　　關注個人偏好，便可以更準確地找到讓你感到滿足的工作類型。下方歸納和總結了洞察分析型偏愛的團隊工作方式，各位可以看看哪些描述更適合你。身為洞察分析型的團隊成員，我偏愛：

☐ 獨立工作
☐ 冷靜客觀，不講情面
☐ 用邏輯分析的方式面對和處理工作中的人際關係
☐ 為團隊提出想法和願景
☐ 譴責別人的想法，洞察缺陷和弱點

□ 靈活和自由行動的空間
□ 不會受到帶有情緒的反應或爭論的影響
□ 避免或忽略人際關係衝突

▸▸ 洞察分析型的學習風格

　　洞察分析型的人渴望探索抽象、未知和複雜的理念，熱衷於發揮聯想以定位不同事情或主題之間合乎邏輯的關聯。他們並不重視也不擅長記憶重複具體的事實和細節。他們覺得所謂的正規學習方法或流程對學習是一種限制。如果在學習中能經常分配一些複雜的課題讓他們獨立完成，他們將更有學習衝勁。

　　洞察分析型的人喜愛能力突出、知識淵博的老師，對所有已知訊息或數據都會抱持懷疑的態度。在學習過程中，他們會討論不符合邏輯的訊息，並加以指責。洞察分析型的人需要一定的時間和空間，處理和消化複雜的數據或訊息，最終整合成符合邏輯的框架。如果新訊息和他們已經透過邏輯分析了解到的不一致，他們就會提出質疑，找尋證據證明訊息的真實性。

洞察分析型的學習風格特點

　　關注個人偏好，便可以更準確地找到讓你感到滿足的工作類型。下方歸納和總結了洞察分析型偏愛的學習方式，各位可以看看哪些描述更適合你。
身為洞察分析型的人，我偏愛：
□ 對新想法和新訊息提出疑問和批評
□ 定位和尋找不同事情或主題之間合乎邏輯的關聯
□ 需要獨立處理和消化複雜訊息的時間和空間
□ 覺得常規學習方法和流程是約束
□ 探索抽象、未知和複雜的理念
□ 喜歡能力突出、知識淵博的老師
□ 不喜歡記憶或重複事實和細節
□ 在學習中獨立完成複雜的課題

　　性格偏好跟天生傾向可以作為自我評估的出發點。這一部分的內容，也許某些陳述你可能認可，某些則可能不認同。這樣的反應很常見，因為每個人表達自己性格特徵的方式都不同。閱讀整體概要描述也可以成為職涯發展方向的出發點。現在，你需要進一步自我評估，具體方法就是將這些概要陳述和個人生活結合起來。下方的問題可以幫助你將此部分的內容和自己的具體情況連結。在回顧本章內容的過程中不要忘了在腦中想起這些問題：

- 這種性格的所有特徵是否符合我的真實情況？哪些部分符合？哪些部分不符合？
- 是否有哪個部分的描述對我來說尤為重要或關鍵？
- 我可以將哪些訊息具體實踐，從而決定自己的職涯發展方向嗎？
- 我該如何調整自己的職涯發展方向？哪些方面應該強化？又有哪些方面應該弱化？
- 在未來工作中，我想將重心放在哪個方面？

　　各位可能會在此過程中，想用各種方式標注或強調某些部分，也許是想在書頁的空白部分寫些筆記，或製作一系列索引卡，又或在筆記本認真寫下一些筆記。不論採取什麼方式，問題的關鍵在於這些紀錄必須是能夠真實描述你的目前情況。設想自己的理想工作該是如何，有哪些具體的工作內容？有什麼樣的工作環境？工作中會應用到哪些技能？你期盼以什麼方式領導他人或被他人領導？你希望為團隊做出什麼樣的貢獻？你想要以什麼樣的方式不斷學習與成長。

　　同時也思考一下自己目前的發展階段。你現在利用哪些方法平衡自己的自然工作方式？你是否正在進入新平衡方式的過渡期？切記，每個人的情況都是獨一無二的。以果斷型和分析型的人為例，這兩種類型的人在溝通時喜歡就事論事。但是，他們還是會或多或少地透過移情作用和他人建立連結。這兩種人如果願意花費時間和精力，透過學習且最終從事人事服務工作，他們的做事方式就有可能與在技術領域獨立工作的同種類型人截然不同。

我的關鍵

現在，各位已經做好準備，將自己的自然偏好和具體情況結合起來了。

描述你最想從工作得到什麼。不要單純羅列一系列工作，將重點放在説明自己的個人偏好。

_____

_____

了解自己的工作偏好之後，可以直接閱讀「ISTP」性格類型的介紹。如果對於藉由行動方式來解決問題感興趣，更應如此。如果你已經準備好以評估自己的價值觀、生活方式和局限，繼續完成職業規畫的過程，可以直接跳到第11章。

關顧型：關心與連結

——性格類型：ISFP 和 INFP

身為木器商店的助手，我總是在幕後工作，以確保每個顧客都買到稱心如意的商品。必要時，我也常常擔任一些修理和製作訂製產品的工作。我喜歡這份工作的多樣性，以及能幫助他人的特點。

——一名關顧型的人

最新研究顯示，美國成年人關顧型的人約占13.2%。此類型的人通常以開放和探索的方式解決和處理問題。他們喜歡解決問題或構思不同的想法。務實關顧型的人乍看與感性反應型的人非常近似，而洞察關顧型的人則與感性探索型的人很接近。但是，只要經過仔細分析和比較，就會明白關顧型的人以個人價值觀作為行動的依據。這種內在的個人關注在關顧型的人之中很普遍。在解決問題或選擇解決方案時，他們把個人價值觀作為一切行動的準則。始終重視對於「人」來說重要的因素，這是關顧型的自然工作方式。

關顧型個人風格最主要的特徵是對周圍狀況的即時和自動反應能力，這為他們提供了一種決策方式，使他們在決定如何做出反應時，能順利自如地做出調整。他們並不一定會向他人解釋行動的原因，他們只是滿足於以內在價值觀作為理解狀況和決策的指引。他們內斂的性格，導致人們對他們行為的思考步驟缺乏必要的了解，因此通常會覺得他們的行動出乎意料。

關顧型的工作方式

▶▶ 關顧型做什麼最自然

看重個人價值觀

工作中，關顧型的人十分強調個人價值觀與心中重要人物的價值觀的協調。他們通常從事幕後工作，從來不想成為眾人矚目的焦點。他們內心總是不忘如何使相關的人受益。決策時，他們會分別分析每種情形。對他們來說，每種狀況都是獨一無二，其中牽涉的人及價值觀都必須慎重考慮，因為他們希望尊重所有人。

　　對關顧型的人而言，工作是一件完全個人化的事。不論選擇什麼工作，他們都會滲入自己獨特的價值觀。他們全心投入工作，因為認可他人的努力，以及可以自我表達的工作環境對他們而言非常重要。如果工作與他們認為正確的事相互衝突，他們寧願選擇離開。正如以下一名關顧型的人所說：「在擔任建築工程監理時，我會花費很多額外時間，與分包商及施工人員建立和諧的關係。我努力建立團結的團隊，團隊成員關心工程品質，緊密合作。後來，我任職的建築公司因為發展壯大，承攬了一項大型建築計畫，他們僱用了一位新經理。新經理明顯地出於成本考慮，不支持我如此重視建築品質，也不願意我與工人保持密切關係，這些都是我長期逐漸建立的。於是我辭職了，不想繼續在他的領導下工作，因為他的價值觀明顯與我不同。」

表達自我

　　無論是在工作或生活中，關顧型的人努力用個人獨特的方式表達自己的價值觀，並會找到許多靈活和創新的方式來達到此目標。對他們來說，做什麼或不做什麼，都是一種表達方式。最吸引他們的是能夠表達他們的價值觀及生活意義的工作。一名關顧型的人如此解釋：「對於我喜歡的事，我會非常認真負責。但若是我不認同的事，我不會做出任何承諾，也不會堅持完成。」

　　雖然關顧型的人表達自己的方式相當多元，但始終與欣賞周圍的世界有關。他們會被能全身心投入的工作吸引。因此，他們也許會在一生中不斷變換工作。對他們來說，做什麼都不如認識自己的過程重要。正如一名關顧型的人的說法：「我做過很多類型的工作。每份工作都能讓我不斷創新，並承載對我個人來說最重要的事。我能全心投入任何事情，更重要的是，每件事都能讓我獨立自主地靈活工作，這是我工作的兩大核心價值觀。」

欣賞和影響他人

　　對他人的欣賞，是關顧型自然工作方式的重要特點。他們頗具理想主義，常為他人或某種工作全力以赴。他們具有很強的目標感，因此須確保生命過程反映了自己的內心價值觀。如果不仔細留意，或許根本不能了解他們的內在目標，他

們也不會與人分享個人成長的動力，而是透過幫助他人或尋找創新解決問題的方法等方式來表現。

每名關顧型的人的價值觀體系都是獨一無二，但都包含一個普遍的主題：尊重和欣賞他人。對他們來說，金錢和地位遠不如個人價值觀具有激勵性。一名關顧型的人如此形容：「我剛換了一個讓我覺得更滿意的工作，雖然收入因此減少了三分之一，但我並不後悔此決定，因為它讓每天起床工作變成一件愉快和容易的事。」

關顧型的人總是感受到一種強大的內在動力，推動自己在日常生活實踐並表達自己的價值觀。如果你恰好是一名關顧型的人，你可以抽出時間評估一下，哪些價值觀對自己至關重要，因為這些關鍵的價值體系能從思想層面指引你尋找讓自己實現滿足感的工作。一旦確立了重要的價值觀，便可以評估自己能否在現在的工作中表達。

找工作時須確保自己有機會表現自己的個性特徵。可選的工作職位很多，從藝術家到獸醫等，可謂五花八門。但不論從事哪種工作，都一定須確定這份工作能觸動自己的內心與靈魂。在一天工作結束時，你可以對自己說，自己為重要而有意義的事做出了貢獻。

靈活處事

關顧型的人用開放和靈活的方式對待工作。對他們來說，能接觸和處理多元化的工作很重要。他們表現出很強的靈活度，不希望以太嚴謹的方式制訂複雜的工作計畫。在生活中，他們總是努力尋找一種準確表達自己的方式。在自己承擔的眾多角色中，他們表現得自然得體，雖然也許自己並不覺得滿足。

雖然關顧型的人表現靈活自由，然而，他們對於堅守個人價值觀相當頑固。他們會拒絕執行一切與個人目標和方向衝突的行動。牴觸他們的價值觀，也許會讓他們變得固執、封閉或僵化。

身為關顧型的人，在考慮職業時，應該盡量保證自己所在的工作環境會提供一定的靈活與自主性，並尊重員工的個人空間。如果覺得某些工作會讓你綁手綁腳，或會壓抑個性特徵，不妨從一開始就敬而遠之。

在和諧的環境工作

關顧型的人重視和諧友好的工作環境。他們樂於與令人愉快和無私支持他人的人共事。充滿競爭的工作環境會讓他們很快感覺疲倦，正如人際關係衝突。

關顧型的人喜歡給予和接受正面評價。他們在感情和價值觀投入良多，以至於有時容易被負面評價傷害，尤其是當回饋過於客觀、理性或挑剔時。有時，給予回饋的人或許並沒有意識到對他們的影響。關顧型的人表現沉靜，始終希望維持和諧的人際關係。為此，他們很少表達自己的感情或需要。一名關顧型的人如此描述他為何不願意表達自己的感情：「當我覺得困擾時，我習慣不講話。如果我能開誠布公地一吐為快，也就不會有什麼問題了，但我每次都選擇緘口不言，不讓其他人知道。沉默應對是我慣常的處理方式，除非這件事困擾了我很久。但到了那時，我通常會表現得很生氣、受傷和沮喪，最讓我沮喪的是他人也許完全沒有意識到這種情況。」

關顧型的人不僅會尋找一切機會主動給予正面回饋，同時也希望別人也可以如此善待自己。身為關顧型的人，須找尋一個能感受到支持與鼓勵的工作環境，這點至關重要。你從事的工作就可以是一種自我表達，與他人共享同一個工作環境，其實相當於將自己的一部分與他人坦誠相待。如果工作環境總是湧動著負面情緒，或充斥著吹毛求疵的消極能量，可能讓你覺得自己的付出沒有得到足夠的認可。

關顧型的自然工作方式特點

關顧型的人在以自然方式工作時具有最好表現。了解你的偏好就可以更準確地評估什麼工作方式才會讓自己獲得滿足感。下方歸納和總結了關顧型的性格特點和工作偏好，各位可以看看哪些描述更適合你。身為關顧型的人，我在下列方面表現最好：

☐ 以自我價值觀為中心生活
☐ 欣賞他人，向他們伸出援手
☐ 甘居幕後，希望自己的工作不會受到干擾
☐ 幫助他人，創造或尋找獨特的問題解決方式

☐ 專注於使相關人員獲益的事

☐ 聆聽多於傾訴

☐ 用個性化和獨特的方式表達自己

☐ 做有意義的事

☐ 帶著積極的眼光看待世界，不斷地改善

☐ 工作多元化

☐ 全身心投入

☐ 隨遇而安

☐ 在認可和支持個人努力的環境工作

☐ 自主行動

☐ 在和諧友好的環境工作

☐ 尊重個人的工作環境

☐ 盡量避免充滿框架或必須按部就班的工作

☐ 在行動前有足夠的時間考慮

☐ 工作中也能構建和諧的私人關係

☐ 施予並獲得正面積極的回饋

我的關鍵

回頭看看關顧型自然工作方式的特點清單，以你勾選出的特點，在下方空白處填上你的個人工作方式摘要。如此有助於明確了解自己想要在工作中從事什麼具體活動，以及什麼樣的工作環境最能與你契合。當然，也可以添加清單中未提及的特點。

我最重要的工作偏好是：

_____

_____

關顧型如何減輕工作壓力

透過本章前面的內容，已經確定了自己的性格類型如何與偏好的工作活動及工作風格連結起來。考慮一下什麼工作內容和環境會讓關顧型的人感到壓力重重或覺得不適合，這點相當必要。每個人都會在某段時間內從事自己並不喜歡的工作，但如果長時間從事自己沒有興趣的工作，就可能造成工作壓力或不滿情緒。

這裡會著重指出關顧型的人可能出現哪些工作壓力。在閱讀的過程中，可以想想自己目前的工作是否包含了書中的描述。如果是，就須要思考一下，該以哪些方式改變某些工作內容，或採取一些盡可能緩解壓力的辦法。了解工作讓自己產生壓力的要素，可能幫助你明確了解哪些工作選擇不適合自己，然後避開這些工作。

關顧型的人喜歡積極向上的工作關係，如果他們在互動冷漠的環境中工作，會感到壓力。對關顧型的人來說，衝突和對立都是讓人無所適從的事。他們喜歡融洽地合作。所以，如果他們的工作夥伴恰好是咄咄逼人、控制慾強的人，就會給他們帶來壓力。關顧型的人也不喜歡不懂欣賞、缺少關懷的工作環境，不喜歡對其價值觀不重視的團隊。如果你是關顧型的人，選擇工作時一定要充分考慮人際互動的問題，盡量尋找尊重個體的工作環境，留心其中員工如何對待彼此。同時，你也必須了解公司組織在人際關係方面的政策或流程。許多公司組織都有明確的核心價值觀宣言，但一定要小心不要將宣言和實際情況理所當然地畫上等號。須小心審視，確保其確實實踐了宣揚的價值觀。

關顧型的人傾向能體現靈活和適應性的工作方式。因此，如果他們的工作環境過於嚴謹、結構化，就會讓他們感受到壓力。另外，關顧型的人也不喜歡一個人須身兼數職，或每天都手忙腳亂地和時間賽跑的工作環境。對關顧型的人來說，他們更喜歡獨立工作，而且須能夠抽出一定的時間在沒人打擾的情況下進行思考。如果他們在工作中頻繁地被打擾、工作環境氣氛緊張，或有緊迫完成任務的期限，也會讓他們感到壓力。身為關顧型的人，在選擇職業時須研究相關工作是否必須遵守規範、時間要求，也須觀察工作中的互動方式與所扮演的角色，是否符合你本人的個性且對你具有重要意義。

　　一般來說，關顧型的人面對變革會懷抱著開明而靈活的態度。他們通常喜歡變化與多樣化，很容易適應。在變革過程中，關顧型的人希望變化充分尊重人性化要求，同時對涉及的相關人員產生的負面影響降到最小。如果改變過程完全是從客觀角度出發，單純考慮了客觀優勢和劣勢，他們就會覺得這種改變壓得人喘不過氣。關顧型的人希望看到相關人員在變化過程會得到什麼對待，同時也會敏銳地注意到是否有濫用權力或以權壓人的現象。在管控變革的過程中，會觀察相關人員將因此受到什麼影響，會找尋各種方式了解並掌控變革。

關顧型的職業和人生發展策略

　　接下來我們將介紹關顧型的人生，能如何從職涯獲得最大收穫，除了包括改善職涯規劃的兩個方向，同時也提供了一些實際的建議，幫助讀者更有效地規劃職業發展路徑。另外，也有較為個人客製化的方面。從以上內容與待發展的方面綜合出發，找出可將現有職場表現推向更上一層樓的方式，以及如何實現個人生活的改善，並達到充分的滿足感。

▸▸ 關注和滿足自身需要

　　對於身邊的人的需要，關顧型能敏銳地感知。幫助他人是他們的天性，例如幫助陷入危機中的人、花時間與需要關心的家人在一起，或經營自己的人際關係網絡。雖然幫助他人對他們來說具有重要意義，並且會給他們帶來很大的滿足感，但隨之而來的是，他們會發現自己幾乎沒有時間滿足個人需求。隨著時間的推移，這種狀況會讓他們感覺沮喪，會讓他們覺得他人對自己的幫助，如同招之即來，揮之即去。一名關顧型的人描述自己渴望改變這種狀況：「我想學習變得更外向，讓人看到我的內心世界。我常常覺得自己被低估，我的需求從來得不到別人的認可。」

　　關顧型的人往往會從事堅信對自己的價值觀和內心目標有所幫助的工作。為了創造融洽的氛圍，他們常犧牲個人需要以迎合他人的需求。例如，如果一份工作能讓關顧型的人有很多時間與家人共渡，這會和他們渴望成為好伴侶或好父母

的需要一致。但此時，關顧型的人往往把家庭需要置於個人需求的前面。以下是一名關顧型的人的說法：「我把生活重心放在家庭很多年了，因此我甚至不確定自己是否有他人所謂的職業生涯。」

關顧型的人不喜歡強迫他人，在衝突和不和諧的環境裡會覺得很不自在。他們真心希望滿足他人的需要，但如果這種滿足他人需要的狀況與內心價值觀衝突，他們會覺得很沮喪。正因如此，他們往往逃避表達自己的需要，而他人也因此對他們所承受的壓力不太了解。久而久之，他們會覺得自己的付出與犧牲沒有得到認可。因為關顧型的人不希望原本融洽的氣氛，因為自己的直言不諱而化為泡影，所以處理這種狀況對他們來說一直是一件很難的事。

身為關顧型的人，你在規劃職業生涯的時候，要認真考慮如何將對他人有利的事，與能給自己帶來滿足感的事分開。雖然你本身的優點之一就是創造融洽的氛圍，並且滿足別人的要求，但你同時也要看得到哪些工作目標能滿足自己的個人需求，並為了這些目標堅持不懈地努力。

關注和滿足自身需要的建議

- 記住，只有當你自我感覺良好時，才能好好地幫助他人。照顧自己的情緒並不意味自私。為了周圍的人，你應該照顧好自己。
- 每天為自己做一件正面的小事，這並不需要花費很多金錢或時間。每天創造一些讓你感到放鬆的機會，像是停下來喝杯茶、出去散散步，或聽自己喜歡的音樂等。
- 認真思考自己需要什麼，抽出時間整理自己的想法，然後記下來。和自己最親近的人討論一下，如何分配自己的注意力、時間與精力。
- 在選擇工作的過程中，請確保自己不必犧牲太多以遷就他人。如果你覺得自己有些委屈，甚至將自己和犧牲者畫等號，就要認真考慮自己放棄了哪些東西，如何透過調整改善現況。

▶▶ 重視理性分析

由於價值觀的決策方式若不借助理性分析來平衡，觀看問題時就會變得很片

面。理性分析能幫助關顧型的人避免做出日後會後悔的決定，這種平衡非常重要，尤其是在非常情緒化或牽涉感情問題而必須做出決定時，這種平衡極為必要。一名關顧型的人描述自己如何努力控制感情：「我最大的挑戰是工作時如何控制我的感情。假如我對某件事情充滿激情，那麼，即使只是談起它我都會變得非常情緒化，這讓我有些尷尬。」

如果你是關顧型的人，選擇職業時須從邏輯分析的角度出發，綜合考慮每個可選的工作職位具備的優點和缺點，同時也要考量工作是否會符合你的個人價值觀。對情況進行邏輯分析，能讓你對職業選擇的優缺點考量更全面，重視職業選擇在長期與短期內可能造成的影響或後果。不僅要著眼於每個選擇會給你和身邊的人帶來什麼影響，還要兼顧從客觀角度出發，邏輯分析結果。

邏輯分析的思考方式會幫助你考慮薪酬、工作時間和其他工作福利方面的問題。在與潛在雇主討論工作時，嘗試表現得更有自信。在談論工作待遇的過程中，一定須坦白表明自己的需求，不要表現得不確定或不敢表達自己的需求。雖然這可能並不是你平時習慣的方式，但你會發現，自己的收穫更能體現你的能力。

重視理性分析的建議

- 在做決定時，停下來思考你的選擇的優缺點並羅列出來，客觀進行比較分析。確定自己所有可選方案不僅合理，同時對你也有吸引力。
- 理性分析每個選擇，並關注所做決定的長期和短期影響。
- 想像一下，你嘗試對一個邏輯型的人解釋你的決定。他會對你的決定問什麼問題？你又該如何回答？
- 不在情緒不穩定時做決策。給自己一點時間，理性思考你的感覺對決策的影響。

▸▸ 避免過於主觀和情緒化

關顧型的人總會對自己周圍的世界投入感情。對關顧型的人來說，他們所做出的努力，他們所製作的產品，以及他們實現的成果都是自我表達的形式。他們在工作中融入了太多個人情感，所以，如果別人對他們的工作批評或拒絕，他們

就會覺得對方傷害並冒犯了他們。一名關顧型的人解釋：「我為工作傾注了太多心血。我在邁出下一步前會力求從所有角度出發，考慮所有方面。如果某人因為目光過於狹隘而批評我的工作，我就會不由自主地辯解。隨著時間推移，我學會了接受一點，就是認為脫口而出的批評有時只不過是信口之言，不帶任何惡意。現在，我對待批評意見的態度更客觀了。」

關顧型的人通常很難客觀聽取建設性的回饋意見。他們可能將批評意見看作缺少尊重，甚至人身攻擊。如果給予回饋的人喜歡直言，不留情面，不圓滑，不考慮對方感受，就更會使關顧型的人產生這種想法。關顧型的人通常喜歡幫助他人，給他人批評意見時謹慎小心，所以他們希望他人也可以如此。

給予回饋時，關顧型的人可能過於關注對方會不會受到傷害或覺得被冒犯，所以他們的回饋往往不夠直接，有時甚至會讓人一頭霧水。如果遇上此情況，其他人可能對他們的回饋不屑一顧。對關顧型的人來說，學會坦白給予回饋往往並不是一件容易的事。以下是一名關顧型的人的心聲：「給予回饋時，我總會小心翼翼地先提出一些積極正向的方面，然後再提出須要改進的。這些建議通常都是一些試探性的建議，就是因為不夠開門見山，我的一些建議被當成了耳邊風。」

避免過於主觀和情緒化的建議

- 首先要知道並不是所有人對待回饋的思維方式都和你一樣。對於有些人來說，能夠毫無保留並直言不諱地給出批評性回饋，是幫助他人學習與提升的最好方式。他們沒有摻雜任何個人感情，也沒有任何要冒犯你的意思。無論是給出回饋，還是收到來自他人的回饋，都一定要時刻牢記這一點。

- 在給出回饋意見時，保證一定要清楚、直接，否則，就有可能因為自己而導致給出的建議被忽視。如果希望給出的回饋有效，應避免使用「你可能需要」或「你會發現……是有幫助的」之類的話。這些話在接受回饋的人看來是可選方案，而非指令。

- 如果你發現自己比平時更情緒化，可能是因為所處環境造成了太大壓力或讓你感受到種種不適。嘗試減輕壓力，或從目前的狀況抽身，隔開一定的距離來思考發生了哪些改變。花時間了解為什麼別人會挑戰你的價值觀，

而面對這種情形，你又可以怎樣做。

- 如果你的工作與幫助他人有關，應該設法嘗試不要試圖幫助他人解決所有問題。對關顧型的人來說，置身事外或許是一件很難的事。雖然參與幫助他人很可貴，但這會大大消耗你的時間和精力。至少，少承擔一些責任對你的健康很重要。

我的關鍵

　　對你而言，關注和滿足自身的需要，重視理性分析，避免過於主觀和情緒化，是否具有挑戰？如果是，那麼此處的哪個策略有所幫助並值得一試？

_____

_____

關顧型的職業平衡

　　在工作中，關顧型的人在積極運用反思和分析能力，並以個人價值觀審視和評價客觀世界時，往往有很好的表現。因此，他們必須透過吸收新資訊和增強行動力以平衡他們對內在的關注，若是少了新資訊，他們對客觀世界的評價就會缺乏整體性。

　　為了獲取訊息，關顧型的人會採用問題激發可能的選擇，並採取靈活、好奇心驅動的方式對待所有問題。一般來說，人們在吸收訊息時通常採用兩種方式：重視現實細節和展望未來可能。在性格類型中，兩種方式分別稱為實感（S）和直覺（N）。雖然每個人在接收新訊息時都會綜合使用這兩種方式，但總會不由自主地傾向於其中一種。各位可以參照本書第2章，找出哪種方式你會感到更自然。

　　「實感」和「直覺」兩詞在字面上有很多含義，並不僅與如何吸收訊息有關，為了避免造成歧義，本書把透過實感獲取訊息的關顧型，稱為務實關顧型

（ISFP），而把透過直覺獲取訊息的關顧型，稱為洞察關顧型（INFP）。

兩種關顧型的人有不同的關注點，但都能讓他們強化和肯定以自我價值觀為基礎的決策方式。他們將逐步學會同時獲取訊息的兩種方式：同時重視眼前現實和未來可能性。隨著時間的推進，這種自然傾向的發展讓他們的人生更具靈活。

務實關顧型的人重視收集事實和細節，以理解和處理當下發生的狀況。他們的風格和感性反應型的人比較類似，對於周圍狀況具有很好的即時適應和反應能力，在處事時也採用同樣的主動解決方式，從事的工作類型和內容也有很多類似之處。但切記，對務實關顧型的人來說，無論如何，他們對發現並解決問題的關注總是比不上對內在價值觀的重視。

洞察關顧型的人關注抽象的模式和可能性。他們的行為與感性探索型的人比較類似，都是在理念和可能性的基礎上主動創新，從事的工作類型和內容也有很多類似的地方。但切記，對洞察關顧型的人來說，他們對發現和探索創新的關注，總比不上對內在價值觀的重視。

本章以下的內容將分為兩部分。第一部分為「ISFP」類型的人量身訂製，第二部分則針對「INFP」類型的人。各位可能會發現，先閱讀對自己來說最自然的平衡方式很有幫助。之後，可以再閱讀另一種平衡方式，如此一來，便能知道隨著自己不斷成長和成熟，未來有什麼等著自己。如果你已進入中年，你可能對兩部分都有興趣，因為在人生的這個階段，你可能已經擁有足夠的動力培養自己並不偏好的決策方式。

如何尋找平衡？

我更像「ISFP」 我是務實關顧型的人。首先我會以重視目前可以應用的實用訊息來平衡我始終重視個人價值觀的風格。當我日趨成熟時，我將學會如何更關注新訊息中的模式與可能性。	**我更像「INFP」** 我是洞察關顧型的人。我首先會以對想法與可能性的重視來平衡我始終關注個人價值觀的風格。當我日趨成熟時，我將學會如何更關注實際事實與細節以進一步平衡。

務實關顧型（ISFP）的工作方式

「永遠樂於幫忙。」

最新研究顯示，美國成年人務實關顧型（ISFP）約占8.8%。務實關顧型的人樂於尋找一切進行人際交往的機會，以及維持和諧的人際關係。他們具有親和力且體貼，對周圍的人和事始終保持欣賞的態度。他們會安靜地在幕後尋找實際有用的方式，為他人提供幫助與支持。他們透過提供有用的服務，或創造有形的即時使用產品，並使他人從中找到安慰或快樂的方式，表達自己對他人的關注。如果和他們談話或聊天，永遠不會聽到他們誇讚什麼對自己最重要，他們總是把注意力集中在他人身上，傾聽遠遠多於傾訴。他們能迅速了解和關注他人的需要。

因為務實關顧型的人以自發行動來平衡他們基於價值觀的決策方式，所以他們最初表現的關顧型工作方式與洞察關顧型的人有很大不同。然而，洞察關顧型的人在步入中年後，亦會發現這種方式反映了他們所需要提升和成長的方向。

▶▶ 務實關顧型做什麼最自然

活在當下，享受此刻

務實關顧型的人務實而隨和，他們以隨意和開放的態度處事，總是尋找機會表達自己或幫助他人。他們活在當下，對身處的環境毫不掩飾地表示欣賞，並積極施加自己的影響力。對於結構過於嚴謹的環境或例行公事之類的工作，他們表現出強烈的牴觸情緒，並努力避免。以下是一名務實關顧型代課老師的說法：「我喜歡這份工作的原因之一，就是我每天都能完成當天的工作，走進教室就開始工作，走出教室就完成工作。我喜歡這份工作，每週一天或兩天代課，讓我感覺每天都有做些什麼。」

務實關顧型的人喜歡有即時反應的工作。他們重視工作中的樂趣、享受此時此刻，尋找機會適時表達自己。他們透過承擔手邊的工作，並用創新和獨特去完成並表達自己。

即時和個性化的貢獻

基於自我價值觀，務實關顧型的人常常以實際服務的工作幫助他人。這些工作通常充滿人性化，讓人感覺很溫暖，如按摩師、幫助他人完成療程的治療師、髮型師、專為顧客配眼鏡的驗光師等等。

他們希望提供個性化、一對一的服務，而不是標準或例行的輔助工作，因為理解和欣賞個體的不同，是他們自然工作方式的一部分。他們從事的工作必須滿足一個特徵，那就是對自己和周圍的人有益。一名務實關顧型的人如此描述她作為學習閱讀的成人導師時的心態：「我喜歡因材施教。我會耐心傾聽每個人的需求，鼓勵和支持他們。我為每位學生量身訂做一套教學方法，使用能吸引學生興趣和目標的閱讀材料。我喜歡用獨特和個性化的方式幫助所有學生。每當看到學生的技能有所提升時，都能體會到極大的滿足感。」

盡情表達自我

務實關顧型的人希望自己的工作環境愉悅、隨意、吸引人、舒服。他們具有很敏銳的觀察力，擅長發現和創造美。他們善於結合藝術性、獨特性與實用性，創作實用和漂亮的產品。對務實關顧型的人來說，時尚、室內及景觀設計等工作都有很大的吸引力。以下是一名務實關顧型的室內設計師的說法：「我喜歡關注顏色和質感。我能把不同種類的東西用很吸引人的方式糅合，從而做出物美價廉的好東西。」

務實關顧型的人可能熱愛大自然，他們可能想透過一些戶外工作表達自己的價值。因此，務實關顧型的人可能選擇林務員或園丁等職業來改善或提升大自然。也可能透過創作實用性與藝術感兼具的產品來表達自己。

務實關顧型的人喜歡能傳承自己價值觀的工作，其價值觀也是多元化的。如果各位想找到最吸引你的工作，最重要的事是要確定自己想表達什麼價值觀，然後才是尋找機會在實際、友好和靈活的環境傳達這種價值觀。

解決問題

務實關顧型的人重視當下，善於運用創新的方式解決各種問題。他們喜歡利用手邊現有的資源找到解決問題的方法，即興地對現有的東西或設備做出改進或修繕。一名從事兒童保育工作的務實關顧型的人，認為自己具有很好的解決問題能力：「當孩子們在玩耍而玩具不足時，我常必須設法解決此矛盾。我通常會突然想到一些讓孩子們開心、讓氣氛活躍的小把戲，例如表演一些小魔術。有時我會悄悄地把不高興的孩子拉到一邊，想辦法轉移他們的注意力。我喜歡創造讓小朋友和諧相處的課堂環境。」

務實關顧型的理想工作環境特點

關注個人偏好，便可以更準確地找到讓你感到滿足的工作類型。下方歸納和總結了務實關顧型的理想工作環境，各位可以看看哪些描述更適合你。身為務實關顧型的人，我偏愛下列工作環境：

☐ 重視實際應用
☐ 做出即時和個性化的貢獻
☐ 相互支持，保持和諧
☐ 盡情表達自我
☐ 講求靈活性，無拘無束，尊重自主權
☐ 享受此時此刻工作的機會
☐ 重視解決當下的問題
☐ 工作環境具有一定的吸引力，且讓人覺得舒適
☐ 能直接為他人提供服務

▸▸ 務實關顧型有興趣的工作

以下是務實關顧型的人可能感興趣的工作。這份清單是參照數據進行歸納，數據顯示，務實關顧型的人從事下述這些行業的機率高於其他行業。這份職業清單依照美國勞工部職涯資訊系統 O*NET 提供的訊息，歸結出五大類，這些類型

的工作對務實關顧型的人來說充滿了吸引力。O*NET 是一個龐大的互動性資料庫，專門提供職業相關訊息，用於探討與研究職業選擇。該系統對工作類型進行了劃分，不僅依據工作本身內容，還包含完成該項工作所需的技能，以及需要接受的教育或培訓。各位可以到該網站瀏覽各式羅列的職業或工作類型。該網站也有關於職業的豐富資訊。最後，我們設立了第六類「其他」，涵蓋了該職涯系統劃分的其他工作類型，這些工作同樣可以吸引務實關顧型的人。

解讀職業訊息的關鍵

每種職業的編號都包含了一些訊息，幫助各位更容易評估這份職業是否適合自己。

🚲 = 綠色經濟職業：與降低化石燃料的使用、減輕汙染、提高能源效率及提升再生能源使用等領域息息相關。

⚙ = 有前景、快速成長的職業：經濟層面十分重要的行業，這些行業可能實現經濟長期增長，或因為技術與創新而出現劇烈的變化。

工作能域 = 數字編碼（1～5），總結了想要進入此行業須進行的準備（如教育、培訓或經驗傳授）。數字1～5代表所需要的準備由少到多。

職業趣味性 = 字母編碼（R、I、A、S、E、C，即：實際、調查、藝術、社會、創業和傳統），代表職業興趣。此部分與美國心理學教授、知名職業指導專家約翰·霍蘭德（John Holland）的職業興趣類型及工作環境（將在第11章仔細描述）一致。

藝術、設計、娛樂、體育與媒體

電視、影片與動畫的攝影機操作師 3RA

舞者 3AR

藝術家 3AR

口譯與筆譯人員 4AS

工藝美術師 2ARE

時尚設計師 3AER

插花設計師 2AER

醫療保健與技術

口腔衛生工作者 ✿3SRC

配鏡師 ✿3ECR

外科醫師助理 ✿5SIR

語言病理學家 ✿5SIA

職業物理治療師 ✿5SI

驗光師 5ISR

康樂理療師 4SA

手術技師 ✿3RSC

安裝、養護與維修工作

資深汽車技師 ✿3RI

快艇技師 3RCI

樂器維修人員與調音師 3RAI

家用電器維修人員 3RCI

機車技師 3R

電子通訊設備安裝與維修人員 3RIC

個人護理與服務

健身與健美教練 ✿3SRE

私人與家庭看護助理 ✿2SRC

非農場動物看護人員 2RC

娛樂場所工作者 ✿4SEA

保護服務

懲教人員與獄警 3REC

森林消防員 ✿2RS

海巡人員 ✿4RI

市政消防員 ✿3RSE

交通與物流

空中交通管制員 3EC

客機駕駛 ✿3RIE

飛機駕駛、副駕駛與飛機技師
✿4RCI

航空巡邏員 ✿3RCI

機車工程師 ✿2RC

校車司機 ✿2RC

其他

以下清單包括可能吸引務實關顧型的其他工作類型。

考古學家 5IRA

收銀員 1CE

餐廳廚師 🌼 1RC

電工 🐦🌼 3RIC

農民與農場主人 🐦 3REC

檢察官、調查員、分析員 4EIC

珠寶商 3RA

按摩物理治療師 🌼 3SR

股票交易員 1CRE

裁縫、製衣、縫紉工 3RAE

動物學家與野生生物學家 🐦 5IR

細木工匠 🌼 3RC

建築工人 🐦🌼 1RC

速食店廚師 🌼 1RC

電子設備工程設計技師 🐦🌼 3RI

護林人員 4RIE

獄警與清潔人員 🌼 1RC

傭人與家政清潔人員 🌼 1RC

醫療秘書 🌼 2CS

調查員 🌼 4RCI

獸醫助理與實驗室動物看護人員 🌼 2RSI

務實關顧型的技能強項和重要的特點

　　關注個人偏好，便可以更準確地找到讓你感到滿足的工作類型。下方歸納和總結了務實關顧型的技能強項和重要能力，各位可以看看哪些描述更適合你。身為務實關顧型的人，我具有以下技能強項與重要的能力：

☐ 適應

☐ 設身處地為他人著想

☐ 交流中傾聽

☐ 觀察

☐ 創造

☐ 解決問題

☐ 客戶服務

☐ 輔助

☐ 養護

☐ 支持

▸ 務實關顧型的領導者

務實關顧型的人在擔任領導者時，會有獨特的優勢。他們擁有自然獨特的領導方式。

解決問題

務實關顧型的人關注眼前的問題並努力解決。過程中，他們往往會逃避已有的規則和程序，特別是看到解決問題的捷徑時，他們通常會找到創新的方式解決任何眼前問題。身為領導，他們以身作則地自己解決問題，而不是把責任分配給下屬。他們不喜歡領導者必須制訂長期計畫的要求。他們也許需要花費更多的時間，考慮短期解決問題的方式會對長遠的目標造成什麼影響。

甘居幕後

務實關顧型的人安靜低調，為人隨和友善。他們喜歡在幕後積極為他人提供幫助，認為讓他人獨立工作比直接監督更能表示對他人的尊重。

自主權和自由度是務實關顧型重要的價值觀指標。他們基本上對控制、監督和指揮他人沒有什麼興趣，同時也會避免處理工作表現或人際關係衝突方面的問題。他們很少主動謀求領導職位。他們不喜歡靠權力領導，對於以此方式領導的人也表示出極大的不屑。政治關係、規則和協議等死板的東西，永遠不會在務實關顧型的人心中占一席之地。

務實關顧型領導者的特點

關注個人偏好，便可以更準確地找到讓你感到滿足的工作類型。下方歸納和總結了務實關顧型偏好的領導風格，各位可以看看哪些描述更適合你。

身為務實關顧型的領導者，我喜歡：

☐ 對各種可選方案抱持開明態度，願意傾聽別人的觀點
☐ 當狀況或問題發生時，馬上處理
☐ 重視短期規劃，而不是深謀遠慮

□平易近人，適應性強，並且講求人情
□關注眼前的問題
□避免直接監督他人
□甘居幕後
□以身作則
□逃避既定規則和程序
□支持幫助他人
□尋找創新和個性化的解決方案

▶▶ 務實關顧型團隊成員的特點

務實關顧型的人勇於為團隊奉獻自己。雖然他們總是在幕後默默為他人提供支持，但友好合作的工作環境對他們來說非常重要。他們古道熱腸，願意竭盡全力幫助他人。他們總是和團隊保持一致，幫助他人處理棘手的問題，永遠少說多做，全心全意幫助他人或創作對他人有幫助的作品，是慷慨和體貼的團隊成員。

在團隊中，他們願意給予他人正面回饋，對於他人給予的正面回饋也欣然接受，人際衝突或不和諧會讓他們感到很不舒服。如果可能的話，他們會極力避免這些狀況發生，也不願深究衝突產生的根源。對他們來說，抽象思考完全是浪費時間，他們寧願把時間花在眼前的問題。

務實關顧型團隊成員的特點

關注個人偏好，便可以更準確地找出讓你感到滿足的工作類型。下方歸納和總結了務實關顧型偏愛的團隊工作方式，各位可以看看哪些描述更適合你。身為務實關顧型的團隊成員，我偏愛：
□與他人合作
□少說多做
□擅長解決問題

□ 古道熱腸、慷慨體貼
□ 喜歡給出或接受正面回饋
□ 甘居幕後
□ 對人際衝突感到不舒服
□ 與團隊中的人保持一致，為他人提供必要幫助

▶ 務實關顧型的學習風格

關於學習，務實關顧型的人喜歡能解決眼前問題的實用知識和訊息。相較於說明書或書面資料，他們更願意在工作過程親自實踐地學習。他們具有敏銳的觀察能力，關注自己身邊的世界。

理論和抽象概念無疑會讓務實關顧型的人感到厭倦，他們更重視能幫助他們有效完成眼前任務的訊息或事實。他們討厭課堂教學的拘謹和死板，期望更靈活和個性化的學習方式，並且能夠自己控制學習進度。

務實關顧型的人喜歡在學習過程得到導師的個性化支持和鼓勵。如果可以，他們更喜歡單獨或在規模很小的團隊裡學習或工作。他們通常表現沉靜友善，甘居幕後。

務實關顧型的學習風格特點

關注個人偏好，便可以更準確地找到讓你感到滿足的工作類型。下方歸納和總結了務實關顧型偏愛的學習方式，各位可以看看哪些描述更適合你。

身為務實關顧型的人，我偏愛：
□ 喜歡學習實用的知識或訊息
□ 尋找能幫助他人完成眼前任務的細節
□ 學習針對實際問題的相關知識
□ 不喜歡閱讀手冊或長篇文字說明
□ 透過動手學習

□ 單獨或在規模很小的團隊裡學習或工作
□ 透過實踐學習
□ 相互扶持的學習環境

　　性格偏好跟天生傾向可以作為自我評估的出發點。這一部分的內容，也許某些陳述你可能認可，某些則可能不認同。這樣的反應很常見，因為每個人表達自己性格特徵的方式都不同。閱讀整體概要描述也可以成為職涯發展方向的出發點。現在，你需要進一步自我評估，具體方法就是將這些概要陳述和個人生活結合起來。下方的問題可以幫助你將此部分的內容和自己的具體情況連結。在回顧本章內容的過程中不要忘了在腦中想起這些問題：

- 這種性格的所有特徵是否符合我的真實情況？哪些部分符合？哪些部分不符合？
- 是否有哪個部分的描述對我來說尤為重要或關鍵？
- 我可以將哪些訊息具體實踐，從而決定自己的職涯發展方向嗎？
- 我該如何調整自己的職涯發展方向？哪些方面應該強化？又有哪些方面應該弱化？
- 在未來工作中，我想將重心放在哪個方面？

　　各位可能會在此過程中，想用各種方式標注或強調某些部分，也許是想在書頁的空白部分寫些筆記，或製作一系列索引卡，又或在筆記本認真寫下一些筆記。不論採取什麼方式，問題的關鍵在於這些紀錄必須是能夠真實描述你的目前情況。設想自己的理想工作該是如何，有哪些具體的工作內容？有什麼樣的工作環境？工作中會應用到哪些技能？你期盼以什麼方式領導他人或被他人領導？你希望為團隊做出什麼樣的貢獻？你想要以什麼樣的方式不斷學習與成長。

　　同時也思考一下自己目前的發展階段。你現在利用哪些方法平衡自己的自然工作方式？你是否正在進入新平衡方式的過渡期？切記，每個人的情況都是獨一無二的。以果斷型和分析型的人為例，這兩種類型的人在溝通時喜歡就事論事。但是，他們還是會或多或少地透過移情作用和他人建立連結。這兩種人如果願意

花費時間和精力，透過學習且最終從事人事服務工作，他們的做事方式就有可能與在技術領域獨立工作的同種類型人截然不同。

我的關鍵

現在，各位已經做好準備，將自己的自然偏好和具體情況結合起來了。

> 描述你最想從工作得到什麼。不要單純羅列一系列工作，將重點放在説明自己的個人偏好。

了解自己的工作偏好之後，可以直接閱讀「INFP」性格類型的介紹。如果各位有興趣培養基於邏輯的決策方式，更應如此。如果你已經準備好以評估自己的價值觀、生活方式和局限，繼續完成職業規劃，可以直接跳到第11章。

洞察關顧型（INFP）的工作方式

「這個讓我感覺不錯。」

最新研究顯示，美國成年人洞察關顧型（INFP）約占4.4%。在生活中，這種類型的人會把對某個人、某些想法、某些可能性的欣賞，非常鮮明地表露出來。他們會努力幫助他人完成目標或默默支持他人，看重和尋求他人對自己表現的正面回饋，不喜歡被低估或被看不起的感覺。他們善於利用個性化的創新方式表達創意理念，不喜歡嚴謹的架構或例行公事，因此在包容靈活和獨立自主的工作環境中往往有出色的表現。

由於洞察關顧型的人會以重視未來潛在可能性和洞察力，來平衡他們以價值觀為基礎的天性，他們最初表現出來的關顧型工作方式，與務實關顧型有很大不同。然而，務實關顧型的人在步入中年後，會發現這種方式反映了他們所需要提

升和成長的方向。

▶ 洞察關顧型做什麼最自然

學習與發展

洞察關顧型的人透過很多不同工作領域的出色表現證明自己的能力。他們習慣從宏觀層面看待問題，因此覺得很多事情難以說清楚，尤其是對自己重要的東西。對他們來說，工作是一個持續學習重要事物的過程。他們樂於在生命的過程中學習和發展新技能，並因此嘗試一些不同種類的工作。

支持和協助

洞察關顧型的人具有非常敏銳和精準的直覺，他們也沒有辦法解釋清楚直覺的來源，但他們堅信這些直覺值得信賴。他們很自然地就能覺察到他人的潛力，並鼓勵他人開發潛能。他們喜歡從事諮商和教育領域的工作，這讓他們有機會指導和促進他人的提升。在這些領域裡，他們往往具有很強的奉獻精神。他們注重尋求長久的人際關係。工作對他們而言，是一件完全個人化的事。

他們是很好的傾聽者，在談話間會集中注意力理解他人的狀況和觀點。他們具有與眾不同的閱讀和理解他人的能力，能充分理解他人的感情世界和價值觀。一名洞察關顧型數學老師描述他與學生互動的情形：「當學生對數學感到焦慮或沒自信時，他們常會向我傾訴。我通常會認真地傾聽，理解他們的需要，並設法幫助他們解決問題。」

忠誠

洞察關顧型的人對人與事均表示出極高的忠誠度。他們熱衷於能讓他們努力完成有意義和重要事物的工作。對於所處的工作團隊，他們也保持同樣的忠誠。如果團隊的價值觀與他的個人價值觀存在衝突，他們會覺得被背叛。同樣地，他們希望人際關係簡單真誠，不真誠或欺騙他們的人則會表現出非常不友好的態度。

尋求創新

洞察關顧型的人透過從事藝術創作、娛樂行業或設計領域的工作，傳達自己的價值觀和創新能力。不論選擇什麼方式，一定會以非常個性化和獨特的方式呈現，就像一名洞察關顧型的人不會用完全一樣的方式教導兩個孩子，就像是經典藝術作品不會是大量標準化生產。對待不同的人和事，他們有其獨特的方式。因此他們在工作中往往重視品質而非數量。

洞察關顧型的人通常在語言和表達方面具有一定天賦。他們的洞察力為他們提供多姿多彩的想法，而他們的價值觀則提供了熱情和方向。兩者的結合讓他們的表達能力十分突出，但由於安靜和特殊的天性，他們往往更擅長文字交流而不是口頭溝通。

一對一工作

因為洞察關顧型的人會投入大量時間和精力，區別對待不同的人或一對一的工作，所以如果他們需要在短時間內同時與很多人接觸互動，尤其是他人需要幫助時，他們很快就會覺得筋疲力盡。幾乎所有洞察關顧型的人都需要單獨相處的時間來恢復精力，特別是在為他人提供幫助的領域工作時，如諮商等行業。如果必須持續保持工作的積極，洞察關顧型的人需要休息的時間往往比較久。

逃避教條

對人的關注和對環境的應變能力，使洞察關顧型的人經常可以逃避嚴謹的規則和架構，因為這些會奪去他們用個性化方式處理問題的自由。他們在工作時迸發出的創新能量，往往被按部就班的例行公事束縛手腳。一名洞察關顧型農民如此描述：「我喜歡自由，同時遵從農業的自然節奏。我享受能選擇做什麼的自由，討厭僵化和教條。」

不被細節與計畫跟進束縛

洞察關顧型的人往往有很多想法，看到多種未來的可能性，也許會同時投身於幾項計畫。但他們缺乏對計畫的持續跟進能力，所以往往可能半途而廢。在壓

力很大的情況下，他們通常會因為不善於跟進而變得不堪重負。

　　同樣地，他們通常會忽略重要的細節。例如，某些創業的洞察關顧型的人往往會發現，在計畫競標的過程中，即使具有完成合約的能力，但往往會在競標過程落後其他承包商。儘管他們的計畫書充滿想像力，也有不錯的想法，但他們必須知道，只有當他們的計畫書詳載更多事實和細節時，他們的提議成功被接受的可能性才會更高。

洞察關顧型的理想工作環境特點

　　關注個人偏好，便可以更準確地找到讓你感到滿足的工作類型。下方歸納和總結了洞察關顧型的理想工作環境，各位可以看看哪些描述更適合你。身為洞察關顧型的人，我偏愛下列工作環境：

☐ 符合個人價值觀
☐ 互動活動具有意義
☐ 支持和協助
☐ 與不同的人一對一交流
☐ 開明並兼具創新精神
☐ 有學習提升的機會
☐ 構思新想法或理念的機會
☐ 指導他人
☐ 包容靈活和獨立性

▶▶ 洞察關顧型有興趣的工作

　　以下是洞察關顧型的人可能感興趣的工作。這份清單是參照數據進行歸納，數據顯示，洞察關顧型的人從事下述這些行業的機率高於其他行業。這份職業清單依照美國勞工部職涯資訊系統O*NET提供的訊息，歸結出五大類，這些類型的工作對洞察關顧型的人來說充滿了吸引力。O*NET是一個龐大的互動性資料庫，專門提供職業相關訊息，用於探討與研究職業選擇。該系統對工作類型進行了劃分，不僅依據工作本身內容，還包含完成該項工作所需的技能，以及需要接

受的教育或培訓。各位可以到該網站瀏覽各式羅列的職業或工作類型。該網站也有關於職業的豐富資訊。最後，我們設立了第六類「其他」，涵蓋了該職涯系統劃分的其他工作類型，這些工作同樣可以吸引洞察關顧型的人。

解讀職業訊息的關鍵

每種職業的編號都包含了一些訊息，幫助各位更容易評估這份職業是否適合自己。

🚲＝綠色經濟職業：與降低化石燃料的使用、減輕汙染、提高能源效率及提升再生能源使用等領域息息相關。

🌼＝有前景、快速成長的職業：經濟層面十分重要的行業，這些行業可能實現經濟長期增長，或因為技術與創新而出現劇烈的變化。

工作能域＝數字編碼（1～5），總結了想要進入此行業須進行的準備（如教育、培訓或經驗傳授）。數字1～5代表所需要的準備由少到多。

職業趣味性＝字母編碼（R、I、A、S、E、C，即：實際、調查、藝術、社會、創業和傳統），代表職業興趣。此部分與美國心理學教授、知名職業指導專家約翰・霍蘭德（John Holland）的職業興趣類型及工作環境（將在第11章仔細描述）一致。

藝術、設計、娛樂、體育與媒體

演員 2AE	編輯 4AEC
電影與視頻剪輯師 3AEI	藝術家 3AR
平面設計師 🌼4ARE	室內設計師 🌼4AE
口譯、筆譯人員 4SA	多媒體藝術家、動畫師 🌼4AI
作曲家、編曲家 3AE	音樂家、歌手 3AE
樂器演奏家 3AE	製作人、導演 4EA
公關專家 🚲🌼4EAS	記者、通訊人員 🚲4AEI
科技作家 🌼4AIC	寫手、作者 4AI

社區與社會服務

兒童、家庭與學校社會工作者
　🚴🌼4SE

宗教活動與教育業主管 4ESC

健康教育工作者 🌼4SE

醫療與公共健康社會工作者 🌼5SI

心理健康與藥物濫用社會工作者
　🌼5SIA

康復諮商師 🌼4SI

神職人員 5SEA

教育、職業教育與學校顧問 🌼5S

婚姻與家庭治療師 🌼5SAI

心理健康顧問 🌼5SIA

社會服務助理人員 🌼3CSE

藥物濫用和行為障礙諮商師
　🌼5SAI

教育、培訓與圖書館

成人文學教師與講師 🌼4SAE

博物館館長 4EC

英語語言與文學教師 5SAI

幼兒園教師 🌼4SA

圖書館技術人員 🌼4CSE

哲學與宗教教師 5SAI

高中教師 🌼4SAE

特殊教育老師 🌼4SI

藝術、戲劇與音樂教師 5SA

國小教師 🌼4SAC

教學協調員 🌼5SIE

圖書管理員 🌼5CSE

國中教師 🌼4SA

學前班教師 🌼3SA

自我充實教育教師 🌼3SAE

生命、物理與社會科學

生物物理技師 🌼4RIC

經濟學家 5ICE

工業組織心理學家 5IEA

社會學家 5IAS

諮商心理學家 🌼5SIA

遺傳學家 5IAR

微生物學家 🌼5IR

土壤與植物科學家 5IR

辦公室與行政支持

帳單、款項匯集人員 🌼2CE

簿記、會計與審計人員 🌼3CE

電腦操作員 3CR

資料輸入人員 2CRE

桌上出版 3AIC

執行秘書與行政助理 🌼 3CE

檔案員 3CRE

保險保單處理人員 2CE

法律秘書 🌼 3CE

醫療秘書 🌼 2CS

辦公室文職人員 🌼 2CER

櫃檯與詢問服務人員 🌼 2CES

秘書 🌼 2CE

總機接線人員 2CSR

文字處理人員與打字員 2CE

其他

以下清單包括可能吸引洞察關顧型的其他工作類型。

仲裁、調停與調解人員 🚲 4SE

建築師 🚲 🌼 5AI

酒吧吧檯 🌼 2ECR

木匠 🌼 2RCI

兒童看護工作人員 🌼 2SA

法令遵循主管 🚲 4CER

餐廳廚師 🌼 2RE

教育管理者 🌼 5ESC

健身與健美教練 🌼 3SRE

家庭健康助理 🌼 2SR

人力資源、培訓與勞工關系 4ESC

景觀設計師 🚲 4AIR

景觀與綠化工作人員 🌼 1RC

救生員、滑雪救護隊成員及其他娛

按摩物理治療師 🌼 3SR

　　樂設施保護服務工作者 🌼 1RS

自然療法醫師 5IS

網路系統和資料傳輸分析師 🌼 3IC

兒科醫師 🌼 5IS

職業物理治療醫師 🌼 5SI

物業、房地產與社區協會經理

自然科學管理者 🚲 🌼 5EI

　　🌼 3EC

律師助理和法律助理 🌼 3CIE

採購人員 🚲 3ECR

物理治療師 🌼 5SIR

零售人員 🌼 2EC

精神科醫師 🌼 5ISA

語言治療師 🌼 5SIA

呼吸治療師 🌼 3SIR

調查員 🌼 4RCI

社會與社區服務經理 4ES

培訓與發展專家 🚲 🌼 4SAC

統計學家 5CI

獸醫 🌼 5IR

旅行代理人 3EC

電話行銷人員 2EC　　　　　　　　　服務生 ✿1SEC

洞察關顧型的技能強項和重要的特點

關注個人偏好，便可以更準確地找到讓你感到滿足的工作類型。下方歸納和總結了洞察關顧型的技能強項和重要能力，各位可以看看哪些描述更適合你。身為洞察關顧型的人，我具有以下技能強項與重要的能力：

☐ 適應力
☐ 創造性
☐ 擁護某個主張
☐ 同情心
☐ 溝通和傾聽
☐ 創新性
☐ 為他人提供支援
☐ 培訓他人
☐ 鼓勵他人
☐ 自我發展

▸▸ 洞察關顧型的領導者

洞察關顧型的人在擔任領導者時，會有獨特的優勢。他們擁有自然獨特的領導方式。

人性化的領導

洞察關顧型的領導者很講人情，他們會認真實踐自己的價值觀，而且通常能做到高瞻遠矚。他們的願景通常專注於如何改善或提升某種狀況、某件產品或某個工作流程，從而為相關人員帶來最大的收穫與發展機會。

洞察關顧型的人用特殊且人性化的方式關注他們所領導的人，就像對待任何其他人一樣。他們會盡力支持和鼓勵他人展現自己最優秀的一面。因為重視員工，他們常常因為幫忙處理同事的問題和狀況而分心手邊的工作，因為對他們來

說，支持下屬比完成任務更加重要。對於洞察關顧型的人來說，在滿足相關人員的需求與達到某種成果之間尋求平衡，通常是一件困難的事。

道德自律

洞察關顧型的人認為身為領導者一定要誠實，他們不喜歡玩弄所謂的政治權術，也不迷信權威。對他們來說，如果一個人要想受到他人尊重，就必須具有良好的人品。對於濫用職權且帶給下屬負面影響或造成壓迫感的領導者，在他們眼中是不可行的。

他們會小心翼翼地維護下屬的自尊。如果下屬遇到了棘手的問題，他們通常會允許下屬提出疑問，或給予他們第二次機會。在決策過程中，洞察關顧型的人會花時間考慮自己的決定將為他人產生什麼影響，他們希望自己採取的行動能滿足所有相關人員的需求。

支持他人

洞察關顧型的人不會濫用權力隨意命令指揮他人，他們相信他人會很自然地好好工作。當他們在團隊中被理解、尊重和得到有效的支持時，則會全力以赴。洞察關顧型的人認為領導者的使命，是支持及制訂靈活的體系和過程，讓大家可以充分發揮自己的潛能，有效地完成工作。

洞察關顧型領導者的特點

關注個人偏好，便可以更準確地找到讓你感到滿足的工作類型。下方歸納和總結了洞察關顧型偏愛的領導風格，各位可以看看哪些描述更適合你。身為洞察關顧型的領導者，我喜歡：

☐ 高瞻遠矚

☐ 懷抱極大的熱情實踐自己的價值觀

☐ 與他人建立私交

☐ 不喜歡玩弄政治權術，不迷信權威

☐ 為他人提供支持，鼓勵他人發揮最好的一面

□ 不會濫用權力，亦不會命令或指揮他人
□ 認為滿足相關人員的要求比取得成果更重要
□ 認為領導必須誠實
□ 表達自己的價值觀
□ 專注於如何幫助他人成長並實現自我發展
□ 決策時會考慮所有相關人員

▶ 洞察關顧型的團隊成員

　　洞察關顧型的人非常支持團隊成員的工作。他們透過認真傾聽和展現對他人觀點的理解，來表示對他人的欣賞。他們具有很強的同情心，這種能力往往讓人稱道，也利於創造積極的團隊環境。他們通常積極樂觀，頗有些理想主義的色彩。他們希望團隊的每位成員都能充滿激情和友善地工作，期盼每個人都能發揮最好的一面。

　　他們很容易被過於苛刻的回饋傷害，並且會把這種回饋看成針對個人。在人際衝突中，他們會感覺極為不舒服，也會盡量避免。他們會努力創造和諧的團隊環境，為達到這個目標，他們有時甚至會犧牲自己的個人需求。但在不得已的情況下，他們也會把長時間累積的負面感受精確而坦率地說出來。其他團隊成員聽了或許會覺得震驚，因為他從來沒有表露出來。

洞察關顧型團隊成員的特點

　　關注個人偏好，便可以更準確地找到讓你感到滿足的工作類型。下方歸納和總結了洞察關顧型偏愛的團隊工作方式，各位可以看看哪些描述更適合你。身為洞察關顧型的團隊成員，我偏愛：

□ 為團隊成員提供支持
□ 積極、樂觀和理想主義
□ 認真傾聽以表達對他人的欣賞
□ 盡量逃避人際衝突

□ 創造積極的團隊環境
□ 努力保持團隊和諧
□ 容易認為別人回饋是對人不對事
□ 對團隊成員的期望很高

▸▸ 洞察關顧型的學習風格

洞察關顧型的人對抽象理論和新理念具有濃厚的學習興趣，尤其喜歡能啟發靈感且與人有關的故事，以及尋找一切機會了解他人如何克服困難或解決問題。比起瑣碎的事實和細節，他們對理論和未來可能性更感興趣。他們喜歡嘗試不同的想法與理念，將訊息連結與整合。對洞察關顧型的人來說，關於個人成長與發展、倫理行為以及與培育並維護等理論，會引起他們的興趣。

他們喜歡學習與個人價值觀直接相關的知識。他們通常會將學習內容與自己本身或所處環境連結，如果他們發現學到的東西在自己眼中沒有任何價值，就會影響學習表現。他們的學習方法具有非常明顯的個人特徵，與老師關係的好壞對他們的學習也有很大影響，不吝於給予鼓勵和正面評價的老師往往能激發洞察關顧型的人的學習慾望。

洞察關顧型的人喜歡獨立學習，自己獨立學習或小組學習效果最好。和其他內向型的人一樣，他們在能安靜獨處時才會發揮最大效率。他們喜歡靈活的學習方法，認為正規的學習方法或流程對學習是一種限制。他們喜歡絞盡腦汁的思考方式，也喜歡嘗試不同的想法。以下是一名關顧型的人描述她對學習的看法：「我喜歡學習抽象概念、可能性和新思維等知識。我不喜歡嚴謹、呆板的思維模式，也不喜歡答案單一的問題。」

洞察關顧型的學習風格特點

關注個人偏好，便可以更準確地找到讓你感到滿足的工作類型。下方歸納和總結了洞察關顧型偏愛的學習方式，各位可以看看哪些描述更適合你。身為洞察關顧型的人，我偏愛：

□對抽象理論和新理念具有濃厚興趣
□需要老師的支持和鼓勵
□希望有機會了解他人克服困難或解決問題的過程，並從中學習
□將所學內容與自己的經歷、價值觀和想法連結
□希望能有足夠的空間獨立處理資料
□比起事實和細節，更喜歡理論
□需要有靈活性與機會來仔細思考或嘗試不同想法
□獨立學習或小組學習時效果最好

　　性格偏好跟天生傾向可以作為自我評估的出發點。這一部分的內容，也許某些陳述你可能認可，某些則可能不認同。這樣的反應很常見，因為每個人表達自己性格特徵的方式都不同。閱讀整體概要描述也可以成為決定職涯發展方向的出發點。現在，你需要進一步自我評估，具體方法就是將這些概要陳述和個人生活結合起來。下方的問題可以幫助你將此部分的內容和自己的具體情況連結。在回顧本章內容的過程中不要忘了在腦中想起這些問題：

- 這種性格的所有特徵是否符合我的真實情況？哪些部分符合？哪些部分不符合？
- 是否有哪個部分的描述對我來說尤為重要或關鍵？
- 我可以將哪些訊息具體實踐，從而決定自己的職涯發展方向嗎？
- 我該如何調整自己的職涯發展方向？哪些方面應該強化？又有哪些方面應該弱化？
- 在未來工作中，我想將重心放在哪個方面？

　　各位可能會在此過程中，想用各種方式標注或強調某些部分，也許是想在書頁的空白部分寫些筆記，或製作一系列索引卡，又或在筆記本認真寫下一些筆記。不論採取什麼方式，問題的關鍵在於這些紀錄必須是能夠真實描述你的目前情況。設想自己的理想工作該是如何，有哪些具體的工作內容？有什麼樣的工作環境？工作中會應用到哪些技能？你期盼以什麼方式領導他人或被他人領導？你希望為團隊做出什麼樣的貢獻？你想要以什麼樣的方式不斷學習與成長。

同時也思考一下自己目前的發展階段。你現在利用哪些方法平衡自己的自然工作方式？你是否正在進入新平衡方式的過渡期？切記，每個人的情況都是獨一無二的。以果斷型和分析型的人為例，這兩種類型的人在溝通時喜歡就事論事。但是，他們還是會或多或少地透過移情作用和他人建立連結。這兩種人如果願意花費時間和精力，透過學習且最終從事人事服務工作，他們的做事方式就有可能與在技術領域獨立工作的同種類型人截然不同。

我的關鍵

現在，各位已經做好準備，將自己的自然偏好和具體情況結合起來了。

> 描述你最想從工作得到什麼。不要單純羅列一系列工作，將重點放在說明自己的個人偏好。
>
> _____
>
> _____

了解自己的工作偏好之後，可以直接閱讀「ISFP」性格類型的介紹。如果你對於以行動方式來幫助他人感興趣，更應如此。如果你已經準備好以評估自己的價值觀、生活方式和局限，繼續完成職業規畫的過程，可以直接跳到第11章。

自我評估

職業滿足感因人而異。了解你的自然工作方式，是了解何種類型的工作能讓你獲得最大職業滿足感的良好開端。但是，並不表示這僅僅與性格發展有關，因為你的獨特興趣、價值觀、技能、局限、知識和工作經歷，也是自然工作方式的重要組成部分。另外，大多數情況下，某些具體情況還會涉及他人及自己的需求。因此，要找到一份理想的工作，必須準確地了解你的職業滿足感的來源。

在本章，各位將對自己的技能、價值觀、興趣、生活方式和局限，逐一梳理和評估。在評估過程中，你將會逐漸了解重塑職業生涯規劃所需的訊息。進而在第12章學習如何使用自我評估的訊息，尋找有意義和有價值的工作。在自我評估的過程中，本書首先會給各位一些如何運用自然偏好的建議。

自我評估的建議

▶▶ 反應型

- 自我評估過程中必須閱讀和完成的檢查清單，請各位保持足夠耐心。
- 為自我評估的結果尋找確實的理由和應用的方法。仔細想想如何立刻運用這些訊息，從而讓職業生涯規劃確實可行。
- 透過反思自己的行動進行評估，不要忘了勇敢嘗試，然後再花時間想想嘗試的過程中，最讓自己衝勁十足的是什麼事？最重要的又是什麼事？

▶▶ 探索型

- 尋找建立自然工作方式、興趣、價值觀和生活方式之間的連結。將上述種種因素整合起來。便能構建出你的理想工作。
- 與他人一起進行自我評估，詢問回饋，並討論你的想法。
- 回顧自己之前就業與生活經歷的主題與模式，花時間思考你最想要實踐的想法與方向。

▸▸ 果斷型

- 盡量使自己的評估過程更符合邏輯。批判性地分析過去的經歷，例如過去不喜歡做什麼、不適合做什麼，然後找出其中的原因。
- 將焦點放在自己的技巧和能力，想一想你最擅長是什麼領域。
- 為了盡量發揮自我評估的效果，採用邏輯分析的方式判斷對你來說什麼才是最重要的。

▸▸ 貢獻型

- 在自我評估時，可以尋找他人的支持，例如，非常了解你或能為你提供指導和鼓勵的人，一起完成這些步驟。
- 從個人經歷與反應方式中吸取教訓，回想在之前的工作職位上，組織內部的團結和人際關係對工作滿足感產生了什麼影響。
- 認真評估自己的個人價值觀與重視的事物，決定自己希望透過什麼方式在工作中做出貢獻。

▸▸ 縝密型

- 利用你的記憶和過去的經驗，集中精力進行自我評估。
- 列出讓你感到舒服的工作、任務和技能，協助你整理自己的經驗。然後找到喜歡的工作主題或模式，同時重視個人事實和細節。
- 尋找自己在哪些方面具有技術專長。確定自己在哪些主題或工作領域累積了最深厚的訊息。

▸▸ 願景型

- 理解自我評估工具背後的理論模型。將有關自己性格偏好、興趣、技能及價值觀的訊息整合成整體。
- 尋找和利用暗示以及想像引導自己，想一想你的夢想和對未來的規劃，並為自己美好的將來繪製藍圖。
- 牢記，必須重視決定情境及主題、事實和細節等訊息。

▸▸ 分析型

- 你已經習慣對自己及工作進行反思了，或許要多關注一下自己的優勢，可以列出你認為自己最引以為豪的技能和能力。
- 反思自我評估的訊息。這些訊息是用合乎邏輯的方式整合起來的嗎？有什麼明顯的結論嗎？
- 你應該有發現自己對他人的評估不屑一顧。這些訊息對於判斷你面臨的挑戰很必要。

▸▸ 關顧型

- 想一想周遭人們的價值觀。你支持誰？這對你的職業生涯規劃有什麼暗示？
- 關注自己的價值觀。對你個人來說，什麼你覺得最重要？
- 帶著這兩個問題的答案分析：他人及自己的需要，以及其中的平衡點。你有機會滿足自己的需求嗎？

自我評估過程常見的問題

不論自我評估的自然方式為何，幾乎所有人都遇到以下的問題。各位應該在評估過程盡力避免。

▸▸ 把「能做的事」等同於「喜歡做的事」

某些人在自我評估過程中，往往只是描述自己的工作，而不是在內心判斷這個工作的哪些部分適合我，或哪些部分不適合我。尤其是多年從事某種工作時，此情況更為明顯。一個人的工作技能經過長時間的培養後，可以達到非常嫻熟的程度，以至於很難決定何時應該結束一份工作並開始新的生活。另外，我們也會被以下的想法所束縛：我們應該在轉職最簡單方便的公司工作。

其實，我們在現實中很難有機會剛好謀求一份舒服又熟悉的工作。然而，換工作的過渡期提供了一個機會，讓你可以靜下心來，盤點一下自己能學會什麼，

或你想要成為什麼樣的人。不論年紀多大、近況如何，如果工作過渡期幫助你獲得需要的東西，便應該對職業生涯做出必要的改變。當然，目前從事的工作也許正好適合你。若是如此，你可以繼續從事現在的工作，不斷提升自己，保持你在這份工作中的美好感覺。

▶ 過於在乎他人的意見

有些技能、價值觀和偏好，也許並不被他人認可，但是卻是你珍視的。一定要記住，別人的意見只是對他來說最合適，而不是對你。同時，有些人也很難理解截然不同的東西竟然能對不同的人產生激勵作用，就像你的家庭成員、同事和朋友會透過他們的標準評判你是否成功，而不是透過對你而言重要的東西評判。例如，在你的家庭裡，家人希望你按照他們設想的職業發展途徑，你也會備感壓力。然而，或許接手家族企業或繼承家族的農場、公司或遺產，並不能滿足你的職業發展需求，依照父母的願望接受教育或從事某個職業也許並不是你想要走的路。

▶ 訊息不經篩選

典型的自我職業評估包括自我審視、完成列表清單和回答問題等程序。通常這些資料僅僅是一連串的訊息。在此過程中，設法使這些訊息與個人實際情況連結變得非常重要。例如，你可以問自己：「這些訊息有什麼用？」「對你來說，這些興趣和價值觀意味著什麼？」、「當你在兩份工作中做選擇，或決定如何透過學習提升時，興趣或價值觀會在其中起什麼作用？」你應該關注這些訊息的意義，哪些對你而言很重要？哪些與自我評估過程中浮現出來的主題或模式有關？

▶ 只關注自我評估的某個方面

自我評估的過程需要對訊息綜合分析和權衡。例如，你需要考慮你的興趣是否與生活方式匹配；你的生活角色或許是單親爸爸（媽媽），但你渴望刺激和冒險。這些訊息是如何和每個人息息相關？又是如何影響每個人的呢？如果你在整合自己收集的訊息時遇到困難，可以詢問職業規劃專業人士，他們能幫助你將這些訊息有效地串聯起來。

運用過去的經驗

在開始自我評估時，想想你在過去的經驗獲得什麼知識和訊息。例如，如果你是一名剛開始尋找第一份工作的職場新人，那麼你在學校裡喜歡或不喜歡的課程和課餘活動，將會是很大的參考訊息。如果在中年時想換工作，那麼過去的工作經歷對你的自我評估會有很大幫助。在自我評估的過程中，你將得到很多關於自己的訊息。現在請回答接下來的問題，這些問題能幫助你進行思考。

- 你參加了哪些社團？為什麼？
- 你喜歡如何打發時間？
- 你喜歡讀書嗎？喜歡哪種類型的書？
- 你喜歡看電視、電影嗎？喜歡哪種類型？
- 你參加過哪些社團或志願活動？
- 近來你參加了什麼課程？為什麼要選這些課程？
- 你喜歡學習什麼？你喜歡如何學習？
- 你對什麼主題的討論感興趣？
- 你周圍的人如何描述你和你的工作方式？
- 你做過自己特別喜歡的工作嗎？你喜歡這個工作的哪些方面？
- 你做過自己特別不喜歡的工作嗎？你不喜歡這個工作的哪些方面？
- 你喜歡什麼娛樂活動？

上述這些訊息將會幫助你發現自己的技能、價值觀、興趣、生活方式和個人偏好。要想回答這些問題，你必須全面反思並寫下過去全部職業和生活歷史。如果你是一個職場新人，這個練習或許不是很有用，但即使年輕人也能找到與上述相關的經歷，如照顧小孩、送報紙、幫助家裡生意、運動，甚至實地考察、旅行或實習等其他重要的經歷。你可以按照時間順序列出這些年所做過的事。現在透過尋找貫穿其中的主題或思考下面這些問題，回顧你的過去經歷。

- 我喜歡什麼活動？
- 我不喜歡什麼活動？
- 為什麼我選擇參加這些課程或活動？

- 我為什麼要換工作？
- 長期以來，有什麼東西一直是對我比較重要的？

我的關鍵

> 將有關自己理想工作的所有已知訊息加以總結，包括你喜歡做什麼，不喜歡做什麼，以及你認為工作的哪些方面對你來說最重要。

_____

_____

技能評估

你所擁有的技能為完成工作所需的專業技術。它們是你自我評估過程中的關鍵，也是你職業的保障。了解你所擁有的技能，有助於評估並增強自己的競爭優勢。將你擁有、想要獲得的技能與工作機會匹配，會大大有助於你的職業生涯規劃。

一般來說，絕大多數情況下（當然也有例外），你的技能與自然工作方式有很大的關聯。例如，一名追求高效完成工作的果斷型的人，往往具有出色的實現結果的技能；一名追求滿足他人需要的關顧型的人，往往會注重培養自己的溝通能力。但是，一名果斷型的人有可能選擇做精神科學家，並且花時間培養溝通技巧以為病人服務；而一名強調自主權的關顧型的人，或許會著力培養自己實現結果的能力，從而自主創業，建立屬於自己的公司。

技能評估可以有多種方式。如果你目前在公司任職，可以看看有什麼現成的工具可以幫助你進行自我評估。許多公司有所謂的能力或勝任力分析工具，用以比較個人技能和特定職位所需技能之間的差距。這些工具有助於分析不同類型的工作機會或職位所需的能力或改進提升的盲點。另外，你也可以使用工作職責條

列清單或收到的績效評估結果等，協助評估你的技能。同時，你也可以讓同事知道你有興趣提高自己的某些技能，並透過與同事的對話，幫助你找出掌握這些技能的學習機會。

如果你正在創業，可以透過顧客調查，了解他們對你及你的員工的期望。同時，你所在領域的協會或認證機構，會提供系列的具體技能培訓或認證，如此一來就能使技能發展與市場需求保持一致。

如果你目前暫時沒有任何工作，回顧你過去從事過的工作，並回答下面這些問題。

- 我現在正在應用哪些技能？
- 我過去曾經使用過哪些技能？
- 我擅長做什麼？
- 我是否可以學習一些新的技能更有效地完成目前的工作？
- 什麼樣的任務或活動能給予我滿足感？
- 我可以為公司提供哪些技能？

某些技能不具有什麼針對性，所以幾乎是任何類型的工作都需要，我們稱其為「基本技能」。利用下方評估方法判斷你最喜歡使用哪些基本技能。

▸▸ 基本技能評估

想要全面了解你的基本技能，須考量以下三大要點：你是否運用某技能？你是否享受運用此技能？你是否希望提升該技能？運用這三大指標進行技能分析，你的職業生涯規劃將會更加清晰。下方的練習中包含指標的具體含義。

- 運用：在工作中你是否需要運用此技能？
- 喜歡：你是否享受運用此技能的過程？
- 發展：未來你是否希望提升此技能？

對於每個技能細項，你可以在後面的空格做上記號。如果可以的話，最好完成每個技能細項的三大指標評估。每完成一個技能大項的評估，把每欄裡記號的個數相加，並寫在下方總計欄裡。完成所有技能大項的評估後，把結果匯總。

改革管理能力	運用	喜歡	發展
不時調適自己的行為 挑戰傳統方法 勇於提出新想法或創意 靈活和創意思考，思路流暢 應對模糊狀況（不明確或具多重含義的狀況與訊息） 觀察趨勢和模式 預見未來可能發生的變化 承擔新責任 嘗試利用新方法完成任務 不斷提升自己的技能與資歷			
總計			

溝通能力	運用	喜歡	發展
清晰了解事件或狀況並進行溝通 運用溝通策略與交際手段 清晰解釋自己的想法與思路 仔細傾聽 呈現某些訊息或想法 就訊息、知識或共識提問 為獲得訊息、知識或共識進行閱讀 以適當的方式分享訊息 歸納與整合訊息 清晰表達並解釋自己觀點的寫作能力			
總計			

領導力	運用	喜歡	發展
為他人提供指導 尋找雙贏的問題解決方案 協調資源以完成目標 制訂策略規劃，從而實現某些願景 承擔風險，並從錯誤吸取教訓 促進和支持團隊及團隊成員的發展 發起行動 在情況艱難時維持自己的工作表現，並透過調整來適應 模範 建立團隊共同願景			
總計			

學習能力	運用	喜歡	發展
明確自己的學習需求			
設定自己的學習目標			
將學習與職業發展結合			
制訂職業發展規劃			
採用個性化的學習方式匹配學習風格			
制訂學習策略			
獲取提升績效的技能			
處理訊息			
掌握學習的進展			
對行動和結果負責			
總計			

數據處理能力	運用	喜歡	發展
制訂資金或其他資源的預算計畫			
數據計算能力			
精確預估規模或成本			
理解數學術語和符號（數學能力）			
數量測算			
解釋數字或數據的推理能力			
能使用精確的規格要求說明，並完成和改變規格說明			
高效有序地保存紀錄或文檔			
對訊息整理分類			
運用電腦或其他工具管理訊息（技術能力）			
總計			

解決問題能力	運用	喜歡	發展
鑑定問題			
明確問題			
分析問題			
制訂具有可行性的解決方案			
制訂決策的標準			
收集並分析與問題相關的資訊			
選擇有效的行動			
執行解決方案			
評估成果			
預測可能出現的問題			
總計			

達成結果能力	運用	喜歡	發展
收集相關訊息並評估結果			
設定目標，來指引規劃			
組織活動，完成目標			
針對任務進行高效規劃			
可靠地完成任務			
採取主動來達到個人和組織的目標			
對不同事件的順序與時間進行規劃			
妥善組織不同工作的順序和時間			
逐一完成任務以實現總目標			
評估進展和成功的可能性			
總計			

團隊合作能力	運用	喜歡	發展
確保團隊成員的工作和目標高度一致			
團隊協作以完成目標			
團隊通力合作實現共同目標			
有效協調人力、物力達到目標			
為自己和團隊成員的成功慶祝			
對他人的需要保持敏感			
積極鼓勵團隊成員			
提供正面和有建設性的回饋			
在雙贏的框架下解決團隊衝突			
接受和包容個體的差異			
總計			

思維能力	運用	喜歡	發展
使用符號和概念抽象地解釋問題			
一般常識的實際應用			
從邏輯角度出發，分析與評估訊息			
從不同角度看待某種狀況			
處理複雜的問題			
有系統地管理訊息			
自我認知與自我發展			
精確地獲取事實、數字和事件的相關訊息			
整合訊息			
系統思維			
總計			

▸ 基本技能分析總結

現在你已經對自己的技能進行了全面總結和分析，開始運用分析結果展開職業生涯規劃吧。首先在表中填上統計的得分，每個表格中的技能總分為十分。

技能	運用	喜歡	發展
改革管理能力			
溝通能力			
領導力			
學習能力			
數據處理能力			
解決問題能力			
達成結果能力			
團隊合作能力			
思維能力			

下列問題能幫助你更容易理解這個練習，有助於你關注未來職業生涯規劃的方向及技能的運用和提升。

- 哪些技能你運用得最多？
- 你最享受運用哪些基本技能？如果這些技能與上述使用最多的技能完全不同，或許你必須重新規劃職業生涯！
- 如果你目前在工作，那麼你想提升哪些基本技能改進目前的工作表現？
- 未來你希望更常運用哪些基本技能？你希望如何運用？
- 這些基本技能中，哪些是你現在或將來最想要提升的？
- 你想透過什麼方式提升這些技能？

▸ 具體職業技能

除了上述評估過的九項綜合技能，能否找到一份滿意的工作無疑與職業技能有關，此處為特定領域的專業技能。你也許擁有經驗、資格認證或兩者兼有，因此已經是某個領域的專家了。具體職業技能與專業領域、工作經驗有很大關係，因此我們常常根據所從事的職業來考慮，如財務人員、工程師、木匠、教師、銷售人員、司機等。

　　這些具體職業技能包含專業領域的必需技能，這是從事何種工作的決定因素。很多人不止具有一種職業技能。仔細想一想你的教育和工作經歷，然後列出你的職業技能。例如，如果你曾經做過護理師，你的具體職業技能也許包括看護、教育和諮商等。

　　如果你是職場新人，或許能列舉的職業技能相對較少。就必須考慮培養哪方面的綜合技能和職業技能。在考慮具體職業技能的過程中，或許首先須考慮這些具體職業技能是否是漫長的職業生涯中想要運用的。如果就你的判斷，這是非常重要的技能，那麼或許必須花多點時間提升這些技能。你必須進一步確認自己具有專長的具體方面，從而了解自己需要借助學習或做些什麼來提升自己的技能。例如，如果你是電腦專業人士，你應該在哪些領域有競爭優勢？如文字處理軟體的使用、硬體維護和修理、電腦輔助設計、網路維護和網頁設計等。每個專業方向都涉及不同知識與發展選擇。

　　美國勞工部職涯資訊系統O*NET網站中（編注：此為英文網站），有將技能與職業連結的進階搜索功能。此功能可以幫助你細緻地研究具體技能，同時告訴你具體的職業如何與具體技能搭配。如果你想更詳細地探討技能與職業的關係，這些搜索功能非常有效。首先選出自己喜歡的技能，然後再搜尋匹配的職業選擇；也可以先選出自己感興趣的職業，然後由此入手確定該類型的工作需要應用的技能。對於每種職業，O*NET資料庫都列出了此職業需要的技能，同時還會按照各種技能的重要程度排出優先次序。如果你喜歡在工作中運用工具和技術，你也可以利用進階搜索引擎，輸入某種具體工具或技術的名稱，接著，O*NET搜尋軟體就會羅列出使用這種工具或技術的職業。

　　在決定哪些技能對你來說最重要，以及自己想如何應用這些技能，可以將你的綜合技能和專業技能進行對比分析。例如，如果你喜歡分析和解決問題。世上就有無數事情可以運用你的分析能力，也有無數的實際問題可以運用解決問題的能力。而具體職業技能可以幫助你界定職業。例如，你或許會選擇提升有關電子領域的職業技能，以在電子技術、電器或儀表修理等領域謀求職業發展。或者，你想把分析和解決問題的綜合技能運用於幫助他人，那麼你或許會選擇學習和提升顧問技巧或其他技能，讓你在社會工作、諮商或看護等領域，獲得一份不錯的

工作。

　　將重點放在：如何從自己想要在未來，加以應用或培養的技能出發，來規劃自己的職業發展方向。如果你有很多技能想要培養，可以在規劃職業的過程中選擇自己更看重的技能，且每次專心應對一種技能。

我的關鍵

　　歸納對自己來說最重要的基本技能和職業技能，著重於你最喜歡且最希望培養的技能。同時思考自己可能以什麼方式培養這些技能。

_____

_____

職業興趣

　　在一九七〇年代，約翰・霍蘭德提出了此觀點：員工、職業或工作環境可以畫分為六個廣泛的類型或主題，分別是實際、調查、藝術、社會、創業和傳統。以下清單描述了與六大主題相關的訊息。

實際（R）

- 處理事情
- 與大自然或其他有形事物打交道
- 經常從事體力勞動或戶外工作
- 須動手解決問題或尋求解決方案
- 使用工具、機械或設備
- 建築施工與維修
- 實用取向

調查（I）

- 考慮想法或處理具體事務
- 創造知識或應用知識
- 分析或科學工作
- 依靠自己的力量解決挑戰心智的問題
- 工作中須應對抽象觀點
- 調查、解釋與預測
- 智力取向

藝術（A）

- 需要處理想法，並和人打交道
- 創作原創的想法或作品
- 工作不拘一格，通常須彰顯個人精神
- 應用自我表達
- 工作須處理設計和花樣
- 想像與創造
- 非傳統取向

社會（S）

- 和人打交道
- 幫助與支持
- 工作中強調互動，並須傳遞人文關懷
- 應用人際溝通技能
- 合作與互動
- 工作的目的是治癒創傷或培養正能量
- 合作取向

創業（E）

- 須與數據和人打交道
- 追求財務或物質
- 工作包含很多指令性活動，工作內容沒有清晰的界線
- 使用談判和勸說的技能
- 影響他人，領導他人
- 承擔風險，啟動新計畫
- 創業取向

傳統（C）

- 須和數據及事物打交道
- 專注細節，組織細節問題
- 工作雖中規中矩，但通常井井有條
- 在循規蹈矩的框架下保證精準
- 遵守既定流程
- 按照別人希望的方式行動
- 傳統取向

六大主題形成了將人與職業搭配的方法。依靠這六大主題中的第一至三項，就可以歸納出職業編碼。例如，管道工人的職業對應的三個字母代碼是「RCI」，這三個字母是依照重要程度排列。因此，代碼的簡單總結就是欲從事管道工人的工作：首先，須對使用工具實現實際結果感興趣（R），遵守既定的流程（C），同時也能解決問題（I）。

也可以使用此方式反映一個人的工作興趣特徵，是哪三個字母最合適。例如，如果某人對幫助別人感興趣（S），同時又喜歡別出心裁的新想法或製作有趣的新東西（A），還喜歡處理抽象的想法，那麼，基本上就可以判斷他們最適合的代碼是「SAI」。你可以利用上方的說明找出自己的代碼。但最好還是使用已經獲得驗證的資料庫，找出更精確的興趣代碼。只要支付少量費用，就可以

完成一個獨立指令的搜尋，此由霍蘭德教授研發，能在此網站找到：「www.self-directed-search.com」。其他興趣測試也可以找出三個字母的興趣代碼，例如職業自我評估網站：「www.testingroom.com」。可以利用這些資料庫獲得一份與自己興趣匹配的職業清單，並以此基礎考慮職業選擇。

在研究潛在可選職業時，你也可以尋找那些符合自己興趣特徵的職業，或者，也可以搜索一些和自己正在考慮的職業對應的興趣代碼。O*NET網站羅列了每種職業的興趣代碼。只要在該網站（http://onlinet.onetcenter.org）主頁的搜索引擎輸入職業名稱，在出現職業說明時下移標籤，就可以看到職業對應的興趣。（編注：本書提及網站皆為英文網站）

我的關鍵

> 將總結自己工作興趣特徵的三個字母寫下來。
> _____   _____   _____

價值觀

評估自己的價值觀，有助於確定想從感興趣的工作實現什麼，同時也可以幫助你確立如何設計自己的工作，進而更好地安排時間和精力，專注於對自己來說意義非凡的事。以下的清單將工作與個人價值觀結合，各位可以根據自己心目中的重要程度評分。認真閱讀每條價值觀，然後給出1至4的分數：

1＝非常重要　　　　2＝重要　　　　3＝一般　　　　4＝不重要

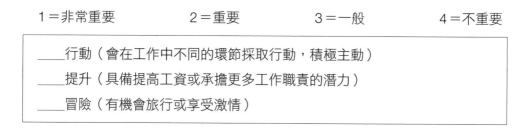

_____行動（會在工作中不同的環節採取行動，積極主動）

_____提升（具備提高工資或承擔更多工作職責的潛力）

_____冒險（有機會旅行或享受激情）

_____美感（對美的欣賞，運用藝術技巧）

_____歸屬感（身為知名企業的一部分）

_____團隊合作（身為團隊的一分子）

_____社區服務（為社區做出有意義的貢獻）

_____競爭（對比自己與他人的表現）

_____與他人互動（保持固定連結）

_____創造性（構思新理念、計畫或系統）

_____提升新技能（學習和嘗試新技能）

_____專家（獨具專業知識或技能）

_____友誼（結識新朋友或鞏固已有的友誼）

_____幫助他人（對幫助和啟發他人充滿激情）

_____回饋社會（對社會做出有益的貢獻）

_____獨立性（在最少的指引和監督下工作）

_____對智力的挑戰（理解和構思新理念）

_____娛樂休閒（追求自己的愛好，富於娛樂和輕鬆感）

_____金錢（高收入或有形的物質獎勵）

_____道德準則（行為符合道德標準）

_____教育孩子（與孩子親密接觸，陪伴他們成長）

_____夥伴關係（與配偶或其他重要的人的夥伴關係）

_____個人發展（學習和自我提升）

_____身體健康（透過飲食和鍛鍊保持身體健康）

_____權力和權威（指引和影響他人）

_____認可（工作中得到認可和欣賞）

_____例行公事（偏好重複的工作）

_____安全感（需要勞動保護及合理收入的保障）

_____自我表達（展示或構思新想法或新產品）

____獨自工作（很少與他人接觸）

____精神層面的發展（依賴深層的生活信念）

____穩定性（工作職責可預見和清晰定義）

____地位（工作受到他人尊敬）

____時間和自由（安排自己的工作時間）

____多樣性（不斷變化的工作職責）

也許你會想具體地定義對自己來說最根本、最重要的價值觀。例如，如果你選擇了身體健康，可能就會涉及調整工作時間，確保有時間鍛鍊身體；這也可能意味著你希望部分工作內容是包括如何幫助別人學會增強體魄，提升健康水準。透過以上來尋找自己價值觀的主題。另外，還可以利用已經獲得認證的資料庫進一步評估自己的職業價值觀。例如，職業價值觀度量「www.testingroom.com」就可以用來評估十大主要職業價值觀。如果想要探討對某個具體的職業來說重要的價值觀，O*NET網站列舉了每組職業對應的工作價值觀。只要在O*NET網站搜尋職業名稱，頁面出現職業說明時，下移標籤，就可以看到職業對應的價值觀。

我的關鍵

認真思考對自己來說最根本、最重要的價值觀，然後將重要性最高的歸納出來，盡可能具體，如此就能利用這些關鍵的價值觀，指引自己的職業規劃過程了。

生活方式與限制因素

了解自己的生活方式及局限，有助於將影響工作和生活的其他因素綜合考量。思考以下問題，評估自己可能遭遇的局限或生活方式的偏好。有助於進一步定義自己，並選出最適合自己的工作。

- 你什麼時候想要（需要）工作？工作意願是否強烈？你是否在一天中的某段時間、一週中的某幾天或一個月的某幾週，工作狀態不好？

- 你喜歡在哪裡工作？你喜歡室內還是室外？你是否有興趣或是否願意搬到另一座城市？你是否願意在一段時間之內，為了一份工作每天都忍受長時間的工時或接受長時間不在家的安排？對於你來說，在家工作的機會是不是讓你非常心動？

- 你的身體條件是否會影響職業抉擇？例如色盲、因為受傷而行動不便，或肌肉強度不足。

- 你是否有健康方面的考慮？可能影響職業選擇？例如過敏、長時間的疼痛感或健康指標的疑慮。

- 是否存在一些心理因素可能影響你的職業選擇？你最多可以承受多少壓力？或你最多願意接受什麼樣的期許？

- 你想要有多少收入？你需要有多少收入？思考此問題時也應該算上工資，以及工作穩定性和是否有福利與退休金。

- 在進行職業選擇時，你是否須考慮其他的角色或責任？包括處理家務、照顧子女、照顧年事已高的父母、休閒活動，或培養自己的興趣愛好。

- 你是否正在接受或正計畫教育活動，可能限制你的工作時間？

我的關鍵

> 　　將對自己來說最重要的生活方式及局限因素進行歸納。在考量的過程中，你可以將「必須要」和「想要」區別開來。
>
> _____
>
> _____

自我評估總結

　　現在，你已經做好了一切準備，可以將自我評估中的所有部分整合起來。認真閱讀自己在本章每個「我的關鍵」。你可能還有其他訊息來源，也想要融入自我評估中。例如，你可能填寫了其他相關的表格，或從他人得到了有用的意見，可以讓總結歸納更全面、透徹。有些人會發現，將自我評估與他人分享，會讓自己受益。有時，如果你能大聲說出自己想要什麼，可能會更清楚地了解什麼對自己最重要。還有人覺得，如果照著一份完整的清單把自我評估的訊息寫出來會更有用。不論你使用哪種方法，如果能將收集的訊息轉化成詳細的說明文字，清楚地描述自己對工作的要求和期望，才能最有效地發揮這些訊息的效用。以下的練習能幫助你明確自己對工作的期望。

　　想像一下，自己誤打誤撞地進了一家招聘機構，這家機構可以提供上百種類型的空缺職位，但要求你描述一下，自己最希望在工作獲得什麼，以選出合適類型的工作。他們不希望你直接說出你想要的工作，他們想知道的僅僅是個人偏好、技能、興趣、價值觀、生活方式及局限。接著，他們會以此為基礎，為你找一份合適的工作。考慮一下自己目前做過的自我評估，你會如何回答他們？

　　在下方「我的關鍵」歸納一下你會如何向招聘者介紹自己的情況。利用下列問題幫助自己回答。

- 在人生的這個階段，哪些偏好、技能、興趣、價值觀、局限和生活方式因素對你最重要？
- 認真研究對自己的說明介紹，你是否能發現什麼模式或主題？
- 哪種工作方式對你來說最自然？
- 你會在什麼時候工作？對工作地點和工作內容有哪些要求？
- 你希望承擔哪些任務，擔起哪些責任？

我的關鍵

在下方空白處，寫出自己希望從工作中得到什麼。可以列出一張清單，也可以寫出完整的句子，只要感覺自然就好。

_____

_____

了解自己的工作偏好後，你就可以進入第12章規劃自己的職業發展方向了。

職業生涯規劃

　　我們職業發展路徑上的轉變，通常不是自然發生，就是遇到機會。意料之外的機遇或情況發生時，我們就要做出相應的變化。例如失去原來的工作、孩子誕生或孩子離開家庭、婚姻狀態的變化、健康出現問題等等，都須重新審視自己職業發展的方向。對於我們很多人來說，首當其衝的想法可能是在短時間內迅速找到新工作，通常會繼續從事與之前相同的工作內容。如果對之前的工作確實能做到投入，這樣的做法也是不錯的選擇。

　　有時，出於各種原因，我們不會從事相同類型的工作，我們可能須積極地尋找新的工作機會，或選擇逃脫無法給予滿足感的工作類型。不論職業路徑轉變的原因是什麼，這樣的轉變都是一個重新審視自己，從而朝著新方向努力的機會。本章將介紹如何規劃自己的職業路徑，幫助你實現以下幾點目標：

- 找到符合自己的自然工作方式，並且更有可能給予自己滿足感的工作。
- 與之前的工作相比，對工作有更高的掌控度。
- 高效地決定應該學習哪些訊息，培養哪些技能。
- 與上級的談判和對話。
- 有計畫，有策略。
- 在變化的工作環境中有更好的準備。

　　為了進行職業生涯規劃，你首先必須有可選擇的工作方案，透過研究確定對哪些工作更感興趣，決定到底要選擇哪條路，然後做出相應的選擇，朝著選好的職業方向前進，而離目標更近的方式，就是在這份工作中做的每件事你都能獲得滿足感。本章會提供一些建議和策略，幫助大家採取相應的舉措，實現高效的職業規劃。

　　雖然根據我們的介紹，確定可選方案、研究、決策和採取相應行動的過程，看似是按部就班，但在現實生活中，你可能在不同的步驟之間反覆幾遍。這是因為你所面臨的情況可能發生變化，影響對你來說最重要的事。為了針對這些改變做出適當的反應，你可能必須重新自我評估，甚至做出一定的修改與調整。你可能還須留意自己沒有考慮過的職業選擇，或在獲得了進一步的訊息之後，發現自己正在研究的某個職業並不適合自己。在更深入地了解自己和工作的過程中，如果能做到高度的靈活度和適應性，就能夠不斷做出適當的調整，更好地規劃自己

未來的職業路徑。

確定可選方案

　　一旦對自己的職業滿足感有了大致了解，就必須想出與自己的偏好和實際狀況相符的工作。在此過程，很重要的就是不要匆忙決定最終選擇，應該停下來，對所有可能方案仔細考量和評估。在選擇最終職業方向之前，對可能的工作方案更仔細考慮一下，考慮的範圍更寬一些，這無疑能少走很多遠路。

　　為了確保在職業生涯規劃的初始階段，涵蓋所有的可能性和工作機會，你要確認能滿足需求的不同工作類型。為自己設定這樣的挑戰，盡可能地想出自己感興趣的可選工作。拓展思路的方法之一，就是將自己從狹小的個人世界中抽離出來，帶著客觀評估自己在第11章完成的自我評估總結，然後提出這樣的問題：「什麼樣的工作會適合擁有這些特徵和這些偏好的人？」

　　對腦海中浮現的所有想法，都要抱著開放的態度，把所有的想法都記錄下來。之後有的是時間將不切實際的想法淘汰。如果你一直覺得腦科醫師是很有意思的工作，不妨先把它寫下來。之後，再來考慮自己是因為哪個具體方面的需求才會覺得這份工作有吸引力。也許是因為社會地位、金錢，也許因為可以治病救人？但是，最開始還是應該注意整體性，而不是具體性，視線應該放得更寬闊，而不是局限在狹小的區域中。

　　一開始嘗試如何透過絞盡腦汁的方式發掘潛在的工作選擇時，可能會覺得有些困難，無法得心應手。如果你是職場新人，對於自己可能從事的工作還沒有全面的了解，可能更會發生這種情況。如果你並不喜歡絞盡腦汁的方式，可能喜歡採取更腳踏實地的方式發掘備選方案。以下是幾種可以幫助你獲得可選方案的方法：

- 回顧你的自然工作方式的章節中列出的職業清單。將自己感興趣的職業標出來。
- 仔細閱讀網路上的招聘訊息，注意觀察各種工作訊息如何組織而成，認真研究能吸引自己的工作類型。

- 如果現在有工作，留意自己的工作環境蘊藏著什麼機會。
- 閱讀登載很多工作廣告的報紙。
- 讓了解自己的人幫忙一起思考。
- 在求職中心做好研究。
- 如果你參加過培訓計畫，詢問培訓主辦方能否幫助提供工作選擇資源。
- 在網路搜尋自己感興趣的話題。
- 留意日常活動的機會。在處理日常瑣事的過程中，留意和你打交道的人，考慮是否願意從事他們的工作。
- 利用志願工作來測試。例如，如果你想從事醫療領域的工作，可以在醫院當志願者。
- 在圖書館選擇一些你感興趣的職業領域的相關書籍。

O*NET網站提供了完整的職業清單，列了有關具體的工作內容、需要使用的工具或所需的知識，以及相關技能、能力、工作活動、興趣、工作風格及價值觀等詳細訊息。O*NET網站的職業說明同時提供了相關職業的訊息，可以幫助你確定新的工作選擇，還會包含有關工作薪酬和就業前途的資訊。這個資料庫可以幫助你進一步認識工作的世界，資料庫更新得很頻繁，所以可以經常查看，了解自己感興趣的工作的最新訊息。

但是，O*NET只是將工作訊息羅列出來。基於現實狀況和個人偏好，對不同的工作方式，你需要突破性的思維。例如，如果你在職業生涯規劃中須兼顧自我局限性或其他因素，你所需要的或許是一份時間靈活的工作，那麼你可以考慮下方所列的工作。

- 臨時工
- 諮商人員
- 約聘人員
- 與自己的愛好相吻合的工作
- 工作分享
- 製作產品
- 兼職

- 服務性質的工作
- 自己創業
- 銷售工作
- 短期工作

如果你目前有工作，而且對留在現任公司很有興趣，可以回想一下公司內部有什麼機會。例如，不同的職位、工作地點、工作任務、靈活的工作時間或能在家工作、職位升遷及不同的工作職責等。切記，升遷不一定是解決所有問題的唯一辦法，不同的職位要求不同的時間和職責，有些人反而會覺得降職或轉換職業，比起升遷能獲得更多的職業滿足感！有些人反而會發現，自己雖然在某個工作領域做得得心應手，但是獲得的升職機會可能並不適合他。如果出現這種情況，有時最好的解決辦法就是回到原來的崗位。

我的關鍵

謹記自己的自我評估結果，在下面的空白處寫下你要考慮的職業選擇。

_____

_____

現在，你已經想出了一系列職業選擇，開始尋找蘊藏其中的主題和模式。例如，如果你的職業選擇清單包括汽車銷售、圖書行銷、銷售辦公用品等，你可能會想從事銷售與市場行銷領域的工作。這些主題能幫你想出更多的工作選擇，同時也可以讓你更有計畫地分析目前的職業，以及之後的學習和培養能力。

‣ 構思可選方案的建議

下方建議能幫助你構思與自然工作方式相關的工作方案。

反應型

- 選擇一個主題或工作類別，並透過思考的方式生成不同方案。
- 利用身邊、當下能想像到的選擇。
- 多注意觀察，和別人交談。觀察別人的工作內容。

探索型

- 絞盡腦汁的方式通常對探索型的人來說很有吸引力，邀請他人一起參與開放性的思考。
- 以長遠的眼光思考未來可能的趨勢。
- 探索型的人總是習慣擴展工作選擇的範圍，而不是限制。在職業規劃的過程中，完全可以允許自己這樣做。

果斷型

- 圍繞具有邏輯性的主題來找出工作可選方案，考慮當下哪些職業吸引你。
- 切記，不要忽略當下看起來不符合邏輯的職業。在探索可選工作的過程中，一定要保持開放的心態，不要太過果斷。
- 對於有機會讓自己發揮專長（無論是專業知識或專業技能）的職業選擇，可以進一步發掘。

貢獻型

- 借用他人的案例啟發自己的思維，幫助自己順利完成這個環節。
- 與富有想像力、熱心支持他人的人一起討論。
- 尋求可以表達自己價值觀的工作選擇。

縝密型

- 從閱讀相關職業清單入手，思考有哪些工作職位可選擇。
- 考慮相對熟悉的工作選擇，同時也考慮不太熟悉的選擇。

- 思考自己具備哪些技能與經驗，可以透過什麼方式在其他工作職位應用這些技能與經驗。

願景型

- 關注未來，想像一些長遠的想法與可能性。
- 找到主題，然後進行擴展。
- 可以提出多樣性的工作選擇方案，將這些方案整合起來。

分析型

- 思考可以在不同職業角色利用自己技能的方式。
- 採取邏輯分析的方式獲取不同的可能性，同時對自己的職業選擇抱著開放的心態，不要急於否定。
- 尋找可以給予自己獨立和靈活的工作。

關顧型

- 尋找是否有哪些工作機會可以讓自己在工作中表達自我。
- 讓自己的一位密友或家人幫助自己進行一對一的思考，如此會發現你之前沒有想過的工作機會。

職業研究

目前為止，面前有了許多可能的選擇。你也許想知道，為什麼要花時間和精力構想如此多工作可選方案，又沒有時間對每個選項進行詳細研究。如此列出所有的想法，然後逐漸縮減範圍會有三方面的優勢：第一，很多人往往覺得自己的最後一個想法最有趣；第二，某些看起來古怪的想法往往能激發更實際的想法，這個構思的過程是非常有利的工具；第三，寫下的方案越多，就越容易找到貫穿其中的主題。

面對眼前鋪天蓋地的工作選擇，你可以採取合適的方法選出幾項，進行更深

入的研究。你可以研究所有的可選方案，著重於對自己來說最重要的需求或偏好，然後尋找貫穿其中的主題。或許，有許多職業需要的技能或涉及的興趣點大同小異。你或許會發現某些工作環境，如建築工地或教育場所，能吸引自己。在發掘相關職業時，你可以先進行篩選，最終確定根據自己目前狀況最適合從事的職業。

你可以進一步對形形色色的職業選擇，進行更有針對性的深入研究，具體的方法就是考慮自己想要的東西與某個工作可以給予你的東西之間，有多大的契合度。這個研究能幫助挖掘更多相關的職業選擇，並且幫助你朝著決策環節前進。在此過程，不妨嘗試思考自己的局限條件，排除一些工作選擇。例如，如果你只想在白天工作，經常需要上夜班的職業可能就不是太好的選擇。一定要注意不要憑空設置很多局限條件，如此可能會使你錯過很多可能帶來工作滿足感的職業。

你可能還須探討一下，自己正在考慮的職業對於從業者有哪些要求。但是，如果這份職業能給你高度的滿足感，也完全沒有必要因為這個領域沒有迅猛發展而放棄。和職業規劃的其他環節一樣，在進行研究的過程中，還是必須時不時地回顧自己的個人需求和所處的狀況。你做的選擇首先應該會給你帶來好處。

你可以使用O*NET網站展開研究。閱讀書籍或和自己的職業導師交談，對職業研究很有幫助。教育機構同樣會提供不同計畫的職業選擇。他們通常會舉辦一些訊息分享會或求職會，即將走入職場的學生可以參加這些活動。但切記，教育機構原本就會大力推廣自家計畫，所以對於職業選擇的說辭可能有些過於樂觀。一定要記住，所有訊息都可能有所偏頗。

進行職業研究還有一些其他方式。可以考慮連結或加入某些協會、組織或聯盟。這些團體通常會提供訊息，告知想要從事某些類型的工作須獲得什麼證書或資質。另外，還有一些活動、俱樂部或團體，成員都是志同道合之士。加入這些團體能讓你接觸到對於正在研究的工作有深入了解的人。另外，和你的興趣相關的會議，同樣可以讓你更為深入地了解某種職業，也可以讓你接觸到能告訴你該領域職業的人。

切記，在網路查閱訊息的同時，不要忘了和在該領域工作的人進行交流。他們通常會給一些透過書面資料無法看出來的訊息和觀點。記住，你的交談對象可

能受到他個人經歷、他的工作和職業偏好契合程度所影響。

除此之外，可以找一些負責招聘的人，和他們好好聊聊。這些人可能包括主管、人力資源管理或尋找助理諮商。詢問他們某項工作具體是如何，他們在招聘時看重哪些特質。如果不是正在競爭某個工作職位，這類對話的效果會很好；如果你想應聘指定職位，可以約個時間找他們聊聊正在招人的工作職位。整個談話過程要簡短且目標明確，之後一定要透過訊息或電子郵件向他們正式致謝。

不要忘了還有其他備選的工作安排，例如約聘工作或創業。直接研究這些備選方案可能並不簡單，在收集訊息時必須採取創新的方式。職業頭銜和工作會頻繁地發生變化，想要就某個新興領域找到合適的交談對象，或在某個資料庫中找到相關訊息並不簡單。雖然O*NET網站會提供全面的職業資訊，但你還是會發現，最適合自己的工作可能並不在其中。這種類型的工作需要不同的研究方法，你可能必須判斷自己想要提供的某項服務或產品是否有需求，或者研究某個新興趨勢，來評估潛在的工作選擇。

觀察一下未來會出現哪些趨勢，可能影響你及你想要從事的工作。尋找新穎的想法、新的視角及科學技術層面的突破。放眼未來能讓你更敏銳地捕捉到目前的趨勢和未來存在的可能性。

▸▸ 放眼未來的建議

閱讀、傾聽和觀察

- 瀏覽多種媒體資源。
- 瀏覽地方、區域和國際新聞。
- 閱讀暢銷圖書（社科類）。
- 訂閱新聞通訊或協會刊物。
- 關注行業趨勢報告。

行動

- 記錄不同人的觀點。

- 構建廣泛的人際關係網絡。
- 參加某些協會並保持關注。
- 在不同的機構或團隊中工作。
- 參加展會或商業活動。
- 和潛在客戶或其他公司員工聊天交流。
- 參觀學校和企業，了解相關資訊。

反思

- 留意自己對不同訊息的反應。
- 記錄自己的假設或偏見。
- 認識自己的需要、好惡。
- 不斷挑戰自我，吸收新觀點。
- 運用批判性思維評估訊息。
- 使用創新性思維方式，想像新的可能性。

回應

- 嘗試在全新的領域做志願工作。
- 體驗。
- 嘗試不同的工作。
- 涉足不同的領域。

「放眼未來」將有助於培養對將來的洞察力，從而獲得獨特的視角，在工作、學習和職業發展領域做出更明智的決定。這也有助於職業生涯規劃，確保為未來做好充分準備。

制訂講求效率的網路搜索策略，以便研究不同的工作選擇並放眼未來，這樣做很有必要。對於整個成長生涯都有電腦陪伴的世代來說，這樣的想法是理所當然的。但是，如果你屬於「嬰兒潮」一代，即使精通電腦，也可能做不到這一點。如果恰好不懂電腦，你可能要考慮參加有關網路教學的課程，找一些有關網路使用的參考書，或徵求經驗豐富的網路高手的建議。

制訂一個研究計畫，首先判斷你想要研究哪些工作選擇。確定自己對每種工作選擇需要了解哪些關鍵訊息，然後思考可以利用哪些可行的來源找到需要的訊息。隨著展開研究，須不斷質疑自己的研究方案，因為你所收集的訊息可能會排除某些可選方案，或帶來新的思考選擇。

我的關鍵

制訂一份清單，羅列自己正在考慮的工作選擇。挑出其中兩、三個作為優先研究對象。對於每個工作選擇，寫下自己在什麼地方、透過什麼方式收集到有關這項工作的訊息。

_____

_____

▶▶ 不同性格類型的職業研究建議

下方有些建議能幫助你展開和自然工作方式相關的職業研究。

反應型

- 試著一開始就行動或體驗，而不只是收集訊息。你可能隨著其他環節的推進而研究，而不是將研究作為一項獨立的活動。
- 如果可能，實地體驗或研究，例如參加義工或旁觀（在別人工作時緊隨其後，注意觀察）。
- 向自己提出挑戰，研究一些必須長期規劃和準備的工作選擇，反應型的人通常對這種工作有一種天生的牴觸。

探索型

- 探索型的人喜歡變化與多樣化，可以研究能擴展而不是限制機會的工作

選擇。

- 你可能被未來吸引，預測將影響你感興趣的工作類型的趨勢。
- 挑戰自己，從可能性轉向現實，研究工作選擇的事實與細節。

果斷型

- 利用邏輯分析能力強的優勢，挑選和組織相關訊息，判斷為何某些工作類型並不適合自己的原因。
- 將重點放在可靠、準確、有公信力的訊息來源。
- 挑戰自己，保持開放心態，不要局限於自己的工作選擇或急於快速完成職業研究。

貢獻型

- 首先研究一下哪些地方的工作和自己的興趣點契合。這些組織的價值觀是什麼？你正在考慮的工作環境中，氛圍和團隊士氣如何？
- 利用自己的人際關係網絡完成研究，與某個行業的招聘人員或了解某個工作的相關人員交談。
- 給自己挑戰，在考慮工作選擇時，不僅要考慮個人情感，也須採取邏輯分析技巧，以批判性的方式分析自己收集的訊息。

縝密型

- 利用系統研究方法及資訊管理策略，收集和組織訊息並進行評估。
- 針對自己的職業選擇發掘詳細而真實的訊息，為自己的決策提供合適的資料。
- 挑戰自己，至少研究幾種自己並不熟悉的工作選擇，可以透過志願或深入了解的方式累積經驗，提高這些工作選擇的可能性。

願景型

- 先著眼全局，再找重點，選擇廣泛的機遇作為研究對象。

- 分析趨勢或發展模式，想像有沒有什麼方法可以在不同領域應用自己的技能或偏好。
- 給自己挑戰，讓自己關注某個具體工作的事實與細節。

分析型

- 利用邏輯分析來研究有可靠來源的訊息，從而判斷哪些工作不適合自己。
- 嘗試新活動並評估結果，以此來探討不同的可選方案。
- 給自己挑戰，制訂一個結構，在研究過程中加入跟進的行動。

關顧型

- 與專事某領域招聘的人或對該領域有深入了解的人，進行一對一的交談，探討各種職業選擇。
- 尋找自己想要從事領域的成功人士故事和範例，利用他們的例子和經驗作為訊息源泉和靈感來源。
- 研究你正在考慮的工作，其從業人員會受到什麼待遇？是否能獲得別人的尊重？他們個性化的工作方式是否會得到接納？

做出決定

　　一旦為職業收集了一定的訊息後，就可以開始職業生涯規劃的決定階段了。審視自己的決策風格和個人發展策略，這對改善決策過程非常重要，從而幫你做出明智的決定。你也要清楚地確定什麼能給自己帶來職業滿足感，同樣地，你也考慮並研究過所有的可能性。所以到了現在這個階段，你已經做好一切準備，可以繼續推進了。

　　通常人們在做決定時有兩種不同的風格，分別是以邏輯分析為主的風格，以及用價值觀為基礎的風格。這與我們在第2章提到的性格結構對應：理性（T）和感性（F）。不同性格類型具有不同的特徵，因此所謂的決策風格也沒有好壞之分，只是個人性格傾向的不同而已。

如果想要做出全面明智的決定，除了認知並運用自己的性格偏好之外，你更應該欣賞和包容與你的性格偏好對應的另一種風格。你可以透過完成以下測試，判斷你在決策時是否融合了兩種不同的風格。

基於邏輯分析做決定時，我傾向於

☐ 衡量決定的正面（優點）和反面（缺點）

☐ 評價不同選擇的合理性

☐ 保持客觀

☐ 客觀理性地分析所有可能的後果和影響

☐ 確定事實背後的原理

基於價值觀做決定時，我傾向於

☐ 使用個人、主觀的信念和價值觀衡量不同選擇

☐ 評估我的決定對他人的影響

☐ 考量我身處的和諧環境是否會被影響

☐ 考慮誰會支持我的決定

☐ 考慮他人的喜好和投入

如果在決策過程中，你偏重只使用上述兩種方式之一，就應該考慮如何融入另一種風格。

▶▶ 影響決定的因素

在最終做出決定時，不論使用何種決策方式，以下這些重要的訊息都不容忽視。

自我評估訊息

自我評估過程中定義為重要或有局限性的訊息，是影響職業生涯規劃的重要因素。興趣、技能和價值觀能幫助你專注於尋找一份讓你感到滿足的工作，而個人局限和生活方式，或許會在地點、時間與工作類型等方面影響職業選擇。在職業生涯規劃的過程中，你必須運用自我評估的訊息對選擇做出評價。影響每個人

職業軌跡的因素組合，都是獨一無二的。一定要保證自己的決定和你當下認為最重要的事情一致。

財務狀況

金錢是職業選擇的重要考慮因素之一，這一點無庸置疑。除非你是少數的幸運兒，一出生就衣食無憂，否則對於大多數人來說，都必須自食其力地滿足自己的日常需求，必須賺錢承擔自己的責任。但是，人們有時可能過於關注收入水準，而沒有考慮到自己真正需要什麼，沒有真正地將自己需要的，和自己想要的區別開來。

很多人因為生活方式的選擇，而結束一份自己不喜歡的工作。但有時個人的財務狀況會限制職業生涯規劃。審視一下自己想要獲取以及生活必需的東西，能幫你了解自己的生活成本。讓自己更有錢的方式有兩種：賺得更多，花得更少。

尤其是在職業轉型階段，製作一份每月或每年花費的預算表很有幫助，有時更是必不可少。財務狀況能幫助你重新思考自己的選擇，進而更有效地制訂個人計畫。當完成預算後，你應該區分哪些是必要開支，哪些是可以選擇的，這有助於你找到可以節省開支的地方。

你應該先了解身處的社會，會給你一定的購買壓力。眼前的每則廣告與身邊成千上萬的訊息，都在想方設法地向你灌輸這樣的錯覺：你需要買東西，需要透過金錢消費才能獲得快樂。各位可以捫心自問，自己真的需要買那麼多衣服嗎？真的需要經常在外面吃飯嗎？有必要參加開銷不低的休閒活動嗎？有線電視是生活必需品？其實，如果人們可以降低消費，就可以相對降低生活成本。降低消費能讓你有更廣泛的工作選擇，同時對環保也有益。人們想要從生活中獲取的東西不同，你應該抽出時間判斷哪些是至關重要，如此有助於節約開支，進而在職業方面給予你更大的自由度。

剛剛進入一個新的工作領域時，你的工資通常會比前一份工作減少，又或者為了達到長期目標，短期內你必須花費一筆較大的費用。如果在職業轉型期遇到了財務困難，你可以選擇透過貸款或其他政府資助緩解。查看當地的政府就業機構是否可以提供和你所在區域有關的訊息。

角色和責任

個人可以自由選擇職業生涯，但身為一名社會人，你同時必須考慮孩子、配偶、父母和朋友，他們會影響你的職業生涯規劃。不少夫妻認為共同進行職業生涯規劃是不錯的想法。另外，在職業轉型的過程中，家庭責任的重新規劃或許會引發家庭衝突，你可以透過和家人一起討論家庭價值和目標，來協助你及家人明確對每個家庭成員的期望，以及他們應該做出的貢獻。

在進行職業選擇的過程中，考慮自己在日常生活必須扮演哪些角色、承擔哪些責任。每個人的時間和精力都是有限的，他們不可能照顧到所有的生活角色。工作方面花費的時間可能和自己其他的生活角色產生衝突，或形成互補效應，這些生活角色包括養育子女、和朋友共享時光、學習或參加社團活動。對自己重要的角色、責任、活動進行個人評估，不要局限在自己的工作角色，還必須兼顧自己在生活所扮演的角色。考慮你計畫從事的工作是否與你的生活角色契合。

考慮組織的需要

或許，你喜歡自己現任公司，想要在公司內部調換工作職位。如果是這種情況，你必須讓公司看到，你在公司內部的職位轉換會為公司創造什麼價值，如何幫助公司實現商業目標。這一點和在推行每個舉措之前，從商業利益出發來說服決策者，大同小異。讓他們看到，你走上新的工作職位後，會更高效地完成工作，或解決更多財務開支，顯示自己可以貢獻的技能和經驗。和自己的主管或人力資源部門的專業人士進行討論，看看是否有機會獲得某些有發展潛力的角色或職責，能夠幫助你實現自己的職業目標。

如果你本身就是創業者，或有興趣自主創業，就須制訂一份商業計畫。這份商業計畫須詳細說明自己的想法，可以提供的服務與產品、針對的客戶，以及市場行銷與業務發展方案。如果想要得到財務支持，商業計畫書是必不可少的。即使你單憑自己的力量就可以創業，還是必須制訂一份商業計畫，作為研究與決策過程中不可或缺的部分。你的周圍還是會有一些資源可以幫助你開創一筆小生意。一定要確保自己進行了廣泛的研究和謹慎的決策，才動用自己的資金或將時

間傾注在某個計畫上。

選擇職業發展道路,而不僅僅是工作

我們生活的世界瞬息萬變,鮮少有工作是鐵飯碗。公司可能倒閉,人們可能失業,有時,公司會要求你承擔原本並不在計畫之內的工作職責。正是因為這些原因,我們不應該將某份具體的工作當成自己的職業目標。可以將工作看作當下獲得收入和學習機會的方式。

在現實生活中,工作可能僅是職業發展軌跡中的一塊跳板。我們要將重點放在滿足自己的基本需求,以及透過履行工作職責可以滿足的個人偏好,而不僅僅將注意力放在工作本身。我們要能做到從一個職位轉換到相關領域的另一個職位,能做到這一點對於目前的工作環境來說至關重要。所謂的鐵飯碗和公司對員工的長期承諾,可能只是無法複製的過去。

一旦確定了自己的職業軌跡,就能以此指引自己的工作選擇和學習活動。在沿著職業軌跡向前推進的過程中,一定要保持積極的衝勁。確定自己想要培養什麼技能,然後保持持續學習。在學習或工作過程中,要開發新的技能,如此才能保證你不會被時代淘汰,能更輕鬆地保住自己的工作。為了達到最高效率,一定要持續關注變化,在情況發生轉變時及時進行調整。

我的關鍵

確定自己想要嘗試的職業領域,將重點放在自己想要延續的整體的職業軌跡,而不是關注自己想要尋找一份什麼具體工作。

▶▶ 不同性格類型的決策建議

以下建議能幫助你做出與自然工作方式匹配的工作選擇。

反應型

- 反應型的人喜歡嘗試性的決定，嘗試某個選擇，或透過觀察自己對這個決定做出了哪些回饋，進而評估自己的決定是否正確。
- 給自己一些靈活度，過一段時間再評估自己的決定是否合適。
- 嘗試制訂長期規劃的同時，也不要忽略短期計畫，考慮所做的選擇的即時結果。

探索型

- 制訂的決策要能擴展，而不是縮小自己職業抉擇的範圍，嘗試能提升自己未來機會的工作選擇或教育計畫。
- 確保自己在做出決定之前考慮了所有細節。你可能基於某種原因做出了決定，之後發現真實情況和自己想的完全不一樣。
- 你可能想避免做出結論，這種做法能保持一定的靈活度和適應性，但注意要迫使自己做出決定，然後向前推進。

果斷型

- 制訂邏輯分析框架，利用清晰的決策要素幫助制訂決策。
- 向前推進，做出決定，採取行動，然後重新評估之後，再決定與行動。這種模式通常對果斷型的人最得心應手。切記，推遲決定有時很有幫助。
- 在決策過程中，你可能覺得事情非黑即白。迫使自己將重點放在「決策會為重要的人帶來什麼影響」。

貢獻型

- 有時，你會覺得自己的決策給別人造成的影響，比自己的個人需求更重

要。一定要確保在決策中，同時兼顧自己的個人需求和他人的需求。

- 切記，你可能被別人希望你怎麼做或應該怎麼做等想法左右，小心這一點，要保證做出的決定對你自己來說是最好的。
- 迫使自己從邏輯角度出發分析自己的決定。對自己的可選方案所造成的影響和後果進行邏輯評估。

縝密型

- 你喜歡維持現狀，不願意改變。確保自己知道維持現狀可能的影響和後果。
- 在決策過程中，使用謹慎細緻的方法。同時，避免因為研究的範圍過於廣泛，或在某個選擇糾結而喪失動力與衝勁，如此很可能導致你錯失良機。
- 給自己挑戰，在關注決策的長期影響與結果的同時，不要忘記兼顧短期後果。

願景型

- 給予自己足夠的時間和空間，想一想自己的決定會產生哪些長遠的後果與影響。
- 盡量使自己的決定寬廣一些，如此能使你充分把握大方向，而不是針對具體目標採取行動。
- 給自己挑戰，在決策時不僅關注未來的可能性，也要關注與目前狀況相關的細節與事實。

分析型

- 借助邏輯分析評估備選方案。
- 給予自己靈活決策的機會，在嘗試失敗之後可以扭轉。
- 決策過程中，你可能認為事情非黑即白。給自己挑戰，評估自己的決策會對重要的人帶來什麼影響，或者他們會如何理解。

關顧型

- 給自己足夠的時間考慮與反思自己的決定。
- 你的決定會給他人造成什麼影響也是重要的考慮因素。一定要確保將重點放在自己需要什麼，以及別人需要什麼。
- 你可能想基於自己的個人價值觀做出決策。給自己挑戰，採取邏輯分析的方式補充對個人主觀因素的考量。

採取行動

　　職業規劃的最後一部分，就是將自己的決定付諸實踐。這個環節就是「真槍實彈」的時候：你必須採取行動，爭取能給予自己職業滿足感的工作。現在，就是實際進行職業規劃的時候了。抽出時間，完成自己必須先著手進行的事，然後選擇要做的第二件事情、第三件事情，依次類推。職業規劃是一個長期的流程。找出可選職業方案、研究、做出決定、採取行動，這是在整個人生過程都須不斷重複的流程。你可能要進行更深入的研究，申請學校、寫簡歷或者尋找新工作，主動為了自己的工作學習更多知識、培養新技能，擴大自己的交際網絡，開始新商業方案或與某人接洽討論潛在機遇。在這個階段，首先要考慮你事先必須做些什麼，才能讓自己的職業軌跡朝著想要的方向延續。

　　不管你選擇先做些什麼，要將自己的任務和行動定義為具體可實現的階段目標。如此不僅可以拆分冗長的流程，同時也可以讓你腳踏實地，並在短時間內就會有結果。完成了第一步之後，就要明確開始第二步，朝著既定的職業目標逐步前進。某些人可能想將所有步驟都事先設定好，製作出按部就班的時間表；有些人則喜歡先嘗試著走出第一步，看看事情的發展態勢再說。不論採取哪種方法，獲得成功的關鍵就是不斷確定自己的下一步，推動事情向前發展。一定要時不時地思考自己想要什麼，然後再朝著成功邁進。

我的關鍵

　　描述自己首先會採取哪一步來朝著理想的職業軌跡努力。制訂一份時間表或設定一個最終期限。完成了第一步之後，確定自己的下一步，不斷調整自己的職業規劃。

▶▶ 不同性格類型採取行動的建議

下方建議有助於採取行動的過程，並且與你的自然工作方式相關。

反應型

- 透過能產生即時效果和具有實際幫助的轉變，逐步實現自己的職業生涯規劃。
- 以按部就班的形式採取直接行動，不耽誤任何時間馬上著手進行。
- 堅持自己設定的時間期限，激勵自己跟進整個過程。

探索型

- 深入思考某個觀點，想想自己首先須做什麼，透過此方法讓具有可能性的方案深化成切實可行的方案。
- 同時著手進行做幾件事，會使在每件事投入的時間有限，應該學會如何設定事情的先後次序。
- 在有靈感的時候採取行動。不要想當然地以為一切會以平穩的步伐朝著既定目標前進。但是，也不要把這個當作不想採取行動的藉口。

果斷型

- 按照自己的邏輯分析結果，並採取第一步，馬上開始行動。
- 不斷吸收訊息，時不時抽出時間思考並調整自己的方案，以確保朝著正確的方向前進。
- 掌握或學習新技能，提升自己的技能，讓自己更有市場。

貢獻型

- 制訂井井有條、條理清晰的職業發展方案，如此會讓你感到得心應手。
- 確保你在滿足他人需要的關注和責任感時，不會阻礙自身職業生涯的發展。
- 如果你發現自己沒有時間實現自我發展，就要學會對別人說「不」，並且設置一連串的界限。

縝密型

- 花時間思考，在此基礎謹慎選擇，並針對自己想要實現的目標制訂腳踏實地且細緻的方案。
- 以按部就班的系統性方式執行自己的方案。
- 如果「邊試邊做」的方法並不奏效，嘗試一些其他的方法。對於新的機會要採取開放的態度，願意改變自己的規劃。

願景型

- 先在腦海構思從始至終的計畫，然後將計畫付諸實踐。
- 時刻銘記自己的最終目標，專注於自己必須採取的細小步驟，從而將願景轉化為現實。
- 將每次行動都和自己的長遠願景連結起來。

分析型

- 做出符合邏輯，同時包含靈活度和可行性的計畫。

- 在採取初步行動之後調整自己的方案，看看會出現什麼情況。
- 嚴格遵守時間期限，激勵自己跟進規劃。

關顧型

- 確保當你在滿足他人需要的關注和責任感時，不會阻礙自身職業生涯的發展。
- 找人支持自己的行動方案，保證自己的行動方案可以表達自己的價值觀。
- 一定要保證自己的計畫具有一定的靈活性和即興，不要過於刻板。制訂時間表來確實跟進流程。

職業成功的最終建議

　　以下建議能幫助你進行職業生涯規劃。各位也可以加上自己的想法，寫一份針對自己特徵的建議清單。只要努力，就能找到一份能發揮你自然工作方式，並令你獲得最大職業滿足感的工作。

- 花時間審視真正對你重要的東西。
- 明確自己具體想從工作中獲得什麼。
- 尋找和你自然工作方式匹配的職業。
- 不斷學習：參加培訓課程，掌握技能，在工作中努力嘗試新的事物，參與義工工作等。
- 對於自己的長處與欲發展的領域，積極尋求他人給予回饋和建議。
- 探索新的可能性：寫求職信、製作新簡歷、製作個人作品集。
- 制訂現實的目標和達成期限，考慮你的社會角色和責任。
- 尋找導師，為你的職業發展提供指導和鼓勵。
- 達到某個目標時，給自己一點獎勵。
- 閱讀參考我的另一本書籍《*10 Career Essentials*》，尋找有關如何提升自己職涯成功的建議和策略。

MBTI，你的職業性格是什麼？（二版）發現自己的優勢，規劃最適生涯
What's Your Type of Career?: Find Your Perfect Career by Using Your
Personality Type

作　　者　唐娜‧鄧寧（Donna Dunning）
譯　　者　王瑤、邢之浩
責任編輯　夏于翔
協力編輯　魏嘉儀
內頁構成　李秀菊
封面美術　兒日

發 行 人　蘇拾平
總 編 輯　蘇拾平
副總編輯　王辰元
資深主編　夏于翔
主　　編　李明瑾
業　　務　王綬晨、邱紹溢、劉文雅
行　　銷　廖倚萱
出　　版　日出出版
　　　　　地址：231030新北市新店區北新路三段207-3號5樓
　　　　　電話：(02)8913-1005　傳真：(02)8913-1056
　　　　　網址：www.sunrisepress.com.tw
　　　　　E-mail信箱：sunrisepress@andbooks.com.tw

發　　行　大雁出版基地
　　　　　地址：231030新北市新店區北新路三段207-3號5樓
　　　　　電話：(02)8913-1005　傳真：(02)8913-1056
　　　　　讀者服務信箱：andbooks@andbooks.com.tw
　　　　　劃撥帳號：19983379　戶名：大雁文化事業股份有限公司

印　　刷　中原造像股份有限公司
二版一刷　2023年8月
二版三刷　2024年7月
定　　價　620元
ＩＳＢＮ　978-626-7261-67-5

What's Your Type of Career?: Find Your Perfect Career by Using Your Personality Type,
2nd Edition by Donna Dunning
Copyright © 2001 by Davies-Black
　　　　　 © 2010 by Donna Dunning
All rights reserved. This edition is published by arrangement with NB Limited and Peony
Literary Agency.
Complex Chinese language edition copyright:
2023 Sunrise Press, a division of AND Publishing Ltd.
All rights reserved.
本書譯文由電子工業出版社授權使用。

國家圖書館出版品預行編目（CIP）資料

MBTI，你的職業性格是什麼？：發現自己的優勢，規劃最
適生涯／唐娜‧鄧寧（Donna Dunning）著；王瑤、邢之
浩譯. -- 二版. -- 臺北市：日出出版：大雁出版基地發行，
2023.08
396面；17×23公分
譯自：What's your type of career? : find your perfect
　　　career by using your personality type
ISBN 978-626-7261-67-5（平裝）

1.職業輔導　2.職業性向　3.生涯規劃

542.7　　　　　　　　　　　　　　　112010623